स्त्रीत्व का उत्सव

वाणी प्रकाशन

21-ए, दरियागंज, नई दिल्ली-110002

फोन : 23273167, 23275710, 51562621, 51562622

फैक्स : 23275710

e-mail : vani_prakashan@yahoo.com

vani_prakashan@mantraonline.com

स्त्रीत्व का उत्सव

राजकिशोर

वाणी प्रकाशन

4695, 21-ए, दरियागंज, नयी दिल्ली 110 002

शाखा

अशोक राजपथ, पटना 800 004

फ़ोनः +91 11 23273167 फ़ैक्सः +91 11 23275710

www.vaniprakashan.in
vaniprakashan@gmail.com
sales@vaniprakashan.in

STRITWA KA UTSAV
by Raj Kishore

ISBN : 978-93-5229-306-3
Feminism

संस्करण 2003, 2006
आवृत्ति 2018

मूल्य : ₹ 495

सिटी प्रेस, दिल्ली-110 095 में मुद्रित

वाणी प्रकाशन का लोगो मक़बूल फ़िदा हुसेन की कूची से

अनुक्रम

शरीर

व्यवस्था

पृष्ठभूमि

स्त्रीत्व का उत्सव

> *पृथ्वी की सुंदरतम सृष्टि है स्त्री। उसके होने की धन्यता का अनुभव जो नहीं कर पाते, उनकी आँखों में पता नहीं कितनी गर्द समायी हुई है।*

क्या संघर्ष ही जीवन है और जीवन का उल्लास कुछ भी नहीं है? जब भी स्त्रीत्व की चर्चा होती है, एक क्रुद्ध और गमगीन माहौल बन जाता है, मानो स्त्री होना पाप हो, जब कि अपने व्यक्तिगत जीवन में एक औसत स्त्री एक औसत पुरुष से ज्यादा प्रसन्न और प्रेममय दिखाई देती है। जीने का वास्तविक सुख किसी भौतिक उपलब्धि या आध्यात्मिक यात्रा में नहीं है : सुखी वह है जो अहेतुक, बिना कारण के भी सुखी रह सकता है। इस मामले में स्त्री पुरुष से ज्यादा सक्षम दिखाई देती है। ऐसा लगता है कि प्रकृति ने पुरुष को बेचैन और स्त्री को संतुलित बनाया है। बहुत कम ऐसे मौके आते हैं जब वह अपने आपसे झगड़ती नजर आती है। अपने शरीर में वह जितनी मर्यादित है, अपनी इच्छाओं में भी वह उतनी ही विवेकवान है। सभ्यता ने उसका बहुत कुछ छीन लिया है, फिर भी वह मोहक ढंग से मुस्करा सकती है तो इसका मतलब यह नहीं है कि उसे इस छीन लिए गये का एहसास नहीं है (जो नहीं है, उसका दुख जो है, उस पर हमेशा भारी पड़ता है), बल्कि उसकी जिजीविषा इतनी प्रबल है कि वह सत्तू खाते हुए भी ऐसा आभास दे सकती है जैसे पूरी खा रही हो। पुरुष अपने परिवेश से आक्रांत रहता है और इसलिए उसे आक्रांत करने का प्रयास करता है। स्त्री जानती है कि उसकी उपस्थिति ही एक घटना है जिसका मौन पुरुष की मुखरता से ज्यादा प्रभावशाली होता है। यह स्त्रीत्व का उत्सव है जिसकी कांति से पूरा परिवेश दमकने लगता है।

सिमोन द बोउआ की यह उक्ति बहुत प्रसिद्ध है कि स्त्री पैदा नहीं होती, वह बनायी जाती है। लेकिन क्या यही बात पुरुषों के बारे में भी नहीं कही जा सकती? मसलन क्लर्क पैदा नहीं होता, वह बनाया जाता है, या सिपाही पैदा नहीं होता, वह बनाया जाता है। निश्चय ही क्लर्क, सिपाही या ड्राइवर बनने और स्त्री

बनने में बुनियादी फर्क है, लेकिन स्त्रीत्व का उत्सव इस तथ्य में निहित है कि अमनुष्य बनाये जाने की तमाम कोशिशों के बावजूद ज्यादातर स्त्रियाँ ज्यादातर पुरुषों से ज्यादा मनुष्य होती हैं। इसकी शिक्षा उन्हें कहाँ से मिलती है? क्या यह उनकी जैव विशेषता है या वे अपने संवेग से पहचानती हैं कि रुक्षता नहीं, लालित्य ही संसार को बचा सकता है? इतने दमन और इतने शोषण के बावजूद वह निर्मल हँसी कहाँ से आती है जो क्षण भर के लिए पुरुष के सारे अंधकार को मिटा देती है और स्त्री के अपने नरक को सहनीय बनाती रहती है? अपनी इस हँसी को बचा कर स्त्री ने साबित किया है कि उसकी नाभि का अमृत न तो सूख सकता है और न ही किसी इंजेक्शन से उसे बाहर खींचा जा सकता है। स्त्री की यह अपराजेयता, दरअसल, मनुष्य की ही अपराजेयता है, जिसे स्त्री सँजो कर रख पायी है और पुरुष ने उसे लगभग बरबाद कर दिया है।

आज हम जिस स्त्री को जानते हैं, निःसंदेह वह मूल स्त्री नहीं है। उस पर सभ्यता का कलुषित आवरण है। वह अकसर एक सिखाया हुआ नाटक खेलती हुई पायी जाती है और हर तरह से सावधान रहती है कि उसका बुनियादी स्त्रीत्व कहीं किसी संधि से छलक न पड़े। यह लंबे आत्म-दमन से ही संभव है। हमारे एक लेखक मित्र का कहना है कि स्त्री मनुष्यता का आखिरी उपनिवेश है। उपनिवेश होना कोई स्वाभाविक स्थिति नहीं है—एक दुष्ट आरोपण है। इसने स्त्री को असहज तथा बौद्धिक रूप से अविकसित, किंतु जीवन को किसी भी तरह बचाये रखने के कौशलों से भरपूर बनाया है। उसने दासता को स्वीकार कर स्वाधीन होना सीखा है, उसका समर्पण ही उसकी रणनीति विजय-दुदुंभी बन जाती है और 'उलट कर, पलट कर अंत में चित होना' पुरुष को उसके ही खेल में पराजित करना हो जाता है। वह जानती है कि इस निष्ठुर संसार में कुछ भी पाने के लिए उसे बहुत कुछ—पुरानी शब्दावली में कहा जाये तो सर्वस्व—त्यागना पड़ता है। उसका रुपया हमेशा चवन्नी के मूल्य पर बिकता है। नारीवादी साहित्य को पढ़ा जाये, तो स्त्री का व्यक्तित्व हर तरह से पिचका हुआ और ढीला दिखाई देता है।

इसके बावजूद क्या हमें अपनी जिंदगी के किसी न किसी मोड़ पर कोई पूर्ण स्त्री नहीं मिल जाती है, जो अपने सौंदर्य, अपने तेज, अपने प्रेम की गरिमा और अपनी वाग्विदग्धता से हमारे भीतर यह रोमांचकारी एहसास पैदा कर देती है कि स्त्रीत्व का यह उत्सव कहाँ छिपा था—हम जिस स्त्री को जानते थे वह तो इसकी छाया भी नहीं कही जा सकती? यह पूर्ण स्त्री कहाँ से आती है, जिससे टकरा जाने पर जयशंकर प्रसाद 'कामायनी', रामधारी सिंह दिनकर 'उर्वशी' और अज्ञेय 'नदी के द्वीप' लिखते हैं? हो सकता है, इन साहित्यिक कृतियों की नायिकाओं जैसी स्त्रियाँ सचमुच की दुनिया में न पायी जाती हों और रचनाकार की कल्पना ने सोने में सुहागा मिला कर एक आदर्श मूर्ति का निर्माण किया हो, लेकिन स्त्री क्या वही है जो पायी

जाती है—क्या वह भी नहीं है जो कवि या प्रेमी की कल्पना में खिलखिलाती है? दरअसल, हममें से कोई भी दूसरे को नहीं जानता—अपने मन में उसकी एक मूर्ति बनाता है और उससे प्रेम या घृणा करता है। सब कुछ को समझना, सब कुछ को माफ कर देना है, तो सभी को जानना सभी को प्यार करना है, क्योंकि कलुष हमारा स्वभाव नहीं, जैविक या सभ्यतागत विकृति है। यही वह मूल एहसास है, जिसके परिणामस्वरूप हरएक आत्मा में परमात्मा का अंश देखना संभव हुआ और यह कल्पना की जा सकी कि ईश्वर ने हमें अपने ही साँचे में बनाया है। इस अनुभूति तक कोई-कोई ही पहुँचता है—इसके बाद उसके जीवन की रसमयता कभी भंग नहीं होती।

लेकिन हममें से ज्यादातर के लिए दो अस्तित्वों के बीच हमेशा एक रहस्यमय दीवार होती है जिसके परे कुछ भी साफ-साफ नहीं दिखाई पड़ता। यही कल्पना का वह उर्वर प्रदेश है जिसमें हम दूसरे पर शक करते हैं या उसकी एक भव्यतर छवि पैदा करते हैं। पुरुषों ने स्त्रियों के मन में जितनी भव्य छवियाँ पैदा की हैं, स्त्रियों ने पुरुषों के मन में उससे कहीं ज्यादा भव्य छवियाँ पैदा की हैं। पूरे जीवन काल में एक भी पूर्ण स्त्री से मुलाकात यह सिद्ध करने के लिए काफी है कि ये छवियाँ किसी सहृदय की स्वैर कल्पना नहीं, बल्कि वे ऊँचाइयाँ हैं जिन तक पहुँचना स्त्री के लिए संभव है—सुकर भी है, ऐसा कहना मुश्किल होगा। गद्य को कवियों के लिए कसौटी बताया गया है, पर यहाँ कविता ही गद्य की कसौटी बन जाती है। यह स्त्रीत्व का उत्सव नहीं तो और क्या है? स्त्रियों को बरगला कर उनमें पुरुष संस्कृति के अपमूल्य भरना संस्कृति के साथ सभ्यता का ऐसा विश्वासघात है जो संसार के बचे-खुचे सौंदर्य को भी नष्ट कर सकता है। चिंता की बात यह है कि बहुत-सी स्त्रियाँ भी इस झाँसे में आ गयी हैं और पुरुष के साथ-साथ अपने जीवन को भी तनावपूर्ण बना रही हैं। लेकिन यह भी सच है कि किसी एक समय में किसी संस्कृति का एक ही केंद्रीय मूल्य हो सकता है। आज का यह मूल्य कलह और कोलाहल का है। जीवन का नया संगीत शोर और चीखों से बन रहा है। ऐसे माहौल में एक भी पूर्ण सत्री का होना अनगिनत लोगों को प्रेरित औश्र तरंगित कर सकता है।

इसका अर्थ यह नहीं है कि स्त्री को अपनी मानवीय अस्मिता के लिए संघर्ष नहीं करना चाहिए। जो स्त्री ऐसा नहीं करती, वह या तो मूर्ख है या कायर या दमन के निरंतर और कठोर रूपों ने उसके व्यक्तित्व को निस्तेज कर दिया है। या, उसने अपनी समस्त ऊर्जा को समझौते में ही खर्च करने का निर्णय कर लिया है। निश्चय ही ऐसे पुरुष भी कम नहीं हैं, जिससे यह प्रतीत होता है कि यह औसत मनुष्यता का औसत गुण है। हो सकता है इससे जीना एक स्तर पर आसान हो जाता हो, पर इसके साथ ही वह स्थगित भी हो जाता है। एरिक फ्रॉम ने इसे ही 'स्वतंत्रता से भय' कहा है। स्त्री की दुनिया में पराधीनताओं के इतने स्तर हैं और वे इतनी नयी-नयी शक्लों में आती रहती हैं कि स्वतंत्रता की कामना करना भी उसे जोखिम

भरा लगता है। फिर भी दासता की शुरुआत के समय से ही स्त्री स्वतंत्रता की कामना और उसके लिए रास्ते निकालती रही है तो इसीलिए कि स्वतंत्रता ही मनुष्यता का मूलभूत स्वभाव है।

स्वतंत्रता की इस खोज का रास्ता गोपनीय संबंधों और भिक्षुणी होने के फैसले से हो कर जाता था, तो यह उस युग की सीमा थी। पुरुषों के लिए कहा गया है कि नारी के मरने पर या घर-संपत्ति के नष्ट हो जाने पर वे सिर मुड़ा कर संन्यासी हो जाते हैं। कुछ को सचमुच इस संसार में कोई सार दिखाई नहीं दिया होगा या आज भी दिखाई नहीं देता, जिसका कुछ तार्किक आधार भी है। लेकिन स्त्रियाँ हर युग में इतनी बड़ी संख्या में भिक्षुणी क्यों बनती रही हैं? प्रेम, घर और दुनिया के रचाव में ही स्त्रीत्व का उत्कर्ष दिखाई पड़ता है। फिर उन्हें सादगी भरी पोशाक के लिए हाँ और स्त्रीत्व के मोहक स्वरूपों को ना कहने के लिए क्यों विवश होना पड़ा? स्त्रीत्व के वैभव से छुटकारा पाने में ही उन्हें अपनी मुक्ति क्यों दिखाई पड़ी? क्योंकि, यह दुनिया सचमुच निस्सार थी, जिसमें उन्हें अपनी तर्कसंगत इच्छाओं और भावनाओं को किताब में फूल की पंखुड़ी की तरह छिपा कर रखना पड़ता था और वह सब करना पड़ता था, जिसकी हूक उनके भीतर से नहीं उठती थी, बल्कि जो उन पर लाद दिया जाता था। यदि पुरुष के साथ गुलामी के रास्ते से जीवन को स्थगित करना ही स्त्री के सामने एकमात्र विकल्प था, तो ईश्वर या संघ की शरण में स्वतंत्रता के साथ, समाज में आदरणीय होते हुए जीवन को स्थगित करना क्या बुरा था? जेल और धार्मिक संघ, दोनों ही समाज के विश्वसनीय दर्पण हैं। एक मामले में आदमी को अपराधी बना कर उसे जेल भेज दिया जाता है, दूसरे मामले में ईश्वर की आज्ञा का तिरस्कार करते हुए उसे ईश्वर की ओर धकेल दिया जाता है। जहाँ दोनों हैं, वहाँ मनुष्यता पर दुहरा बोझ है। स्त्री की दुर्गति इस बात में थी कि उसकी सौम्य और वैभवपूर्ण उपस्थिति ने संतों में स्खलित होने का क्रूर और कपटपूर्ण लालच पैदा किया। बेशक इसका एक बड़ा कारण स्त्री की अधिकारहीनता भी थी, जो ईश्वर की छाया में भी उसका पीछा कर रही थी। उस पर से गुजर कर जानेवाले लोग फौज के सिपाही हैं या साधु-संत और ब्रह्मचारी, इससे रास्ते में पड़े हुए फूल को क्या फर्क पड़ता है। जख्मी होने की वास्तविकता और जख्मी होने के इतने अवसरों के बावजूद स्त्रीत्व का उत्सव बहुत ज्यादा धूमिल नहीं हुआ है, तो यह क्या कोई मामूली घटना है?

इक्कीसवीं शताब्दी में पहली बार ऐसी परिस्थितियाँ बन रही हैं जब स्त्री सचमुच स्वतंत्र हो सकती है। असामान्य व्यक्ति अपने मनोबल के आधार पर भी स्वतंत्र हो सकता है, लेकिन सामान्य लोगों के लिए आर्थिक स्वतंत्रता ही अन्य स्वतंत्रताओं के दरवाजे खोलती है। यही कारण है कि स्त्रीत्व के वास्तविक वैभव को रिजर्व बैंक आर्थिक अकिंचनता ने दबा रखा है। फलतः स्त्री का अर्थ दैहिक सौंदर्य और कोमल वाणी तक सीमित हो कर रह जाता है। सच तो यह है कि एक स्वतंत्र स्त्री उसके

अलावा और भी तरह-तरह से सुंदर हो सकती है जैसी सुंदर प्रकृति ने उसे बनाया है। लेकिन यहाँ एक पेच है। बाजार-आधारित अर्थव्यवस्था में व्यक्ति की आर्थिक स्वतंत्रता हमेशा एक असत वलय से घिरी रहती है। एक नैतिक अर्थव्यवस्था में ही आर्थिक स्वतंत्रता नैतिक हो सकती है। सो बाजार में प्रवेश कर स्त्री जो स्वतंत्रता अर्जित करती है, उसका काफी भावनात्मक मूल्य उसे चुकाना पड़ता है। यह स्वतंत्रता उसके प्राकृतिक और सांस्कृतिक वैभव को कम करती है, जैसे वह पुरुष को धूर्त और एकांगी बनाती है। फिर भी, आर्थिक स्वतंत्रता तो आर्थिक स्वतंत्रता ही है और वह चाहे जैसे हासिल की जाये, हमें कई तरह से अपनी मर्जी का मालिक बनाती है। इससे स्त्रीत्व के उत्सव में जीवन के कई नये रंग जुड़ते हैं। हमें सोचना चाहिए कि इतना अधिक नष्ट कर दिये जाने के बाद भी स्त्रीत्व में इतना सौंदर्य बचा हुआ है, तो स्वाधीन और साधन-संपन्न होने पर वह कितना तेजस्वी और गरिमामय होगा। पुरुष ने स्त्री को उपमनुष्य बनाने की कोशिश कर उसके साथ अन्याय किया है, तो अपने जीवन को भी बदरंग कर लिया है। शासित के साथ शासक के व्यक्तित्व में भी विकृतियाँ आना अनिवार्य है। इस नापाक रिश्ते को खत्म करने के लिए सबको व्यग्र और सक्रिय होना चाहिए।

सहज और प्राकृतिक स्त्री कैसी होगी, हम नहीं जानते, क्योंकि जिस मिट्टी में यह पौधा उगता है, वह अभी कई बाढ़ों और तूफानों की प्रतीक्षा कर रही है। जाहिर है, तब पुरुष भी वैसा नहीं रह जायेगा जैसा वह आज है। इतना पक्का है कि स्त्रीत्व का जो भी उत्सव हम आज देख पा रहे हैं, वह तब और ज्यादा रंगारंग, व्यापक और टिकाऊ होगा। एक रुग्ण और खंडित समाज में स्त्री मानवीय सुषमा के इतने रूपों को अपने में समोये रख सकती है, तो श्रम, समानता और सौंदर्य के वातावरण में तो वह सृष्टि की सबसे श्रेष्ठ कलाकृति लगेगी—मूक और प्रतीक्षारत कलाकृति नहीं, मुखर, अपने को व्यक्त करती हुई, अपना उत्कर्ष खोजती और दुनिया में अपनी जगह बनाती हुई कलाकृति—जैसा हर सोचने-समझनेवाले प्राणी को होना ही चाहिए।

साहित्य

सीता का स्वयंवर

राम और सीता को कर्तव्य और प्रेम का शास्त्रीय प्रतीक माननेवालों को यह जान कर दुख होगा कि वे महान प्रेमी भी थे। स्वयंवर के पहले राम जनक वाटिका में सीता को अपना दिल दे चुके थे और स्वयंवर के दौरान सीता पत्ते की तरह काँप रही थीं कि वे राम को कहीं खो न दें।

कविता पर विचार को, विचार पर विचारधारा को, विचारधारा पर मत को और मत पर एकांगिता को तरजीह देनेवाले आलोचकों ने तुलसीदास की छवि एक रूखे और जीवन-विरोधी कवि की बना रखी है। इस पृष्ठभूमि में, जब हम रामचरितमानस में सीता स्वयंवर की कथा पढ़ते हैं, तो रोमांच हो आता है। तुलसीदास राम को परमपिता भगवान मानते थे और सीता को जगज्जननी। अतः सीता और राम के रोमांस का वर्णन करना निश्चय ही उनके लिए एक कठिन नैतिक समस्या रही होगी। कालिदास शिव और पार्वती के प्रेम के सभी पक्षों—उदात्त और शृंगारिक—(इसका यह अर्थ न लगाया जाये कि उदात्तता में शृंगार का निषेध है या शृंगार में उदात्तता नहीं आ सकती) का उन्मुक्त वर्णन कर सकते थे, क्योंकि संस्कृत कविता, सभी आधुनिक-पूर्व भाषाओं की कविता की तरह अधिकांश वर्जनाओं से मुक्त थी। यही उन्मुक्तता लोक काव्य में भी देखी जाती है, क्योंकि लोक शास्त्र से शासित भले ही होता हो, अपनी नैसर्गिक गति को वह छोड़ना नहीं चाहता। इसका बहुत कुछ प्रभाव सूरदास के पदों में देखा जा सकता है (कृपया याद करें, *अद्भुत एक अनूपम बाग*)। तुलसी मर्यादावादी कवि थे और उनकी भक्ति में दीनता ज्यादा थी, माधुर्य कम। लेकिन कोई भी महान कवि जानता है कि कब कविता की कंचुकी को ढीला छोड़ देना चाहिए। सीता के स्वयंवर का उनका वर्णन इसकी पुष्टि करता है। राम और सीता को कर्तव्य और मर्यादा का शास्त्रीय प्रतीक माननेवालों को यह जान कर दुख होगा कि वे महान प्रेमी भी थे।

आज के प्रेम विरोधी माता-पिता और उनके समवयस्कों को तसल्ली हो सकती है कि त्रेता युग में भी प्रेम करना आसान नहीं था। यहाँ यह उल्लेखनीय है कि 'स्वयंवर'

शब्द गुमराह करनेवाला है। बहुत पुराने समय में स्त्रियाँ स्वयं वरण करती होंगी, जैसे वे अब भी कई आदिवासी समाजों में करती हैं। लेकिन सीता और द्रौपदी के स्वयंवरों से पता चलता है कि राजकुमारियाँ अपनी पसंद के आदमी का वरण करने के लिए पूरी तरह स्वतंत्र नहीं थीं। पहली बात तो यह है कि स्वयंवर में किसी भी वर्ग या जाति का पुरुष भाग नहीं ले सकता था। राजा राजाओं को ही, या फिर उनके बेटों को, अपनी बेटी के स्वयंवर में बुलाते थे। दूसरी बात यह है कि स्वयंवर एक खुला आयोजन नहीं था, जिसमें राजकन्या आये हुए प्रतिद्वंद्वियों में से अपनी पसंद के पुरुष का चयन कर सकती हो। नियमानुसार, वह उस व्यक्ति के गले में वरमाला डालने के लिए बाध्य थी, जो स्वयंवर की शर्त पर खरा उतरा है। द्रौपदी के स्वयंवर में शर्त थी मछली की प्रतिछाया को देखते हुए उसकी आँख की पुतली को बाणविद्ध करना तो सीता से विवाह करने का अधिकारी वह था जो शिव धनुष को उठा कर तोड़ने में सक्षम हो। उस समय पता नहीं क्या हुआ करता था, जब स्वयंवर की शर्त का पालन करनेवाले कई योग्य व्यक्ति निकल आते थे। संभव है, एक पहले से भी कड़ी शर्त रख दी जाती होती। अर्थात् जिसे हमारे यहाँ स्वयंवर कहा जाता है, वह भी स्त्री की पराधीनता का ही एक उत्सव था। सजा-सँवार कर लड़की दिखाने की, कुछ समय से चल रही रस्म को स्त्री का अपमान माननेवाले बिलकुल दुरुस्त हैं : मनुष्य की प्रदर्शनी नहीं होनी चाहिए। पर स्वयंवर सभा में सीता को इसी तरह बैठाया गया था—सजा-सँवार कर, आसन्न वर की प्रतीक्षा में और मूक बना कर।

सीता को स्वयंवर की रूढ़ परिपाटियाँ तभी से बुरी तरह अखर रही थीं, जब से उन्होंने राम का मन ही मन वरण कर लिया था। राजा जनक की पुष्प वाटिका में सीता और राम, दोनों ने एक-दूसरे को पहली बार देखा था और देखते ही पसंद कर लिया था। यहाँ तुलसीदास ने जिस यथार्थवादिता का परिचय दिया है, वह अद्भुत है। वे जरूर जानते होंगे कि स्त्री और पुरुष के लिए प्रेम के मायने अलग-अलग हैं। राम ने अभी सीता को देखा भी नहीं था। तुलसी के अनुसार कंकण, करधनी और नूपुर की ध्वनि ही सुनी थी। यह ध्वनि सुनाकर उन्होंने अनुज लक्ष्मण से कहा—(यह ध्वनि ऐसी आ रही है) मानो कामदेव ने विश्व को जीतने का संकल्प कर डंके पर चोट मारी है। पहले ध्वनि, बाद में रूप। 'ऐसा कह कर राम ने फिर उस ओर देखा। सीता के मुख रूपी चंद्रमा के लिए उनके नेत्र चकोर बन गये।' तनिक बाद ही वे लक्ष्मण को बताते हैं—'जिसकी अलौकिक सुंदरता देख कर स्वभाव से ही पवित्र मेरा मन क्षुब्ध हो गया है।' फिर उन्हें चिंता होती है कि उनके इस विक्षोभ को अनैतिक तो नहीं समझा जायेगा। अतः वे लक्ष्मण को आश्वस्त करते हैं—रघुवंशियों का यह सहज स्वभाव है कि उनका मन कभी कुमार्ग पर पैर नहीं रखता। 'मुझे तो अपने मन का अत्यंत ही विश्वास है जिसने स्वप्न में भी परायी स्त्री पर दृष्टि नहीं डाली है।' भक्तजन कल्पना कर सकते हैं कि यहाँ वे इशारे से कह रहे हैं कि सीता ही मेरी भावी पत्नी है। इस बातचीत के दौरान भी वे सीता को एकटक देख रहे थे। दूसरी ओर, सीता ने राम की छवि देखी, तो उनका शरीर भी विह्वल हो गया। लेकिन

सीता स्त्री थीं। तुलसी लिखते हैं कि नेत्रों के रास्ते राम को हृदय में ला कर सीता ने पलकों के किवाड़ लगा दिये।

राम को भविष्य का आभास हो रहा था, सीता ने भविष्य का फैसला कर लिया था। लेकिन सीता को यह पता था कि वे 'पिता के अधीन' हैं। पिता ने स्वयंवर की यह शर्त तय कर रखी थी–जो उनका प्रण भी था–कि हम अपनी बेटी का विवाह उसी से करेंगे जो शिव के धनुष को तोड़ सकेगा। सीता जानती थीं कि उनके पिता जनक अपने प्रण से कभी हट नहीं सकते। दूसरी ओर, उन्हें पूरा विश्वास नहीं हो पा रहा था कि यह सुंदर और मृदु नवयुवक धनुष को तोड़ पायेगा। धनुष और धनुर्धारी के बीच के इस द्वंद्व ने सीता का चैन हर लिया–'जानि कठिन सिवचाप बिसूरति। चली राखि उर स्यामल मूरति।।' जिस युवती का भविष्य दूसरों के हाथ में गिरवी हो–मान लीजिए कि शिव का धनुष किसी और व्यक्ति ने तोड़ दिया, तो सीता को अपना सहज अनुराग भूल कर उसी के गले में माला डालनी पड़ेगी–वह पृथ्वी पर किसकी शरण में जाती? जनक की व्यवस्था का उल्लंघन कौन कर सकता था? सो सीता ने दुनिया की महान प्रेमिका पार्वती से प्रार्थना की। पार्वती ने आश्वस्त किया–'पूजिहि मन कामना तुम्हारी।' (तुम्हारी मनोकामना पूरी होगी।)

लेकिन जब स्वयंवर औपचारिक रूप से संपन्न हो गया और जनक ने घोषणा कर दी कि मेरी बेटी कुमारी ही रहेगी, तो सीता की आशा का दीपक बुझ गया। फिर जब राम धनुष तोड़ने के लिए उठे, तो सीता के हृदय में भावनाओं का झंझावात एक बार फिर शुरू हो गया। 'आँख भर कर राम की शोभा देख कर, फिर पिता के प्रण का स्मरण कर सीता का मन क्षुब्ध हो उठा–आह! पिताजी ने बड़ा ही कठिन प्रण ठाना है। वे लाभ-हानि कुछ भी नहीं समझ रहे हैं।' फिर उन्हें जनक के मंत्रिमंडल के सदस्यों पर क्षोभ होता है–'मंत्री डर रहे हैं, इसलिए कोई उन्हें सीख भी नहीं देता। पंडितों की सभा में यह बड़ा अनुचित हो रहा है। कहाँ तो वज्र से भी बढ़ कर कठोर धनुष और कहाँ ये कोमल शरीर किशोर श्यामसुंदर। हे विधाता! मैं किस तरह धीरज धरूँ। सिरस के फूल के कण से कहीं हीरा छेदा जाता है। सारी सभा की बुद्धि भोली हो गयी है, अतः हे शिवजी के धनुष! अब तो मुझे तुम्हारा ही आसरा है।' इसके पहले पार्वती से प्रार्थना की जा चुकी थी। उनका आशीष निष्फल जान पड़ रहा था, क्योंकि स्वयंवर उनके चिरकुमारी रहने के फैसले के साथ खत्म हो चुका था। शिव पार्वती के वर हैं, दोनों एकात्म हैं, इसलिए शिव से भी क्या उम्मीद की जाये। प्रेम में आदमी कितना विकल हो जाता है। सीता ने चेतन जगत से निराश हो कर अंततः जड़ धनुष से विनय की–'तुम अपनी जड़ता लोगों पर डाल कर, रघुपति को निरख कर हलके हो जाओ।' जब चेतन लोग जड़ जैसा व्यवहार कर रहे थे, तो वे जड़ता के ही पात्र थे।

आजकल पुरुष-प्रधान समाज को कोसने का चलन है। लेकिन यह भावना समाज में पता नहीं कब से है। सीता की ट्रेजेडी से वहाँ उपस्थित कोई भी पुरुष विचलित नहीं हुआ। विश्वामित्र ने भी 'उठहु राम भंजहु भवचापा' कहते हुए 'जनक

का परिताप' ही मिटाने की प्रेरणा दी (मेटहु तात जनक परितापा)। पर सीता की माँ का दिल कहाँ माननेवाला था! जनक के हठ पर इधर सीता व्याकुल थीं, उधर उनकी माँ को गुस्सा आ रहा था–'हे सखी! ये जो हमारे हितू कहलाते हैं, वे सब भी तमाशा देखनेवाले हैं। कोई भी गुरु विश्वामित्र को समझा कर नहीं कहता कि ये (राम) बालक हैं, इनके लिए ऐसा हठ अच्छा नहीं। रावण और बाणासुर ने जिस धनुष को छुआ तक नहीं और सब राजा घमंड करके हार गये, वही धनुष इस सुकुमार राजकुमार के हाथ में दे रहे हैं। हंस के बच्चे भी कहीं मंदराचल पहाड़ उठा सकते हैं? राजा का भी सारा सयानापन समाप्त हो गया। हे सखी! विधाता की गति कुछ जानने में नहीं आती!'

और राम? यहाँ तुलसीदास अपने आदर्शवादी खोल में प्रवेश कर जाते हैं। राम का हृदय कामदेव ने पहली बार मथा था। पर पुष्प वाटिका में सीता की शोभा को भर आँख देखने और चित्त में विक्षोभ अनुभव करने के बाद उन्होंने एक बार भी अपने विचलन की अभिव्यक्ति नहीं की। पूरे स्वयंवर में वे शांत रहे, हालाँकि यज्ञभूमि में उनके प्रवेश करते ही 'सीता चकित चित्त से राम को देखने लगीं', स्वयंवर के अंत में जनक की हताश घोषणा सुनने के बाद भी उनकी कोई प्रतिक्रिया सामने नहीं आयी और जब गुरु विश्वामित्र ने उन्हें धनुष तोड़ने की आज्ञा दी, तो वे सहज भाव से उठ खड़े हुए। उस समय उनके मन में न हर्ष हुआ, न विषाद (हरषु, बिषादु न कछु उर आवा), मानो गीता के निष्काम योग की तरह अपना कर्तव्य करने के लिए प्रस्तुत हो रहे हों।

क्या यह कर्तव्य पालन पूरी तरह से रागहीन था? यहाँ तुलसीदास मन की गहराइयों में विचरण करते हुए लिखते हैं : 'राम ने सब लोगों की ओर देखा और उन्हें चित्र में लिखे हुए-से देख कर, सीता की ओर देखा और उनकी विशेष व्याकुलता को जाना। उन्होंने वैदेही को बहुत ही विकल पाया। उनका एक-एक क्षण कल्प के समान बीत रहा था। यदि प्यासा आदमी पानी के बिना शरीर छोड़ दे, तो उसके मर जाने पर अमृत का जलाशय भी क्या करेगा? सारी खेती के सूख जाने पर वर्षा किस काम की? समय बीत जाने पर पछताने से क्या लाभ? जी में ऐसा समझ कर राम ने जानकी की ओर देखा और उनका विशेष अनुराग देख कर वे पुलकित हो गये। मन ही मन उन्होंने गुरु को प्रणाम किया और बिना किसी विशेष आयास के धनुष को उठा लिया–अति लाघवै उठाइ धनु लीन्हा।' इसके बाद की कहानी सभी को पता है।

क्या इसके बाद भी यह कहा जा सकता है कि तुलसी में जीवन का रस नहीं है? या, उन्हें प्रेम कथा लिखना नहीं आता था?

सीता, राधा और पार्वती

राधा और कृष्ण के प्रेम में उद्दामता है, लेकिन पूर्णता की कमी है। इस संबंध में प्रेम की क्रीड़ा ही मुख्य है–जीवन की दूसरी चुनौतियों के बीच प्रेम की अभिव्यक्ति नहीं। कह सकते हैं कि राधा का प्रेम जीवन के यथार्थ से कटा हुआ है, जबकि सीता और पार्वती को बार-बार प्रेम की अग्नि-परीक्षा देनी पड़ती है।

सीता और राम, राधा और कृष्ण तथा पार्वती और शिव–ये तीन जोड़ियाँ भारतीय जन के सामूहिक चित्त में गहरे धँसी हुई हैं। यह दुनिया के अन्य समाजों की तरह भारत में भी पुरुष-वर्चस्व की ही अभिव्यक्ति है कि पुरुष देवताओं की ज्यादातर मूर्तियाँ अकेली ही बनायी जाती हैं। सिर्फ राधा-कृष्ण प्रायः एक साथ दिखाई पड़ते हैं। क्या इसलिए कि राधा के बिना कृष्ण की कल्पना करना जरा मुश्किल है? द्वारका वाला कृष्ण तो प्रायः अकेले ही मिलता है। रुक्मिणी, सत्यभामा और चालीस हजार अन्य स्त्रियाँ उसकी रानियाँ थीं। लेकिन कृष्ण के जीवन में इनकी कोई खास भूमिका नहीं थी। ब्रजवासी कृष्ण तो अपनी राधा के साथ ही सजता है। गोपाल कृष्ण ने एक अन्यायी राजा का प्रतिरोध किया–यह महत्वपूर्ण है। लेकिन इस शृंखला की घटनाओं में प्रायः अलौकिक तत्व दिख जाता है। पूतना का दूध पीते हुए उसका खून पी जाना या गोवर्धन पर्वत को उँगली पर उठा लेना सभी के बस की बात नहीं। लेकिन राधा और कृष्ण का रिश्ता पूर्णतः लौकिक रिश्ता था और यह ऐसा रिश्ता था जो किसी भी स्त्री और पुरुष के बीच हो सकता है। अपने प्रेम में हर स्त्री राधा है और हर पुरुष कृष्ण। लेकिन इससे सीता और राम तथा पार्वती और शिव की जोड़ियाँ कुछ कम महत्वपूर्ण नहीं हो जातीं। सच तो यह है कि राधा के प्रेम का परिपाक नहीं हो सका, जबकि पार्वती और सीता को दांपत्य जीवन का सुख मिला। वैसे सीता ने भी अलगाव के वर्ष झेले, पर यह मामला राजा और पति के द्वंद्व का था, जिसमें पति पराजित हुआ। इसके विपरीत, कृष्ण वृंदावन छोड़ कर द्वारका गये तो कभी नहीं लौटे। अन्य गोपियों सहित राधा का शेष जीवन

विरह के ताप में ही बीता। फिर भी, जन स्मृति में राधा-कृष्ण की सुंदर जोड़ी स्थायी रूप से बसी हुई है, तो इसका अर्थ यह है कि हम दोनों को एक साथ देखना चाहते हैं। कहते हैं, प्रेम करनेवाला हर किसी को अच्छा लगता है। लेकिन क्या सीता-राम और शिव-पार्वती का प्रेम साधारण था?

सीता, राधा और पार्वती का जीवन इस बात का प्रमाण है कि उस काल में स्त्री का कोई स्वतंत्र जीवन नहीं था। इनमें राधा ही काफी हद तक स्वतंत्र थी। साहसी भी। यदि वह किसी और पुरुष से विवाहित थी, तो अपने दांपत्य जीवन और लोकलाज की परवाह न कर कृष्ण की रास लीला में उसका हिस्सा लेना मामूली बात नहीं थी। यह साहस द्रौपदी ने भी नहीं दिखाया। द्रौपदी विचार और व्यक्तित्व में अत्यंत प्रखर थी, वाग-विदग्ध थी, लेकिन स्वयंवर में अर्जुन द्वारा जीती जाने के बावजूद जब उसे और भी चार पतियों का वरण करना पड़ा, तो उसने इस अन्याय को स्वीकार कर लिया। उसकी बहुत सारी कठिनाइयाँ इसी से पैदा हुईं। राधा-कृष्ण के प्रेम में पहल तो राधा ने ही की थी, मजेदार बात यह है कि पार्वती ने भी शिव को वरा था। इस दृष्टि से वह भी एक महान प्रेमिका थी। क्या सीता के बारे में भी यही बात कही जा सकती है? निःसंदेह सीता ने दांपत्य प्रेम को चरम ऊँचाई तक पहुँचा दिया। उसने प्रेम का सुख नहीं, प्रेम की मर्यादा के निर्वाह का सुख खोजा और प्राप्त भी किया। ऐसी स्त्री रोमांटिक प्रेम के लिए नहीं बनी होती। उसके वरण में भावना का विस्फोट नहीं, सामाजिकता की मर्यादा होती है। प्रेम उसके लिए स्वतंत्रता की उद्घोषणा नहीं, बल्कि उसका निलंबन है। जब दो बड़े मूल्यों में संघर्ष होता है, तो एक को दूसरे के लिए जगह बनाना होता है। सीता के स्वयंवर की शर्त किसने तय की होगी? संभवतः उसके अभिभावक-पिता जनक ने, जो दार्शनिक और तत्व चिंतक थे। क्या इसीलिए उन्होंने यह चाहा कि सीता का भावी पति शारीरिक शक्ति से भरपूर होना चाहिए? कई बार विरुद्धों में भी प्रबल आकर्षण होता है। लेकिन शंकर के धनुष को उठाना और उस पर चाप चढ़ाना सिर्फ शारीरिक बल का मामला नहीं हो सकता। सीता के स्वयंवर में रावण सहित ऐसे अनेक राजा आये थे, जो दैहिक शक्ति में राम से बीस या इक्कीस ही होंगे। फिर वे क्यों विफल-मनोरथ हुए और जनक को यह घोषणा करनी पड़ी कि सीता की किस्मत में विवाह नहीं लिखा है, क्योंकि धरती वीरविहीन प्रतीत होती है? स्पष्टतः वीरता शारीरिक बल का पर्याय नहीं है। राम का सीता से कोई पूर्व परिचय नहीं था। राम की कीर्ति सीता तक पहुँची होगी, पर सीता की कीर्ति राम तक पहुँची थी, इसका कोई साक्ष्य नहीं है। फिर राम स्वयंवर में भाग लेने भी नहीं आये थे। लेकिन गुरु-आज्ञा हुई, तो उन्होंने यह साबित कर दिया कि धरती वीरविहीन नहीं हुई है। इस तरह, सीता और राम दोनों के लिए विवाह किसी न किसी मूल्य से जुड़ा हुआ था। सीता को पति के रूप में एक ऐसा पुरुष चाहिए था जो शंकर के धनुष पर तीर चढ़ा सके। राम के

लिए सीता को पाना महत्वपूर्ण नहीं था—महत्वपूर्ण था यह साबित करना कि वीरता अभी बची हुई है। सीता की डोर जनक के हाथ में थी, राम अपने गुरु विश्वामित्र के अधीन थे। विवाह प्रेम की परिणति नहीं था, एक अनिवार्य संस्कार था। लेकिन कौन जानता है! बताते हैं कि जनक की वाटिका में सीता और राम एक-दूसरे को देख चुके थे। कामदेव हमारे मन में कब प्रवेश कर जाते हैं, यह कह पाना कठिन है।

सीता का दांपत्य जीवन इस बात का सबूत है कि कोई विवाह में अपने आपका किस हद तक उत्सर्ग कर सकता है। राम को मर्यादा पुरुषोत्तम कहा जाता है। लेकिन अब इस मान्यता पर प्रश्नचिह्न लगने लगा है। सबसे जबरदस्त प्रतिरोध दलितों की ओर से आया है, जिनका खयाल है कि राम द्वारा शंबूक की हत्या एक ऐतिहासिक घटना थी। फिर तो राम कथा से जुड़ी हर बात को हमें ऐतिहासिक मानना होगा और यह स्वीकार करना होगा कि उस काल में सिर्फ पुष्पक विमान ही नहीं उड़ा करता था, बल्कि हनुमान भी आकाश में तैर सकते थे। लेकिन कई बार जनश्रुतियाँ ऐतिहासिक घटनाओं से ज्यादा प्रभावशाली साबित होती हैं। एक प्रतिक्रियावादी मूल्य के रूप में शंबूक वध ने भारत के जन मानस को सामाजिक समानता और प्रगति का विरोधी बनाया है और इसकी पीड़ा आज सबसे ज्यादा सुनाई देती है, तो इसलिए कि दलित अपने पुरखों की खोज में लग गये हैं, हालाँकि शंबूक अस्पृश्य नहीं, शूद्र था। राम के मर्यादा पुरुषोत्तम होने पर सीता का वनवास भी प्रश्नचिह्न लगाता है, जिसकी ओर नारीवादियों का बहुत ध्यान नहीं गया है। राम ने बालि के वध में मर्यादा नहीं, चतुराई का परिचय दिया था और यह भी नहीं कहा जा सकता कि शूर्पणखा के साथ दोनों भाइयों का व्यवहार अच्छा था। इसके विपरीत, सीता के जीवन में मर्यादा ही मर्यादा दिखाई देती है। उसने अपने आपको पति के साथ पूरी तरह समाहित कर लिया था। मन, वचन और कर्म से वह राममय हो गयी थी। सिर्फ एक अवसर पर उसने असंतुलन का परिचय दिया, जब राम द्वारा मृगवेशी मारीच के पीछे चले जाने पर उसने लक्ष्मण की मंशा पर शक किया और उसे धिक्कारा कि तुम राम की सहायता के लिए इसलिए नहीं जाना चाहते कि राम के न रहने पर तुम मुझसे विवाह करना चाहते हो। क्या लक्ष्मण द्वारा खींची गयी रेखा का उल्लंघन करना सीता की मर्यादाहीनता थी? ऐसा नहीं कहा जा सकता, क्योंकि उस वक्त सीता के लिए साधु का सत्कार निजी सुरक्षा से ज्यादा महत्वपूर्ण हो गया था। मूल्यों की खातिर जोखिम उठाना सभी को सीखना चाहिए। उसके बाद सीता का जीवन कष्ट में ही बीता, लेकिन राम की हर इच्छा को उसने अपने लिए आदेश माना। वैवाहिक वफादारी का इससे बड़ा प्रतीक मानव सभ्यता के पास नहीं है। इस दृष्टि से, राम को नहीं, सीता को मर्यादा पुरुषोत्तम कहा जाना चाहिए।

पार्वती तो मानो शिव के लिए पैदा ही हुई थी। अपने पूर्व-जन्म में, जब वह राजा दक्ष की पुत्री सती थी, तो उसके मन में शिव के प्रति आकर्षण जगा—उस

शिव के प्रति, जो नंग-धड़ंग रहते थे, भूत-प्रेत जिनके साथी थे और जिनके पास कोई घर तक नहीं था। फिर भी शिव के व्यक्तित्व में कोई चरम आकर्षण था, क्योंकि वे योगी भी थे और औघड़ भी। लौकिक दृष्टि से, उन्हें विवाह के लिए सुपात्र नहीं माना जा सकता। ऐसे शिव के प्रति अनुरक्त होना सती की विशेषता ही कही जायेगी। सती के माता-पिता ने जब शिव की बारात देखी, तो उन्हें अपनी बेटी के चुनाव पर बेहद कोफ्त हुई। लेकिन राधा की तरह सती भी कहाँ माननेवाली थी! बाद में उसे अपने पिता दक्ष द्वारा शिव के अपमान पर आत्माहुति देनी पड़ी और शिव ने भी उसके शव को लेकर जो तांडव किया, वह एक योगी की प्रेमाकुलता का महान प्रमाण है। कहते हैं, सती ही शिव के साथ रहने के लिए पार्वती के रूप में पैदा हुई। यदि हम सती और पार्वती को अलग-अलग मानें, तो पार्वती का प्रेम सार्वजनिक कल्याण से जुड़ा हुआ था। तारकासुर का वध करने के लिए देवताओं को शिव का पुत्र चाहिए था और योगीश्वर को गृहस्थाश्रम में पार्वती जैसी सुंदरी ही खींच कर ला सकती थी। लेकिन पार्वती सिर्फ सुंदर नहीं थी—उसने शिव को पाने के लिए जैसी कठोर तपस्या की, वह एक अद्‌भुत प्रसंग है। तपस्या के अंतिम चरण में उसने पत्ते खाना भी छोड़ दिया, जिसके परिणामस्वरूप उसका एक नाम अपर्णा पड़ा। यहाँ भी हम पाते हैं कि पार्वती ने अपने आपको शिवमय कर लिया था। यह अकारण नहीं है कि इन तीन जोड़ियों में शिव और पार्वती का युग्म ही शाश्वत माना गया। सीता धरती माता की गोद में समा गयी और राम ने सरयू के जल में समाधि ली। कृष्ण का अंत एक बहेलिए के तीर से हुआ और राधा का क्या हुआ, पता नहीं। लेकिन शिव और पार्वती जन स्मृति में आज भी कैलाश पर्वत पर विचर रहे हैं। मनुष्य नाशवान होता है—फिर चाहे वह ईश्वर का ही अवतार क्यों न हो, पर देवता अमर होते हैं, क्योंकि वे जीवन नहीं, विचार हैं। लेकिन पार्वती और शिव की कहानी देवलोक की कम, हमारी धरती की कथा ज्यादा प्रतीत होती है। उसका सारा रस और उसके सारे द्वंद्व जीवन से उठाये गये लगते हैं।

जमाने की हवा सीता और पार्वती के खिलाफ तथा राधा के पक्ष में है। आज के जमाने में कौन स्त्री सीता और पार्वती की तरह अपने व्यक्तित्व का विलोप कर देना पसंद करेगी? और, उसे ऐसा करना भी क्यों चाहिए? लेकिन क्या सीता और पार्वती की कथा का मर्म इतना ही है? आत्म-विस्तार जितना महत्वपूर्ण है उतना ही महत्वपूर्ण है आत्म-संकोच। शायद दोनों एक ही सिक्के के दो पहलू हैं। कभी-कभी प्रेम में अपने को मिटा देना भी अपनी सर्वोच्च अभिव्यक्ति बन जाता है। सिर्फ अपने को केंद्र में रख कर सभ्यता का सृजन नहीं होता। राधा और कृष्ण के प्रेम में उद्दामता है, लेकिन पूर्णता की कमी है। इस संबंध में प्रेम की क्रीड़ा ही मुख्य है—जीवन की दूसरी चुनौतियों के बीच प्रेम की अभिव्यक्ति नहीं। यह भी कह सकते हैं कि राधा का प्रेम जीवन से कटा हुआ है, जबकि सीता और पार्वती को बार-बार प्रेम की

अग्नि-परीक्षा देनी पड़ती है। यहाँ निष्ठा, त्याग और निस्पृहता जीवन को सहनीय और सुंदर बनाते हैं। राधा महान प्रेमिका थी, पर हमारे सामने उसका किशोरी-बिंब ही कीलबद्ध हो गया है। उसे एक परिपक्व युवती के रूप में हम नहीं देख पाते, जब कि स्त्री-पुरुष के बीच प्रेम के ही नहीं, कर्तव्य के रिश्ते भी होते हैं और इसीलिए प्रेम का फूल गार्हस्थ्य में ही सबसे सुंदर ढंग से खिलता है। यह अकारण नहीं है कि इन तीनों में राधा ही मातृत्व के आनंद से वंचित रही। गार्हस्थ्य रस या जीवन साहचर्य की छटा रोमांटिक प्रेम के चंद्रमा से कम उज्ज्वल या लालित्यपूर्ण नहीं है। यह खेद की बात है कि साहित्य में प्रेमी-प्रेमिका को पति-पत्नी की तुलना में बहुत ज्यादा स्थान दिया गया है। यह पुरुष चित्त की रसिकता नहीं, उसका छिछोरापन है। सीता को अंततः राम का साथ छोड़ कर धरती की गोद में समाना पड़ता है, पार्वती अपने सर्वहारा पति के साथ जीवन बिताती है, लेकिन अपने प्रेम की उत्कटता में दोनों में से कोई भी राधा से उन्नीस नहीं है। इसलिए इनमें से हर एक के पास हमारे लिए कुछ-न-कुछ संदेश जरूर है : सीता की मर्यादाप्रियता, राधा का लास्य और पार्वती की निस्पृहता। कोई भी पूर्ण स्त्री शायद कई स्त्रियों को मिला कर बनती है। अतः हमें किसी भी एक स्त्री से पूर्णता की माँग नहीं करनी चाहिए। लेकिन इसका मतलब यह नहीं है कि किसी स्त्री को पूर्णता हासिल करने का प्रयास ही नहीं करना चाहिए।

रवींद्र की स्त्रियाँ

ऐसा नहीं है कि रवींद्रनाथ ठाकुर को सेक्स से विकर्षण था या वे प्लेटोवादी प्रेम के कायल थे। शायद उनके जीवन में उनकी परिणीता के अलावा और भी स्त्रियाँ आयी हों या वे और भी स्त्रियों के जीवन में आये हों। लेकिन उनके प्रेम प्रसंगों को यौन-केंद्रित दृष्टि से देखना उनके और उनकी स्त्रियों, दोनों के साथ अन्याय है।

बांग्ला के लेखक और कवि सुनील गंगोपाध्याय में निश्चय ही साहित्यिक प्रतिभा होगी, क्योंकि ज्ञानपीठ को छोड़ कर उन्हें वे सारे पुरस्कार मिल चुके हैं जो एक बांग्ला लेखक को मिल सकते हैं। लेकिन 22 अप्रैल 2001 के अंग्रेजी साप्ताहिक 'द वीक' में उनका जो साक्षात्कार छपा है, वह फूहड़ है। शायद प्रतिभा और फूहड़ता में कोई वैर नहीं है। वैसे तो इस आमुख-कथा का शीर्षक 'लॉर्ड ऑफ द बटरफ्लाइज' (तितलियों का राजा) भी—जिसे उसके साथ का चित्रांकन और रसमय कर देता है, जिसमें रवींद्र फूल की तरह खिले हुए हैं और चार तितलियाँ उनके इर्द-गिर्द मँडरा रही हैं—कम अश्लील नहीं है। रवींद्रनाथ स्त्रियों की ओर आकर्षित होते थे, पर वे दिलफेंक आशिक नहीं थे। स्त्रियाँ भी उनकी तरफ आकर्षित होती थीं, लेकिन जिन स्त्रियों से रवींद्र का संबंध बना, वे तितलियाँ नहीं थीं। अन्यथा अपने देवर की प्रतिभा पर फिदा और उसे भरपूर प्यार देनेवाली कादंबरी देवी रवींद्र का विवाह होने के एक महीने के भीतर ही आत्महत्या नहीं कर लेतीं। तितलियाँ जान लेती हैं, जान देती नहीं हैं।

अपनी पत्नी मृणालिनी देवी के अतिरिक्त अन्य कई स्त्रियों से गुरुदेव के संबंध बने, जिनमें से चार की खास तौर से चर्चा होती रही है—यह कोई अज्ञात रहस्य नहीं है, जिसका पहली बार उद्‌घाटन सुनील ने अपने ऐतिहासिक उपन्यास 'प्रथम आलो' में (जिसका अंग्रेजी अनुवाद 'फर्स्ट लाइट' पेंगुइन से आया है) किया है। उपन्यासकार ने, जैसा कि उनका दावा है, अपनी कल्पनाशक्ति का भरपूर उपयोग जरूर किया है, जिसके फलस्वरूप रवींद्र के वे प्रेम प्रसंग, जिनकी हलकी-सी रूपरेखा

ही लोगों के सामने थी, एकदम सुस्पष्ट हो उठे हैं। बांग्ला के अनेक लेखकों और रवींद्र-प्रेमियों को यह अखरा है। यदि किसी ने कविवर के भावनात्मक जीवन पर शोध किया होता और सिर्फ वे बातें लिखी होतीं जिनके प्रमाण उपलब्ध हैं या साक्ष्यों के आधार पर जिनका अनुमान लगाना तर्कशास्त्र के ज्ञात नियमों के विपरीत न होता, तो हो सकता है प्रतिवाद उसका भी होता, पर प्रत्याख्यान या प्रतिबंध नहीं किया जा सकता था। सुनील सुधीर कक्कड़ या स्टेंली वोलपर्ट नहीं हैं—कथाकार हैं। अतः उन्होंने वे संवाद भी लिख दिये हैं जो रवींद्र और कादंबरी के बीच, पता नहीं घटित हुए थे या नहीं। यह बहुतों को आपत्तिजनक लग सकता है। यदि जयशंकर प्रसाद और रामधारी सिंह दिनकर के प्रेम प्रसंगों पर कोई कलम का धनी 'नदी के द्वीप' की शैली में उपन्यास लिख दे, तो वह दिलचस्प जरूर होगा, पर शालीन नहीं—और न ही सच के करीब। 'पहला गिरमिटिया' जैसे उपन्यासों में कल्पना की छूट ली जा सकती है, लेकिन सिर्फ कल्पना के आधार पर—भले ही लेखक कितना ही अनुभवी प्रेमी हो—किसी के—और वह भी रवींद्रनाथ जैसे व्यक्ति के—प्रेम जीवन की अंतरंगता में प्रवेश नहीं किया जा सकता।

सुनील गंगोपाध्याय स्वयं किस स्तर के प्रेमी रहे होंगे, इसका कुछ परिचय उनकी पदावली से मिलता है। पहली बात तो यह है कि वे रवींद्र के इस प्रसंग में बार-बार उनकी 'कमजोरियों' और 'चंचलताओं' का जिक्र करते हैं। इसका सीधा अर्थ यह है कि सुनील की नजर में स्त्री का संसर्ग सिर्फ एक ही लक्ष्य से चाहा जाता है। इसीलिए अपनी (रवींद्र की) भतीजी इंदिरा के साथ रवींद्र की अंतरंगता को वे 'अफेयर' बताते हैं। कादंबरी के सिलसिले में वे प्रश्न करते हैं, 'आप ऐसा क्यों महसूस करते हैं कि एक महान व्यक्ति अपनी पत्नी के अलावा किसी और के साथ सो नहीं सकता?' किसी के साथ प्रेम करना उसके साथ सोना है—यह एक रुग्ण समीकरण है। दोनों दो चीजें नहीं हैं, लेकिन दोनों एक ही चीज भी नहीं हैं। बताया जाता है कि रानू मुखर्जी और रवींद्र के बीच गहरा प्रेम था। अपनी डायरी में लेडी मुखर्जी एक जगह लिखती हैं, 'कवि मुझसे जो चाहते हैं वह मैं उन्हें नहीं दे सकती, नहीं दे सकती, नहीं दे सकती।' यह डायरी तीन फरवरी 1933 की है, जब रानू का विवाह हो चुका था और वे अपने पति वीरेन मुखर्जी के साथ रवींद्र से मिलने शांति निकेतन गयी थीं। रात्रिकालीन भोजन के बाद रानू मुखर्जी को गुरुदेव से मिलने जाना था, पर जाने की उनकी हिम्मत नहीं हुई, क्योंकि 'कवि मुझसे जो चाहते हैं...।' रानू से कवि का परिचय तब से था जब वे 12 साल की थीं और वे 59 साल के। कवि की मृत्यु तक दोनों का स्नेह संबंध बना रहा। फिर 3 फरवरी 1933 को, जब कवि 72 साल के थे, वे ऐसा क्या चाह रहे थे जो रानू उन्हें नहीं दे सकती थीं? यदि यह यौन सुख था, तो रवींद्र की प्रशंसिका सुंदरी के लिए यह कोई मुश्किल बात नहीं होनी चाहिए थी। दरअसल, रानू के इस वाक्य में अनेक प्रकार की व्यंजनाएँ समायी

हुई हैं। पर सुनील को एक ही चीज दिखाई देती है : 'लेकिन रानू, जब वे बीस की हो गयीं, तो अद्‌भुत रूप से सुंदर थीं और 67 के टैगोर शायद अपनी मर्दानगी से खाली नहीं हुए थे। उनका पितृत्व भाव हो सकता है सेक्स में बदल गया हो। जब मैं अपनी ओर देखता हूँ तो यह कोई अस्वाभाविक बात नहीं लगती। मैं भी 67 का हूँ, पर मैं नहीं सोचता कि मेरी यौनेच्छा खत्म हो गयी है।' इसके पहले वे अपने विवाहोत्तर इश्कों के बारे में इशारे में बता चुके थे : 'मैं उन महिलाओं को धर्मसंकट में डालना नहीं चाहता और न ही यह चाहता हूँ कि मेरी पत्नी की रातों की नींद बरबाद हो।' वही पुरानी पुरुष दंभोक्ति कि मैं इतनी स्त्रियों के साथ सो चुका हूँ। सुनील गंगोपाध्याय का कोई शत्रु चाहे तो इस इंटरव्यू की प्रति उनकी पत्नी को दे कर या डाक से भेज कर अपनी छाती की आग कुछ ठंडी कर सकता है—लेकिन इतने बड़े लेखक की पत्नी क्या इतनी भोली होंगी कि अपने पति को न जानती हों?

ऐसा नहीं है कि रवींद्रनाथ ठाकुर को सेक्स से विकर्षण था या वे प्लेटोवादी प्रेम के कायल थे। शायद उनके जीवन में उनकी परिणीता के अलावा बहुत-सी स्त्रियाँ आयी हों या वे बहुत-सी स्त्रियों के जीवन में आये हों। लेकिन उनके प्रेम प्रसंगों को सिर्फ यौन-केंद्रित दृष्टि से देखना उनके और उनकी स्त्रियों, दोनों के साथ अन्याय है। जिन चार राविंद्रिक महिलाओं का जिक्र किया जाता है, उनमें से एक—इंदिरा—उनके परिवार की थी और यह किशोरावस्था की संसक्ति थी। भाभी कादंबरी और वे निश्चय ही काफी घुले-मिले थे। रानू मुखर्जी से उनका प्रगाढ़ अनुराग रहा। अर्जेंटीना की कवि विक्टोरिया ओकान्यो उनकी प्रशंसिका थीं और पेरू जाते हुए कवि बीमार हो गये तो विक्टोरिया ने उन्हें अपने साथ रखा और दोनों एक-दूसरे पर मुग्ध हुए। इन सिलसिलों में हमें यह भी याद रखना चाहिए कि इंदिरा और कादंबरी से उनका लगाव तब हुआ जब उनका विवाह नहीं हुआ था। रवींद्र की पत्नी मृणालिनी देवी का देहांत 1902 में हुआ, जब कवि 41 वर्ष के थे। रानू मुखर्जी का यह इंदराज तब का है जब कवि को विधुर हुए लगभग तीन दशक हो चुके थे। विक्टोरिया से उनकी मुलाकात मृणालिनी देवी की मृत्यु के बाद हुई थी। रवींद्रनाथ एक पूर्ण पुरुष थे और एक पूर्ण स्त्री की उनकी तलाश शायद आजीवन बनी रही—या, यह तलाश खंड-खंडों में पूरी हुई। यही बात उन स्त्रियों के बारे में भी कही जा सकती है, जो रवींद्र में अपने किसी स्वप्न की—पूर्ण या आंशिक—पूर्ति देखती होंगी। ईश्वर अपना सारा ऐश्वर्य कभी-कभी ही एक जगह उँड़ेलता है।

इसका अर्थ यह नहीं है कि रवींद्र को नैतिक कसौटियों पर न कसा जाये। जो व्यक्ति जितना महान होता है, उससे उतनी ही ऊँची कसौटियों की अपेक्षा की जाती है। प्रतिभाओं—स्त्री और पुरुष, दोनों—का इतिहास लेकिन कुछ और बताता है। उनमें से बहुत-से विवाह को प्रेम का एकमात्र आश्रय नहीं मानते। लेकिन क्या

सभी साधारण स्त्री-पुरुष बहुलता-विरोधी होते हैं? यह मानव जाति की एक ऐसी नैतिक समस्या है जिसका कोई सरल समाधान नहीं सोचा जा सकता—जब तक विवाह संस्था अपने मौजूदा रूप में मौजूद है। शायद इसीलिए ऑस्कर वाइल्ड का कहना था कि कलाकारों को विवाह ही नहीं करना चाहिए। उल्लेखनीय है कि वाइल्ड भी सौंदर्य का उपासक था और उसने अपने आंदोलन का नाम 'सौंदर्यवादी' (एस्थेटिक) रखा था। लेकिन यह एक अधूरा समाधान है—यदि समाधान है। बढ़ती हुई स्वतंत्रता के इस युग में रचनात्मक और संतोषजनक समाधान खोजे जाने चाहिए—और सिर्फ सुखवाद पर नजर गड़ा कर नहीं। स्त्री और पुरुष के बीच आनंद के जो सैकड़ों झरने फूटते हैं, सेक्स उनमें से सिर्फ एक है। आत्मा शरीर में ही रहती है, पर सिर्फ शरीर के साथ शरीर को मिला कर उस तक नहीं पहुँचा जा सकता—क्या यह बात दुहरानी होगी?

इस पूरे प्रसंग का करुणतम पक्ष यह है कि रवींद्रनाथ के व्यक्तित्व के इस पहलू के बारे में उनकी पत्नी मृणालिनी देवी के विचार क्या थे, इसका जिक्र आम तौर पर नहीं होता। शायद साक्ष्य भी नहीं बचे हैं। अंतरिक्ष के इस विशाल संग्रहालय में पता नहीं कितनी स्त्रियों की स्मृतियाँ गूँज रही हैं—अपनी मूकता और हमारी बधिरता के संयोग पर गहरी साँसें भरते हुए!

क्या तुम रुपये लेती हो

'देवदास' को महज प्रेम कथा मानना एक किशोराना खयाल है। राग यहाँ बहुत है, पर विराग भी कम नहीं है। देवदास, पार्वती और चंद्रमुखी—तीनों के रिश्ते परस्पर प्रेम और घृणा में डूबे हुए हैं। लेकिन रुपये की केंद्रीयता के प्रति तो घृणा ही घृणा है।

देवदास की समस्या यह थी कि वह कहीं सही समय पर पहुँच नहीं पाया। उसकी आखिरी यात्रा पार्वती की दिशा में थी। पहुँच भी गया, पर तब तक उसके प्राण पँखेरू उड़ चुके थे। पार्वती की उस समय की मनःस्थिति का जैसा वर्णन शरच्चंद्र ने किया है, उससे लगता है कि उसके लिए यह वैधव्य के तड़ित आघात का क्षण था। लेकिन अपने संयम के कारण ही पार्वती महान थी। उसे देवदास के शव तक जाने से रोका गया तो वह रुक गयी—मूर्च्छा ने प्रेम और कर्तव्य के बीच मध्यस्थ की भूमिका निभायी।

भारत में अंग्रेजी और हिंदी की मानसिकताओं के बीच मौजूद फर्क का एक अनुमान इस तथ्य से किया जा सकता है कि अंग्रेजी में देवदास की चर्चा ज्यादातर उसके मौज-मजावादी दोस्त चुनीलाल की शैली में हुई, जबकि हिंदी में गंभीर से गंभीर समीक्षक और स्तंभकार भी भावुक होते नजर आये। अगर हिंदी के मध्य वर्ग में इतनी भावुकता बची हुई है—भले ही उसके काइयाँपन को नुकसान न पहुँचाते हुए—तो इस भाषा का भविष्य है। इससे यह नहीं सोच लेना चाहिए कि अंग्रेजी भावुकता से शून्य हो चुकी है। हाँ, भारत में बरती जा रही अंग्रेजी की बात दूसरी है। इस विजित देश में अंग्रेजी और भावुकता का सह-अस्तित्व कठिन चुनौती है।

लेकिन परिस्थिति ऐसी बनी कि फिल्म 'देवदास' को रिलीज करने की तारीख बढ़ा दी गयी। सो फिल्म देखी नहीं जा सकी। हाँ, उपन्यास को पढ़ने का अवसर जरूर मिल गया। इसके लिए मुझे भंसाली का धन्यवाद करना ही चाहिए। अब मैं यह कहने की स्थिति में हूँ कि जिसने 'देवदास' पहली बार पढ़ा और उसकी आँखें नम नहीं हुईं, उसके हृदय-स्थान पर एक बड़ा-सा पत्थर होगा। या फिर, चरम बौद्धिकता

ने उसकी संवेदना को पूरी तरह सोख लिया होगा। बेशक समाज में ऐसे लोग भी एक सीमित संख्या में होने चाहिए। नहीं तो सर्जन कहाँ से आयेंगे? रक्षा मंत्री कौन बनेगा?

उपन्यास के रूप में 'देवदास' एक निगूढ़ पहेली है। देवदास ने अपना जीवन क्यों नष्ट किया? इस प्रश्न का कोई संतोषजनक उत्तर उपन्यास में नहीं मिलता। ऐसा लगता है कि सुख की तरह दुख भी अपनी ही गति से चलता है। देवदास पार्वती और चंद्रमुखी दोनों को प्यार करता था। पार्वती अन्यत्र विवाहित होने के बाद भी देवदास को ही अपना पति मानती थी। चंद्रमुखी के लिए देवदास ही उसका सर्वस्व था। तीनों के बीच कोई द्वंद्व भी नहीं था। फिर भी तीनों संताप झेलते रहे। यह कहना पीड़ा का उपहास है कि इसी संताप में उनका एकमात्र सुख था। यह सुख नहीं था—शांति थी, सुख का स्थानापन्न। 'देवदास' में इस शांति की महिमा इस प्रकार निरूपित की गयी है : 'जिसे उम्मीद होती है, वह और तरह से सोचता है। जिसे उम्मीद नहीं रह जाती वह और तरह से। पहले प्रकार की चिंता में सजीवता होती है, सुख होता है, तृप्ति होती है, दुख होता है, उत्कंठा होती है, इसलिए वह आदमी को थका देती है, ज्यादा देर सोचा नहीं जा सकता। परंतु नाउम्मीद को न सुख, न दुख, न उत्कंठा होती है; पर तृप्ति भी नहीं होती है। इसमें आँखों में आँसू भी बहते हैं, गहराई भी होती है, लेकिन रोज नये सिरे से जिगर को नहीं कुरेदती। हल्के बादलों सी जहाँ-तहाँ उड़ती चलती है। जहाँ हवा के झोंके नहीं लगते, वहाँ ठहरती है; जहाँ लगते हैं, वहाँ से खिसक पड़ती है। तन्मय की उद्वेगमय चिंता में एक सार्थकता होती है।' यह विचित्र है कि 'देवदास' के तीनों प्रमुख पात्र यह तन्मयता हासिल करने का प्रयास करते हैं, पर मौका पड़ने पर भरपूर विफल सिद्ध होते हैं। शायद यही तनाव इस उपन्यास की अद्वितीय शक्ति है। राग-विराग का ऐसा संघर्ष दुर्लभ है।

हाँ, 'देवदास' के कथानक का विकास सिर्फ प्रेम से नहीं होता, घृणा से भी होता है। पार्वती देवदास को अपनी युवा माँग में सिंदूर की तरह सजाना चाहती थी, पर संतप्त हो कर उसे कहना पड़ा, 'तुम्हारे पास रूप है, गुण नहीं। मेरे पास रूप है, गुण भी।' देवदास जवाब में पार्वती के सुंदर चेहरे पर सदा के लिए जख्म का एक छोटा-सा निशान छोड़ कर चल देता है, क्योंकि 'इतना रूप रहना भी ठीक नहीं। अहंकार बढ़ जाता है।' जैसे पार्वती ने देवदास को, कहीं न कहीं, माफ नहीं किया, वैसे ही देवदास ने भी शायद, कहीं न कहीं, पार्वती को माफ नहीं किया। और चंद्रमुखी? वह तो देवदास से दो-टूक कह देती है, 'मैं तुम्हें अब मोह कर नहीं रखना चाहती। वह समय अपना लद गया। अब तो तुम मुझसे जितनी घृणा करते हो, उतनी ही घृणा मैं तुमसे करती हूँ।' देवदास चंद्रमुखी को इतना चाहने लगा था कि वह उसकी 'बहू' बन गयी थी, पर उसके सोनागाछीवाले अतीत के कारण वह

चंद्रमुखी को कभी माफ नहीं कर पाया। वह चंद्रमुखी के साथ की कीमत करती है, लेकिन मौत के बाद—'पाप-पुण्य का विचार करनेवाले जाने तुम्हारा क्या फैसला करेंगे, लेकिन मौत के बाद फिर कहीं मिलना हुआ तो मैं तुमसे दूर हरगिज न रह सकूँगा।' उफ! इतनी पीड़ा! इतना लगाव!

प्रेम करने की विडंबनाएँ प्रेमी ही जानें; जो वाक्य पूरे उपन्यास में पृष्ठभूमि-संगीत की तरह लगातार गूँजता रहता है, वह यह है 'तुमि टाका नाउ?' धन्य कुमार जैन ने अनुवाद किया है, 'तुम रुपये लेती हो?' यह वाक्य देवदास ने चंद्रमुखी से कहा था, जब दोनों की पहली बार मुलाकात हुई थी। चंद्रमुखी से यह सुनने पर कि, 'लेती तो हूँ! बिना लिये हम लोगों का चलेगा कैसे!' देवदास जेब से एक नोट निकाल कर, यह देखे बिना कि वह दस का है या सौ का, चंद्रमुखी को थमाता है और वहाँ से चल देता है। चंद्रमुखी रूपमती थी—माधुरी दीक्षित की ही तरह। परवाने रूप की इस आग में जलने के लिए ही मानो बाजार के उस कोने में आते थे। उस समय चंद्रमुखी चौबीस साल की थी और शरत के अनुसार, 'नौ-दस साल के अरसे में कैसे-कैसे स्वभाव के कितने ही लोगों से उसका घनिष्ठ परिचय हुआ। लेकिन ऐसा गजब का आदमी उसने कभी नहीं देखा।' कैसा आदमी? रामधारी सिंह दिनकर ने 'रश्मिरथी' में कर्ण के मुख से कहलवाया है, 'जीवन का मूल समझता हूँ। धन को मैं धूल समझता हूँ।' यह स्पष्टीकरण उसने अपनी माँ कुंती को दिया था, जब वह यह निवेदन ले कर उसके पास आयी थी कि अगर वह दुर्योधन का साथ छोड़ कर पांडवों के साथ हो जाये—जो उसकी मूल जगह है क्योंकि वही उन पाँचों का बड़ा भाई है—तो वह कितने वैभव और कितनी संपन्नता के बीच रहेगा। कर्ण ने देवदास पढ़ा होता, तो वह शायद पूछ लेता : 'तुमि टाका दाउ?' दिनकर अनुवाद करते, 'क्या तुम रुपये देती हो?'

'देवदास' के तीनों पात्र—देवदास, पार्वती और चंद्रमुखी—धन को धूल समझते हैं। देवदास जमींदारी के अपने हिस्से का सारा पैसा सही-गलत कामों में उड़ा देता है। पार्वती गरीब घर की थी, पर एक संपन्न विधुर से उसका विवाह होता है। वह सारे गहने अपनी उप-नेही को भेंट कर देती है और 'भारतमाता ग्रामवासिनी' की तरह रहने लगती है। देवदास से मुलाकात होने के पहले तक चंद्रमुखी रुपये लेती थी, पर इस मुलाकात के बाद उसका स्त्रीत्व जाग जाता है (बड़प्पन की एक पहचान यह है कि वह दूसरों को भी बड़ा बनाता है), तो वह कुछ संपत्ति दे कर और कुछ बेच कर अपना एक छोटा-सा 'फिक्स्ड डिपॉजिट' बना लेती है और उसकी ब्याज-राशि बीस रुपये महीने पर जीना शुरू कर देती है।

क्या यह रुपये का तिरस्कार है? शरच्चंद्र ऐसा नहीं कर सकते थे, क्योंकि वे यथार्थवादी लेखक थे। वे जानते थे कि रुपये के बिना आदमी का काम नहीं चल सकता। आदमी देह भी है और देह को अन्न, वस्त्र, प्रसाधन आदि चाहिए। लेकिन

रुपये को जीवन के केंद्र में नहीं होना चाहिए, क्योंकि तब हर आदमी क्रयीय दिखाई देता है या विक्रीय बन जाता है। और फिर, 'देवदास' के तीनों पात्रों के पास मुफ्त का रुपया था—देवदास की संपन्नता जमींदारी पर आधारित थी, जो एक पतनशील संस्था थी—देवदास ने अपनी मेहनत से एक पैसा नहीं कमाया, पार्वती की अमीरी उसके वृद्ध-विधुर पति की अमीरी थी, चंद्रमुखी ने महज एक छोटा-सा गहना अपने पति से न पा पाने के कारण गृह त्याग किया था और मांस की मंडी में जा कर बैठ गयी थी, सो उसके पास जो भी माल-मत्ता था, वह चुनीलाल जैसे उसके ग्राहकों का था और देह तथा रूप के विनिमय में पाया गया था!

और, इन्हीं तीन चरित्रों पर एकाग्र फिल्म 'देवदास' का निर्माता भरत शाह गर्व से हमें बताता है कि इस फिल्म के निर्माण पर 50 करोड़ रुपये से ज्यादा खर्च हुआ है—माधुरी दीक्षित के कपड़े ही 30 लाख रुपये के हैं!

कहाँ हैं वे, कहते हैं जो कि बेशर्मी की भी हद होती है!

एक खूबसूरत बेटी का पत्र

> *बेटियों को इस विशाल संसार में जिंदगी के साथ प्रयोग करने के लिए स्वतंत्र छोड़ दिया जाना चाहिए। प्रयोगों के दौरान उनसे गलती भी हो सकती है। लेकिन यह उनकी स्वतंत्रता छीनने का पर्याप्त कारण नहीं है। लेकिन सही करने की आजादी में गलती करने की आजादी शामिल है।*

प्रिय पापा,

'कथन' के अक्तूबर-दिसंबर 2001 अंक में, जो रमेश उपाध्याय अंकल निकालते हैं, आपकी कविता 'एक खूबसूरत बेटी का पिता' पढ़ी। आप अत्यंत संवेदनशील हैं और हर चीज पर गंभीरता से विचार करते हैं, यह तो मुझे पहले से ही पता है। लेकिन मुझे ले कर आप इतनी गहरी उधेड़बुन में पड़े हुए हैं, इसका मुझे एहसास तक नहीं था। संभव है, इसका एक कारण यह हो कि पंद्रहवें साल में चलती कोई भी खूबसूरत लड़की अपने आपसे ही सबसे ज्यादा घिरी रहती है। और क्यों न हो, जब आसपास की सारी मानव चेतनाएँ उसी की ओर केंद्रित रहती हैं, तो वह अपना केंद्र और कहाँ खोजे?

लेकिन पापा, आपको यह बताते हुए मुझे संतोष होता है कि आपकी यह बेटी कुछ अलग धातु की बनी है। मैं बहुत ही सुंदर हूँ—यह बात मुझे तब से बतलायी जाती रही है जब से मैंने होश सँभाला है। शुरू-शुरू में तो मुझे पता भी नहीं था कि यह सुंदरता नाम की चीज क्या होती है। उस समय अगर कोई यह कहता कि मैं बहुत होशियार हूँ, या सभी से मेरा व्यवहार अच्छा होता है, या मैं हमेशा कक्षा में फर्स्ट आती हूँ यानी बहुत अच्छी विद्यार्थी हूँ, तो मुझे ज्यादा खुशी होती। लेकिन धीरे-धीरे मैंने अनुभव किया कि मेरी खूबसूरती ने मेरे व्यक्तित्व के अन्य सभी पहलुओं को पछाड़ दिया है। स्कूल में या घर में, जो लोग मुझसे बात करते हैं, वे मुझसे बात कम करते हैं और मुझे देखते ज्यादा हैं। शुरू में तो यह मेरे लिए कौतूहल और आह्लाद की बात थी। पापा, अगर आप अन्यथा न लें, तो कहूँ कि मैंने कई बार आपको भी चोरी से मेरी तरफ बहुत ही गौर से देखते हुए पाया है। निःसंदेह उन

नजरों में प्रशंसा, विभोरता और आत्म-गौरव कूट-कूट कर समाये हुए थे। किसी भी पिता को अपनी खूबसूरत बेटी पर गर्व क्यों नहीं होना चाहिए?

कक्षा आठ तक तो उस वक्त मैं भी खुशी से सिहर जाया करती थी जब कोई मुझे इस तरह देखता था जैसे उसकी नजर अचानक कोहनूर हीरे पर पड़ गयी हो। पर दूसरों को क्या दोष दूँ, क्या मैं शीशे में अपने आपको कम आत्ममुग्धता से देखती थी! वैसे, प्रकृति ने आपके और मम्मी के माध्यम से जो सौंदर्य मुझे सौंपा है, उसे सहेजने में मैंने भी कम श्रम नहीं किया है। जैसे-जैसे मुझ पर यह बात तारी होती गयी कि मेरी त्वचा, मेरी शक्ल, मेरे केश, मेरी शारीरिक बनावट—यानी मेरा सब कुछ विशिष्ट और मोहक है, वैसे ही वैसे मेरी यह चिंता भी बढ़ती गयी कि कोई साबुन या कोई क्रीम, कोई शैंपू या धूप में ज्यादा चलना या उछलना-कूदना, या बहुत जोर से बोलना, या खुरदरे कपड़े पहनना मेरी सुंदरता पर 'डेंट' न लगा दे। मुझे यह भी लगता था कि जो चीज लोगों को इस शिद्दत से खींचती है, उसे सहेज कर रखना और बढ़ाना मेरी सामाजिक जिम्मेदारी है। दूसरी तरह से कहूँ, तो अपना सौंदर्य मुझे अपनी नहीं, दूसरों की संपत्ति लगता था। इस अनुभूति के तीव्र होते ही अपनी सुंदरता से मुझे विराग होने लगा। एक ऐसी चीज को मैं क्यों ढोती फिरूँ जिसमें दूसरों का निहित स्वार्थ है? निहित स्वार्थ मेरा भी था, क्योंकि इस सुंदरता के कारण मुझे सहज ही बहुत-से लाभ मिल जाते थे, पर हर ऐसे लाभ के बाद मुझे ग्लानि-सी होती थी कि मैंने अपनी सुंदरता का, जो मैंने कमायी नहीं है, बल्कि मुझे मुफ्त में मिली है और यह किसी और लड़की को नहीं मिली है, तो इसमें उसका कोई दोष नहीं है, दुरुपयोग किया है। मैंने अपने आपको आदमी से पदार्थ बन जाने दिया है। क्या मेरी सुंदरता ही मेरा परिचय है?

चूँकि आपने अपनी इस कविता में सब कुछ खोल कर रखा है, इसलिए मैं भी आपको साफ-साफ बताना चाहती हूँ कि आपकी सीख मुझे बहुत देर से मिली। आप चाहते हैं कि मेरी बेटी 'प्रेम करे तो थोड़ा रुक कर', क्योंकि 'प्रेम करने की सही उम्र नहीं यह' और *'मेरी बेटी काँपते और डरते हुए नहीं इस डगर पर / सँभल कर चलते हुए करे प्रेम / अपने भीतर अद्‌भुत स्वाद लिए बैठे प्रेम के इस फल को / वह हड़बड़ी में नहीं धैर्य से नमक के साथ चखे।'* मैं मानती हूँ कि जब आप मुझे यह चेतावनी देते हैं, तो इसके पीछे एक विचारशील पिता का वात्सल्य ही नहीं, उसके अनुभव भी होंगे। सच पूछिए, तो आपकी यह कविता पढ़ कर मेरा रोम-रोम आपका कृतज्ञ हो उठा। लेकिन तब तक मैं प्रेम के एक तीव्र अनुभव से गुजर चुकी थी।

आपकी ही बेटी ठहरी, इसलिए मैंने खूब सोच-समझ कर, जितना पता लगा सकती थी, पता लगा कर अपने स्कूल के राजीव से प्रेम किया था। वह मुझसे एक क्लास आगे है। सुंदर है और पढ़ाई में बहुत तेज है। मेरी तरह वह भी फर्स्ट आता रहा है। मैं राजीव के प्रेम में पड़ी नहीं, मैंने राजीव से प्रेम किया—यह मैंने इसलिए

लिखा है कि यह मेरी भावनाओं का तूफान नहीं था, बल्कि एक सुविचारित फैसला था—भावनाएँ बहीं तो इस फैसले के बाद ही। आज भी हम दोनों प्रेम के आनंद की उस नदी में बहते होते, अगर उसने एक किताब में रख कर यह चिट न दिया होता—'आइ एम प्राउड दैट दि मोस्ट ब्यूटीफुल गर्ल ऑन दिस अर्थ बिलांग्स टु मी।' इसे पढ़ते ही मेरी शिराएँ तन गयीं—तो राजीव भी सिर्फ मेरी सुंदरता को चाहता है? 'बिलांग्स टु मी' से मुझे और गुस्सा आया, क्योंकि मैं कई वर्षों तक अपनी टेक्स्ट बुक्स में यह लिखती रही थी कि 'दिस बुक बिलांग्स टु राधा'। क्या मैं उसकी संपत्ति हूँ? मैं उसके लिए कुछ भी कर सकती थी, जान तक दे सकती थी, पर इसलिए नहीं कि मैं उसकी थी—बल्कि इसलिए कि मैं उसे चाहती थी। उस क्षण से उसका यह वाक्य ही मेरे दिमाग में घूमता रहा। अगले दिन मद्रास होटल में डोसा खाते हुए उसके हाथ पर अपना हाथ रख कर, भीतर ही भीतर काँपते हुए, मैंने यह चिट दिखा कर उससे पूछा, 'डू यू रियली मीन व्हाट यू रोट हियर?' उसका उत्तर था, 'आइ मीन एवरी वर्ड ऑफ इट। ऐंड, व्हाइ शुड आइ नॉट?' उस रात मैं रोती रही और सोचती रही। सोचती रही और रोती रही। नींद सुबह होने के ठीक पहले तभी आयी, जब मैंने अपनी डायरी में बड़े-बड़े अक्षरों में लिखा : 'राजीव से मेरा कोई रिश्ता नहीं है। भविष्य में ऐसे किसी भी व्यक्ति से मेरा रिश्ता नहीं रहेगा जो मेरी सुंदरता को मुझसे अधिक महत्व देता हो।' राजीव को चित्त से उतार देने के बाद मैंने उसे धन्यवाद दिया कि उसने मुझे, इतनी कम उम्र में, इतना परिपक्व कर दिया।

पापा, मुझे लगता है कि वे लड़कियाँ जल्दी परिपक्व हो जाती हैं, जो सामान्य से कम या सामान्य से ज्यादा सुंदर होती हैं। शायद दोनों ही हर काम—प्रेम भी—ठोंक-बजा कर यानी गणितपूर्वक करती हैं। मैं भी अपने को ऐसा ही मानती थी। पर मेरे पहले चुनाव ने ही मुझे बता दिया कि गणित भी हमेशा काम नहीं करता। शायद इसीलिए आपने मुझे आश्वस्त किया है कि *'यदि इस सबके बावजूद भी / उससे कोई गलती होती है तो हो जाये/उसके पीछे उसे उबारने के लिए मैं खड़ा हूँ तत्पर।'* इस प्रेम-विरोधी समाज में यह मेरे लिए बहुत बड़ा तोहफा है।

लेकिन मेरी समझ में यह नहीं आता कि अगर मुझसे 'कुछ' हो ही जाता है, तो उसे 'गलती' कहना कहाँ तक ठीक है। आपसे उम्र और बुद्धि में मैं बहुत ही छोटी हूँ, पर आपके द्वारा दिये गये भरोसे के आधार पर ही कहना चाहती हूँ कि सोच-समझ कर किया गया कोई भी काम 'गलती' की श्रेणी में नहीं आ सकता। किसी काम के नतीजे अच्छे नहीं निकले, तो अपने निर्णय को क्यों कोसना! इमर्सन ने कहा है कि सभी निर्णय सीमित जानकारी के आधार पर किये जाते हैं और यह संसार असीम है! गलती तब है, जब अस्वीकार्य नतीजे आने के बाद भी आदमी अपने निर्णय से चिपका रहे। मैंने बहुत-से अंकल्स और आंटीज को देखा है, जो एक-दूसरे से घृणा करते हैं, फिर भी एक-दूसरे से चिपटे रहते हैं। पापा, मुझे आशीर्वाद दो कि

अपना ही फैसला जब मेरी त्वचा में चुभने लगे, तो मैं उससे फ्री हो सकूँ। और यह शक्ति भी कि जो फैसला एक बार कर लूँ, उसका साथ अंत तक दे सकूँ...क्योंकि सच्ची बताऊँ, राजीव से रिश्ता तोड़ने के बाद मुझे लगने लगा कि मुझसे गलती हो गयी। जब उसे दोस्त बनाया था, तो उसमें कुछ कमी दिखाई दी, तो उसे दूर करना क्या मेरा फर्ज नहीं था?

प्रति
श्री पवन करण

आपकी दुलारी बेटी
राधा

जो प्रेम पा रोयी नहीं

प्रेम दोस्त की तरह जीवन में आता है और दुश्मन की तरह डँसने लगता है। लेकिन नये स्त्री अनुभव बताते हैं कि प्रेम का चरित्र बदल रहा है।

प्रेम की एक विडंबना यह है कि वह जो सपने पैदा करता है, उन्हें ही खा जाता है। जब कोई सपने देख रहा होता है, उस समय प्रेम स्वर्गीय वस्तु-सा लगता है। जब सपने, नींद सहित, तोड़ लिये जाते हैं, तो एक नयी तरह के दर्द से सामना होता है, जिसका मुकाबला करने की कोई भी विधि पूरी तरह कारगर साबित नहीं हुई है।

'इंडिया टुडे' के महत्वाकांक्षी उपक्रम 'साहित्य वार्षिकी' की, जो उसके इससे अधिक महत्वाकांक्षी लक्ष्य--प्रचुर विज्ञापन--के पूरा न हो पाने के कारण एक साल से भी ज्यादा देर से निकला इस बार, कविताओं से, अनेक अन्य चीजों के साथ, यह भी स्पष्ट होता है। दिलचस्प यह है कि कात्यायनी और सविता सिंह की कविताएँ आमने-सामने छापी गयी हैं और प्रेम की परस्पर विरोधी छवियाँ प्रस्तुत करती हैं। इससे भी ज्यादा दिलचस्प यह है कि कात्यायनी से कुछ कम उम्र की होने के बावजूद सविता इस मामले में ज्यादा प्रौढ़ तथा यथार्थवादी प्रतीत होती हैं।

इस अंक में कात्यायनी ने 'प्यार के बारे में छह कविताएँ' लिखी हैं। इनमें से हर कविता प्रेम के सुख के मधुर भार से झुकी हुई है—*प्यार है फिर भी/जीवित हठ की तरह/जैसे इतने शत्रुतापूर्ण माहौल में/कविता/जैसे इतनी उदासी में/विवेक।* यह प्रेम का शास्त्र है। प्रेम का अनुभव 'चाहत' कविता की इन पंक्तियों में दमक रहा है : *दहकते जंगल में/सुरक्षित बच रहा/कोई नम हरापन/यूँ आगमन होता है/आकस्मिक/प्यार का/शुष्कता के किसी यातना शिविर में भी/और हम चौंकते नहीं/क्योंकि हमने उम्मीदें बचा रखी थीं... ।* यह है प्रेम की सुषमा और उसकी ताकत। मुश्किल से मुश्किल क्षणों में भी वह आदमी को आह्लाद की लहराती नदी में फेंक सकता है। इसलिए नहीं कि *हमने उम्मीदें बचा रखी थीं,* इसलिए कि पूरी तरह से झुलसे हृदय में भी उम्मीदें बची ही रहती हैं। शमशेर सिंह नरूला के एक उपन्यास की पंक्ति है : भविष्य वह सूर्य है जो कभी अस्त नहीं होता।

लेकिन सूर्य कभी-कभी इतना तपता है कि अंग-अंग जलने लगता है। प्रेम जंजीर बन कर पाँवों से लिपट जाता है और आदमी अपनी भावनाओं का कैदी बन कर रह जाता है। दुनिया के लगभग सभी प्रेमियों का साक्ष्य यही है। स्त्रियों का वृत्तांत तो और धूसर होना चाहिए, क्योंकि उनकी भूमिका, ज्यादातर, ऐसे स्लेट की रही है, जिस पर पुरुष अपने प्रेम का उत्सव अंकित करता रहता है। साहित्य में इसके साक्ष्य कम हैं, लोक गीतों और लोक कथाओं में ज्यादा। यह हमारी सभ्यता की एकायामिता है कि हमने सुख के अनुभव तो जमा कर रखे हैं और दुख के अनुभवों को सामूहिक अवचेतन में दबा दिया है। सविता सिंह ने अपनी दूसरी कविता 'मैं कहूँगी कथा' में इसी तरफ इशारा किया है : *विश्व की स्त्रियो/बार-बार मैं तुम्हारी कथा कहूँगी/उतरूँगी जीवन की अँधेरी खोह में/दूर तक बढ़ूँगी/पहुँचूँगी वहाँ जहाँ तक थोड़ी भी रोशनी/बाकी होगी/देखूँगी तुम्हारे प्राचीन चेहरे/जो अब तक दस्तावेजों की तरह सुरक्षित होंगे वहाँ/उनसे ही जान लूँगी तुम्हारा हाल/और यह भी समझ लूँगी कि बहुत फ़र्क नहीं है/एक-दूसरे के हालचाल में अब भी/अब भी दुख में वही स्थिर ललाट है/मोमबत्तियों-सी जलती हैं अब भी वैसी ही आँखें/जिन्होंने देखे न जाने कितने षड्यंत्र/झूठ और अनाचार विकसित होती दुनिया की तमाम सभ्यताओं में...*

कहा जाता है कि कुल में एक भी सपूत पैदा हो जाता है, तो वह अपने अक्षम पुरखों को भी तार देता है। दुनिया की असंख्य स्त्रियों को वह जीवन तो क्या खाक वापस मिलेगा जो उनसे तिल-तिल कर छीना जाता रहा। पर अब ऐसी स्त्रियाँ रोज और हर देश में, पैदा हो रही हैं जो अपनी माँओं, नानियों, दादियों, परनानियों और परदादियों का पास बुक खोल कर हिसाब माँगती हैं कि इस किताब में सारे इंदराज डेबिट के कालम में ही क्यों हैं? अगर इसे ध्यान में रखा जाये, तभी उनकी पहली कविता 'नींद और सपनों के बाहर' के मर्म तक पहुँचा जा सकता है। सविता लिखती हैं : *वह सो चुकी थी कई नींदें/कई दिन और रातें बीत चुकी थीं.../लेकिन एक सपना था जो अब भी झिलमिला रहा था/जिसकी झालर को पकड़ वह उठी थी/और उन फूलों को ढूँढ़ने लगी थी/जिन्हें सीने से लगा वह सोने गयी थी/...तभी उसका एक प्रेमी उसे बालों से पकड़/खींचता हुआ ले गया नींद और सपनों से बाहर/समेटे हुए अपने सीने में चुराए उसके सारे फूल/जहाँ सब कुछ नया था अपनी यातना में।*

तो, क्या प्रेम रेशम के कोमल और रंगीन धागों से बुना हुआ वह जाल है जिसे किसी भी उम्र का शिकारी किसी भी उम्र की हिरनी की बड़ी-बड़ी आँखों में टकटकी लगा कर देखते हुए उसकी गर्दन की ओर फेंकता है?

नहीं, वास्तविकता इतनी सपाट नहीं है। अन्याय हमारे सामने एकदम प्रकट होता है, पर उसके स्रोत अकसर अस्पष्ट होते हैं। पुरुष जब प्रेम निवेदन करता है, तब वह सचमुच दास बन चुका होता है। वह ईमानदारी से महसूस करता है कि उसका जीना-मरना अब किसी की 'हाँ' पर निर्भर है। ताड़-सा लंबा आदमी भी पत्ते की तरह काँपने लगता है। लेकिन स्त्री की 'हाँ' के बाद स्थिति उलट जाती है। वह दास नहीं

रह जाता। यह जरूर दासी हो जाती है। इसका रहस्य क्या है? क्या यह पुरुष स्वभाव है? क्या सभी प्रेमी मनु की तरह स्वार्थी और सत्ता-उन्मुख होते हैं और सभी स्त्रियाँ श्रद्धा की तरह भोली और ममतामयी होती हैं? कई हजार वर्षों के एक जैसे अनुभव के बाद भी हर पीढ़ी एक ही खेल अपनी-अपनी तरह से क्यों खेलती रही है?

इसका उत्तर हमारी जीवन व्यवस्था में निहित है। यह व्यवस्था, अभी हाल तक, दुनिया भर में अलोकतांत्रिक रही है और, अभी भी, दुनिया के एक बड़े हिस्से में ऐसी ही है। इस अलोकतांत्रिक व्यवस्था में स्त्री का जन्म पुरुष को सुख और आराम देने के लिए होता है, क्योंकि पुरुष ही के हाथ में सारी आर्थिक और राजनीतिक सत्ता केंद्रित होती है। जमीन उसके पास, घर उसका, संपत्ति उसके नाम, राजसत्ता उसकी, सेना, पुलिस और न्यायालय में भी वही। स्त्री के हिस्से है सिर्फ उसकी माँग का सिंदूर, या शादी की अंगूठी जो उसे गणिका कहे जाने से बचाती है। पुरुष और स्त्री के बीच संबंधों की इतनी असमानता के रहते हुए प्रेम की दुनिया लोकतांत्रिक कैसे हो सकती थी? स्त्री को लोकतंत्र का सुख सिर्फ शुरुआती दौर में मिलता था, जब पुरुष उसका हृदय जीतने के लिए उसके पैरों पर लोटता था। हृदय के रास्ते शरीर पर और शरीर के रास्ते उसके पूरे अस्तित्व पर हावी हो जाना किसी एक पुरुष का कौशल नहीं था : उत्पादन और वितरण के तंत्र की माँग ही यही थी। आखिर प्रेम कोई पूर्णकालिक काम नहीं है। प्रेम करने के बाद, स्त्री-पुरुष दोनों को उस संसार में लौटना पड़ता है जिसे भावनाएँ नहीं, भौतिकताएँ संचालित करती हैं।

'इंडिया टुडे' के इसी अंक में पवन करण की कविता 'तुम जैसी चाहते हो वैसी नहीं हूँ मैं' छपी है, जो स्त्री स्वाधीनता का एक सुंदर घोषणा पत्र है। पवन एक ही थीम पर लगातार कविता कर रहे हैं। यह रास्ता फिसलनदार साबित हो सकता है और परवर्ती कविताएँ यांत्रिक हो जा सकती हैं। इस कविता में इस संकट की कुछ झाँकी दिखाई पड़ती है। दरअसल, यह कविता नहीं, लघु निबंध है। यहाँ स्त्री घोषित करती है : *'हमेशा के लिए उसकी होने से पहले/सदा के लिए किसी और की भी थी मैं/हम दोनों की यह पहली मुलाकात जरूर है/लेकिन ऐसी मुलाकात मेरे लिए कोई पहली नहीं/...कोरी नहीं हूँ मैं, न ही एकदम अनछुई/मुझे इसके पहले पुरुष के हाथों ने छुआ है/और ठीक-ठीक छुआ है एक रसीले पुरुष ने खामोशी के साथ/कुछ बार मेरे अंतःपुर में किया है बड़े गौरव से प्रवेश...'*

स्त्री की इस इच्छा का सम्मान होना ही चाहिए कि उसका हर प्रेमी उससे 'प्रथम प्रेम' की उम्मीद न करे, न ही यह जानने की जिद करे कि उसका कौमार्य किस सीमा तक अक्षत है। कहना न होगा कि स्त्री यह माँग तभी कर सकी है जब वह आर्थिक रूप से इतनी स्वाधीन हुई है कि अपने शरीर और अपने मन को किसी और की धरोहर मान कर चलने की अश्लील परंपरा का उल्लंघन कर सके। लेकिन इस प्रसंग में यह सवाल भी उठेगा ही कि कोई नाजनीन यह घोषणा क्यों करती फिरे कि उसके अंतःपुर में कितने पुरुष 'बड़े गौरव से' प्रवेश कर चुके हैं!

शरीर से सलूक

जो लेखक सेक्स के माध्यम से कोई नया मूल्य, कोई नयी दृष्टि, कोई नयी चेतना खोजने का काम नहीं करेगा, बल्कि यौनिकता का आनंद लेने या देने का उद्यम करेगा, वह मारा जायेगा।

हिंदी कहानी में परिपक्वता का ज्वार आता रहता है, यह संतोष तथा आनंद की बात है। इसका अर्थ यह नहीं है कि प्रेमचंद के समय में वह परिपक्व नहीं थी। सच तो यह है कि उस एक व्यक्ति ने हिंदी कहानी को कहाँ से कहाँ पहुँचा दिया। लेकिन यशपाल, रेणु और निर्मल वर्मा ने उसे अपने-अपने स्तर पर परिपक्वता के नये-नये आयाम दिये। दरअसल, इसी को विकास कहते हैं। नहीं तो एक बार परिपक्व हो चुकने पर साहित्य बाद में हमेशा उसी तरह लिखा जाता रहता। आज का नया से नया कहानीकार भी प्रेमचंद की तरह की कहानी लिखना नहीं चाहेगा।

लेकिन परिपक्वता की हर लहर में थोड़ी-सी अपरिपक्वता भी रहती है। तभी तो साहित्य के अगले दौर की परिपक्वता की गुंजाइश बनी रहती है। इधर हिंदी कहानी कई तरह से बालिग और परिपक्व हुई है। इसका एक आयाम यह है कि कहानी में यौन प्रसंग खुल कर आने लगे हैं। प्रियंवद जैसे कथाकारों ने तो शुरुआत ही 'एक अपवित्र पेड़' की छाया में की थी। वर्मा बंधु—रवींद्र वर्मा और सुरेंद्र वर्मा—रति प्रसंगों में खास रुचि लेते प्रतीत होते हैं। हाल की घटना यह है कि लेखिकाएँ भी इस पथ पर चल पड़ी हैं। इस घटना का रचनात्मक पक्ष यह है कि जीवन की तरह साहित्य में भी वर्जनाग्रस्तता को गंभीर चुनौती मिल रही है। लेकिन कामप्रसंगों के वर्णन से ही परिपक्वता का इजहार होता है, यह भ्रम भी फैल सकता है। मुझे तो लगता है, यह एक दुर्घटना-बहुल क्षेत्र में हिंदी कहानी का दुस्साहसिक प्रवेश है।

इस संदर्भ में निवेदन है कि काम क्रीड़ा या काम क्रिया अपने आपमें साहित्य का विषय ही नहीं है। उसी तरह, जैसे किसी के खाने या नहाने या सोने का विस्तृत विवरण साहित्य में या तो अर्थहीन है या फिर जुगुप्साजनक। साहित्य में जो चीज

मायने रखती है, वह क्रिया नहीं, क्रिया के प्रति व्यक्ति का दृष्टिकोण है। उदाहरण के लिए, खाने की क्रिया को ही लीजिए। 'बूढ़ी काकी' और 'कफन' दोनों में इस क्रिया के अनेक उदाहरण मिलते हैं। 'बूढ़ी काकी' के केंद्र में काकी का जिह्वा स्वाद है। 'कफन' की शुरुआत पिता-पुत्र के बीच आलू खाने की प्रतिद्वंद्विता से होती है और कहानी के एक बड़े हिस्से में भोज के बदल रहे चरित्र की मीमांसा है। क्या प्रेमचंद की ये दोनों कहानियाँ भोजन सुख के बारे में हैं? नहीं। 'बूढ़ी काकी' में आदमी के स्वार्थपूर्ण व्यवहार का चित्रण किया गया है, तो 'कफन' में निरंतर अभाव से पैदा होनेवाली क्षुद्रता और ग्रामीण सामंतों की संकुचित हो रही प्रवृत्ति का। हमारी जैविक क्रियाओं में पिछले पाँच-सात हजार वर्षों से कोई बुनियादी फर्क नहीं आया है। फर्क आया है उनके साथ जुड़े मूल्य बोध में। अतः जो लेखक सेक्स के वर्णन के माध्यम से कोई नया मूल्य, कोई नयी दृष्टि, कोई नयी चेतना खोजने का काम नहीं करेगा, बल्कि यौनिकता का आनंद लेने या देने का उद्यम करेगा, वह 'नर-नारी' के संपादक द्वारका प्रसाद की तरह मारा जायेगा।

इस दृष्टि से नवनीत मिश्र की कहानियाँ महत्वपूर्ण हैं, हालाँकि उनकी कम उपेक्षा नहीं हुई है। उन्हें पाठक शायद बहुत मिले होंगे, पर आलोचक नहीं मिल पाये हैं। इसका एक कारण तो यह है कि उनके सिर पर किसी सत्ताधारी की हथेली नहीं है। भदेसपन के साथ यौन गतिविधियों में मूल्यारोपण की भी सराहना हो सकती है, तो कोई कारण नहीं कि शिष्ट शैली में स्त्री-पुरुष के बीच लोकतंत्र तथा परस्पर सम्मान भाव की खोज की मार्मिक कहानियों की चर्चा तक न हो। स्त्रीवादियों की प्रमुख माँग, इस समय, देह की आजादी जान पड़ती है। मुख्य मुद्दा लेकिन मन की आजादी का है। देह तो सेवक है। मन के पीछे-पीछे भागता है। मन का आत्मसंघर्ष सिर्फ देह के संघर्षण से सही मुकाम पर नहीं पहुँचाता।

इस सिलसिले में नवनीत मिश्र की एक कहानी की चर्चा करना उपयोगी हो सकता है। कहा जाता है कि स्त्री ही स्त्री की दुश्मन है। यह सूचना ज्यादातर स्त्रियाँ ही देती हैं, तो इसमें जरूर सच्चाई होगी। 'किया जाता है सबको बाइज्जत बरी' की नायिका अपनी किशोरावस्था में इस तथ्य का कटु अनुभव कर चुकी है। छत पर पड़ोस के एक लड़के की नयी घड़ी देखने के लिए उसकी कलाई पकड़ने की सजा उनके माता-पिता द्वारा घूँसों और लातों की बौछार के रूप में मिली थी। इस सजा का ही विस्तार था एक अपात्र से उसका विवाह, जिससे उसे तीन संतानें और एक टूटी-फूटी गृहस्थी मिली—तथा एक उदास, असंतुष्ट और क्षुब्ध मन। जो उसके साथ छत पर हुआ था, उसकी बेटी फाल्गुनी के साथ कालेज की मित्रता के रूप में हुआ। युवा होती हुई लड़की काँच का फूल है, जिसे खूब बढ़िया से पैक करके रखना चाहिए—यह सलाह देने और माँग करनेवाले लोग फाल्गुनी की माँ को भी चेताते हैं। पर फाल्गुनी के मन में कोई अपराध बोध नहीं है। इससे भी ज्यादा सुख

की बात यह है कि उसकी माँ उसके साथ निष्ठुर पहरेदार की तरह नहीं, अनुभवी दोस्त की तरह पेश आती है। वह फाल्गुनी को समझती है और उसमें अपने भरोसे का इजहार करती है। ठेठ यथार्थ को बहुत कोमलता के साथ प्रस्तुत करनेवाली ऐसी कहानियाँ ही संवेदना के नये, परिष्कृत संस्करण तैयार कर सकती हैं।

इस कहानी की विशेषता क्या है? न धूम, न धड़ाका, न विद्रोह, न अराजकता, न खेत, न बिस्तर। फिर भी स्त्री की स्वाधीनता का एक सुंदर प्रस्ताव चुपचाप पारित कर दिया जाता है। जो मनुष्य की शालीनता के पक्ष में खड़े होना चाहते हैं, उन्हें अपने कथा पात्रों के साथ भी शालीनता से पेश आना होगा। नवनीत ने ऐसी कहानियाँ भी लिखी हैं जो यौन लिप्सा का सजीव चित्रण करती हैं। यानी वे तथाकथित पवित्रतावादी यौन नैतिकता के मारे हुए नहीं हैं। इसके बावजूद उनकी खूबी यह है कि शरीर के साथ भी सज्जनता से पेश आना चाहिए, अपनी इस साहित्यिक प्रतिज्ञा को वे कभी भी भूलते नहीं हैं। उदारीकरण की मौजूदा आँधी में अर्थव्यवस्था के साथ जो सबसे ज्यादा खोली जा रही है, वह स्त्री ही है। स्त्री की कामुकता के दमन और यौन क्रांति को शारीरिक धक्कों से आगे बढ़ाने के बीच, एक स्वस्थ, सुंदर और शालीन रास्ता प्रेमचंद, गुलेरी, जैनेंद्र, अज्ञेय, कृष्णा सोबती, ममता कालिया और राजी सेठ से हो कर जाता है, इस जानकारी को दबा कर रखने के पीछे जिनके स्वार्थ हैं, क्या उनका नाम लेना ही पड़ेगा?

जो है, पर दिखता नहीं

नायिका है तो परकीया ही होगी—यह मान्यता विश्व भर के साहित्य में मिलती है। पति-पत्नी के प्रेम में क्या धरा है! लेकिन, जरा सोचिए, प्रेम की वास्तविक परीक्षा भूमि क्या गार्हस्थ्य जीवन ही नहीं है?

कुछ उत्तरों के बारे में कहा जा सकता है कि वे देर से आये। बहुत-से उत्तर तो अभी भी प्रतीक्षित ही हैं। यही बात कुछ प्रश्नों के बारे में भी कही जा सकती है। प्रश्न भी देर से आ सकते हैं और सिर्फ इसलिए कि वे देर से आये, उन्हें विचार कक्ष के बाहर नहीं बैठा दिया जाना चाहिए।

संदर्भ नंदकिशोर आचार्य की ताजा कृति 'साहित्य का आस्वाद' की राधावल्लभ त्रिपाठी द्वारा की गयी समीक्षा का है, जो 'पुस्तकवार्ता' के नवंबर-दिसंबर 2001 अंक में प्रकाशित हुई है। राधावल्लभ संस्कृत के विद्वान हैं और रचनाकार भी। हिंदी साहित्य का माहौल इस समय ऐसा बन गया है कि अगर किसी को संस्कृत आती है, अच्छी-खासी आती हो तब तो और भी, तो उसे तत्काल प्रेत योनि में डाल दिया जाता है। दुनिया में किसी भी क्लासिकल भाषा की ऐसी दुर्दशा नहीं हुई है जैसी संस्कृत की आज हो रही है। मानो संस्कृत में जो कुछ भी है, वह सब ब्राह्मणवाद या मनुवाद के जहर से भरा हुआ हो। इस मान्यता से, सुनी-सुनायी बातों के आधार पर, ग्रस्त व्यक्तियों की जानकारी में यह इजाफा करना जरूरी प्रतीत होता है कि संस्कृत साहित्य में ब्राह्मणों का जितना उपहास किया गया है, उसकी कुल मात्रा अभी भी हिंदी से बहुत ज्यादा है।

राधावल्लभ त्रिपाठी को यह देख कर बहुत तकलीफ हुई है कि नंदकिशोर आचार्य अज्ञेय के उपन्यास 'नदी के द्वीप' और निर्मल वर्मा के उपन्यास 'वे दिन' की साहित्यिक उत्कृष्टता से बहुत ही प्रभावित हैं। उनकी तकलीफ का कारण यह है कि 'इन दोनों उपन्यासों में परकीया रति के चित्रण के (सिवाय) और कुछ नहीं है।' आगे वे अपने मंतव्य को स्पष्ट करते हुए कहते हैं—' 'नदी के द्वीप' या 'वे दिन' जैसे उपन्यासों का भारतीय परंपरा की दृष्टि से अधिक उदात्त और विराट रूप

देखना हो, तो अमरुक की कविता है। अज्ञेय और निर्मल वर्मा अपने-अपने उपन्यासों में परकीया रति के चितेरे हैं, अमरुक कविता में स्वकीया के प्रति रति का चित्रण करते हैं। यहाँ यह तर्क नहीं दिया जाना चाहिए कि स्वकीया और परकीया की धारणाएँ ही गये जमाने की बातें हो गयीं, आज के जमाने में क्या स्वकीया और क्या परकीया; क्योंकि परकीया की जगह 'विवाहेतर संबंध' कहा जाये, तब भी बात वही होगी।'

बहुतों को लगेगा कि यह साहित्य के रसपूर्ण वातावरण में किसी मोरारजी देसाई का आगमन है। कुछ कहना चाहेंगे कि परकीया को स्वकीया बनाना ही साहित्य की सच्ची साधना है। फिर, राधावल्लभ त्रिपाठी का सबसे बड़ा दोष यह है कि वे संस्कृतज्ञ हैं। ऐसा आदमी कायदे की बात कैसे कह सकता है? मुश्किल यह है कि जो बात कही गयी है, वह कायदे से ही जुड़ी हुई है और अभी तक इसकी चर्चा नहीं हुई है, तो इसीलिए कि निर्वस्त्रियों के गाँव में कपड़ों के टेक्सचर पर बातचीत हो तो कैसे!

विवाह संस्था के इतिहास को देखते यह कहा जा सकता है कि प्रेम वह स्वच्छ वस्त्र है, जो विवाह नामक धोबी-पाट पर बार-बार पछारा जा कर गंदा हो जाता है। कहा तो यह भी जा सकता है कि विवाह नामक चील के घोंसले में प्रेम का मांस कब तक बचा रह सकता है। स्त्रियों को जैसे ही आजादी मिलती है, सबसे पहले विवाह की ही शामत आती है। पश्चिम के अनेक देशों में विवाह करने और नहीं करने का फर्क मिटता जा रहा है। जो भी काम विवाह के बाद होते हैं, वे सभी विवाह के पहले या उसके बगैर भी हो रहे हैं। बेशक इससे पारिवारिक और सामाजिक जीवन में नयी तरह की कठिनाइयाँ पैदा हो रही हैं, जिनका कोई संतोषजनक समाधान अभी तक नहीं खोजा जा सका है। क्या नहीं चाहिए, यह बिल्कुल स्पष्ट है। जो चाहिए, वह कैसे मिलेगा, यह स्पष्ट होना बाकी है।

मजे की बात यह है कि भौतिक जगत की तरह सामाजिक जगत में 'या तो वह या यह' का नियम लागू नहीं होता। यही वजह है कि विवाह संस्था द्वारा आरोपित तमाम एकतरफा तानाशाहियों के बावजूद स्त्री-पुरुष के बीच सबसे प्रगाढ़ संबंध अभी तक वैवाहिक जीवन में ही देखा गया है। मानव स्वभाव की खूबी यही है। परिस्थितियाँ उसे कुंद कर सकती हैं, निर्मूल नहीं। साधारण आदमी प्रेम दिये और प्रेम पाये बगैर जीवित नहीं रह सकता। इसलिए कई बार वह अपने शासक से भी प्रेम का संबंध बनाने के लिए बाध्य हो जाता है। जब आदर्श परिस्थिति पैदा होगी, तब प्रेम करने के बारे में सोचा जायेगा—यह विचार है तो बहुत ही उम्दा और क्रांतिकारी भी, लेकिन मानवता के बहुत बड़े हिस्से ने इसे व्यावहारिक नहीं पाया है। जीवन पाने के लिए जीवन को स्थगित नहीं किया जा सकता।

इसलिए हमारे आचार्यों ने नायक-नायिका भेद तय करने का कुकर्म करते हुए

स्वकीया और परकीया का फर्क बनाये रखा, तो शाबाशी का काम किया। श्रृंगार रस का स्थायी भाव यदि रति है, तो इसकी संभावना फेंस के दोनों तरफ है। स्त्री को विवाह से बाहर प्रेम करने की इजाजत नहीं थी, इसलिए नायकों को स्वकीय और परकीय में नहीं बाँटा जा सका। लेकिन स्वकीया से प्रेम भी प्रेम है और उससे भी श्रृंगार रस की उत्पत्ति होती है–यह स्थापना कम महत्वपूर्ण नहीं है।

क्या यह आश्चर्य की बात नहीं है कि स्वकीया के प्रति प्रेम के आधार पर ही हमारी सभ्यता अभी तक टिकी रही है, पर साहित्य में और खासकर आधुनिक साहित्य में जिसकी दुंदुभि बजती रही है, वह तो परकीया प्रेम ही है। समस्त कृष्ण काव्य परकीया प्रेम का ही भूगोल है। कवियों को सबसे अधिक कल्पनाशील माना गया है। बताया जाता है कि कवि वहाँ भी पहुँच जाता है जहाँ रवि तक नहीं पहुँच पाता। फिर हमारे कवियों की कल्पना में यह क्यों नहीं आया कि कृष्ण और रुक्मिणी तथा सत्यभामा और कृष्ण के बीच अनुराग की विविध छटाओं का भी चित्रण किया जाये? कोई कह सकता है कि परकीया प्रेम में रोमांस और रोमांच का तत्व ज्यादा है। पर वैवाहिक प्रेम की अंतरंगताओं और तनावों पर विचार करने की कृपा करें, तो हो सकता है आपको रोमांस और रोमांच की परिभाषा पर पुनर्विचार करना पड़े। रोमांटिक प्रेम जीवन की पाठशाला है, वैवाहिक जीवन का प्रेम जीवन की परीक्षा है।

राधावल्लभ ने अमरुक की कविता का जिक्र किया है। कालिदास के 'मेघदूत' और 'कुमारसंभव' में भी पति-पत्नी के प्रेम का सुंदर चित्रण हुआ है। क्या इससे इनकी साहित्यिकता में कोई क्षति हुई है? हिंदी में अमृतलाल नागर को गार्हस्थ्य रस का कथाकार कहा जा सकता है। केदारनाथ अग्रवाल तो स्वकीयावाद के सबसे महत्वपूर्ण कवि हैं ही। जिन्हें लग रहा है कि ये सभी दकियानूसी वाले नाम हैं, उनसे निवेदन है कि विनोद कुमार शुक्ल के दोनों बहुचर्चित उपन्यासों–'नौकर की कमीज' और 'दीवार में एक खिड़की रहती थी'–में प्रेम का परिपाक गार्हस्थ्य के दायरे में ही होता है। प्रेमचंद के 'गोदान' में भी होरी और धनिया तथा कई अन्य युगलों का गहरा अनुराग देखा जा सकता है। इधर के उपन्यासों में गीतांजलि श्री के 'हमारा शहर उस बरस' में दंगे और सांप्रदायिक संघर्ष के माहौल में हिंदू पत्नी और मुसलमान पति के संबंधों पर किस तरह के दबाव पड़ते हैं और इन दबावों से जूझते हुए दांपत्य के कितने रंग झिलमिलाते हैं, यह बहुत अच्छे ढंग से दिखाया गया है। क्या हम इसे दांपत्य रस कह सकते हैं?

आइए, इस तथ्य पर दिल खोल कर हँसें कि अनुराग की जिस शाखा ने व्यापक मानवता के जीवन को संभव और सरस बनाया है, वह तो साहित्य में हाशिए पर ही रहा और जिस शाखा ने मात्र कुछ प्रतिशत व्यक्तियों के जीवन में इंद्रधनुष बिखेरा है, वह साहित्य की मुख्य धारा बन बैठी है। साहित्य की यह

एकांगिता, वस्तुतः, हमारी अब तक की सभ्यता की ही एकांगिताओं को प्रतिभासित करती है।

राधावल्लभ त्रिपाठी की चिंता जायज है—हालाँकि इससे 'नदी के द्वीप' और 'वे दिन' अवैध कृतियाँ नहीं हो जातीं। जिन चीजों को, किसी पविजातवादी दुराग्रह के कारण, समाज में अच्छी निगाह से नहीं देखा जाता, उनके लिए साहित्य में जगह नहीं होगी, तो और कहाँ होगी!

एक सपने का साझा

> *क्या कुछ घटनाएँ ऐसी हैं, जिन्हें सिर्फ पुरुष समझ सकते हैं या सिर्फ स्त्रियाँ? या ये उन्हें अलग-अलग ढंग से देखते रहेंगे? मसलन, प्रसव।*

सुजाता श्रीवास्तव जब वंदना सिंह के कमरे में दाखिल हुई, तो उसे यह देख कर अच्छा लगा कि वंदना के श्यामल चेहरे पर उल्लास की चमक थी। यह एक ऐसा चेहरा था जो लगातार गंभीर रहने के कारण उदास होने का भ्रम पैदा करता था। बहुत कम लोगों को यह खबर लग पायी थी कि इस संजीदगी के नीचे आनंद का एक अटूट झरना कल-कल बहता रहता था। इसका कारण उसका जीवन दर्शन था, जिसमें दुख के लिए कोई स्थायी जगह नहीं थी। सुख की तरह वह भी अपनी डाक दे कर विदा हो जाता था। रह जाती थी एक सहज, स्वाभाविक कृतार्थता, जिस तक किसी की भी कंकड़ी पहुँचने की कोई खिड़की तक नहीं बनायी गयी थी।

ऐसी वंदना के चेहरे पर उल्लास की उजास देख कर सुजाता बरबस बोल पड़ी—आज किस चीज के लिए बधाई दूँ?

वंदना : बधाई देनी ही है, तो तुम मुझे जया जादवानी के लिए बधाई दो!

सुजाता : जया जादवानी के लिए बधाई और तुम्हें?

वंदना : हाँ, मुझे। मेरे प्रिय लेखकों में से एक की नयी किताब आयी है, तो मैं अपने को बधाई की हकदार क्यों न मानूँ?

सुजाता : लेकिन, वंदना, बधाई तो जया जादवानी को मिलनी चाहिए। आखिर उसकी किताब आयी है। बच्चे के जन्म पर माँ-बाप को बधाई दी जाती है या गाँव-भर को?

वंदना : सॉरी, मैं यहाँ 'डिफर' करती हूँ। प्रकाशित होने के बाद पुस्तक सबकी हो जाती है; खास तौर से उनकी, जो उससे लाभान्वित होने की उम्मीद करते हैं या लाभान्वित होते हैं। पेड़ से टूट कर गिरा हुआ फल एक सार्वजनिक वस्तु है; पेड़ का नहीं रह जाता। पुस्तक और पेड़ में फर्क यह है कि एक फल को एक ही

या तीन-चार व्यक्ति ही खा सकते हैं, जबकि पुस्तक की एक प्रति को कई हजार लोग पढ़ सकते हैं—बशर्ते प्रकाशक ने कागज अच्छा लगाया हो और जिल्द मजबूत हो। जया की लेखकी मुझे अच्छी लगती है, सो उसकी हर नयी किताब मेरे लिए एक अमाँगे उपहार की तरह है। इस पर खुश होने का मुझे पूरा हक है।

सुजाता : तुम्हारी खुशी से मुझे भी खुशी होती है—हालाँकि खुशी को गम की अपेक्षा कम संक्रामक माना गया है। अब यह तो बताओ, यह नयी पुस्तक है क्या? उसका दूसरा उपन्यास?

वंदना : नहीं, दूसरा कहानी संग्रह। सबसे पहले तो इसके नाम ने ही मुझ पर जादू कर दिया—*अंदर के पानियों में कोई सपना काँपता है।* आजकल के यथार्थी माहौल में कौन भला लेखक अपनी कहानी या कहानी संग्रह का नाम इतना काव्यात्मक रखने का साहस करेगा? पहली नजर में तो लोग यही मजाक करेंगे कि लगता है—यह निर्मल वर्मा के किसी स्त्री संस्करण की किताब है। या फिर, किसी लाइलाज कवि की। विनोद कुमार शुक्ल के उपन्यास 'दीवार में एक खिड़की रहती थी' का शीर्षक तो मुझे अब भी 'हांट' करता रहता है!

सुजाता : वैसे, मुझे लगता है कि पहले भी सभी दीवारों में खिड़की नहीं होती थी और आज भी ऐसी दीवारें कम नहीं हैं जिनमें खिड़की ही खिड़की है। यह मेरी कल्पना नहीं है। विनोद शुक्ल खुद ऐसी ही एक खिड़की हैं, नहीं तो वह अपनी युगल जोड़ी की जलकेलि को कैसे देख पाते और हमें भी कैसे दिखा पाते! जिस चीज की हम कल्पना कर सकते हैं, उसका एक ठोस रूप भी कहीं न कहीं होना चाहिए। दोनों में फर्क 'डीटेल' का हो सकता है, तत्व का नहीं। कल्पना कोई नया यथार्थ पैदा नहीं कर सकती; जो है, उसी को बढ़ा-घटा कर, नये रंग-रूप से सज्जित कर पेश करती है। थोड़ा और साहस करूँ, तो मुझे कहना चाहिए कि कल्पना भी यथार्थ का एक प्रकार है, जैसे यथार्थ कल्पना का एक प्रकार है।

वंदना : वाह, वाह क्या कहने! मैं पुरुष होती तो इस सूझ पर तुम्हारा मुँह चुंबनों से भर देती। वैसे किया तो अब भी ऐसा जा सकता है। पर फिलहाल तो तुम्हारा यह चपल मुँह मिठाई से ही भरने का इरादा है।

वंदना उठती है और फ्रिज से मिठाई का एक पैकेट ले कर सुजाता के पास आती है। उसके होठ कुछ गुनगुना रहे हैं। सुजाता धीरे-धीरे आवाज को पकड़ती है :

जल में कुंभ, कुंभ में जल है, बाहर-भीतर पानी
फुटा कुंभ, जल जलहिं समाना, यह तत कथौ ज्ञियानी

लगभग समाधिस्थ अवस्था में ये पंक्तियाँ गुनगुनाते हुए वंदना किसी स्त्री बाउल की तरह लगती है। संयोग से आज वह गेरुए रंग की साड़ी और उसी से मिलते-जुलते रंग का ब्लाउज पहने हुए है।

बरफी का एक छोटा-सा टुकड़ा उठा कर मुँह की ओर ले जाते हुए सुजाता

खिलखिला उठती है। वंदना को अपने सामने बैठाते हुए वह उसके कान के बहुत नजदीक से कहती है :

उड़ रही हो हवा में तुम, रानी
बात है जब कि शुद्ध मैदानी

चंदना अपने भीतर की दुनिया से लौटती है—मानो क्षण के एक छोटे-से अंश में ही नहा-धो, कपड़े बदल कर, और कहती है, जैसे वह 'अभिज्ञानशाकुंतलम्' की कोई पात्र हो : क्षमा करना, सखि, मैं पता नहीं कहाँ खो-सी गयी थी। फिर प्रकृतिस्थ हो कर : मूल बात तो छूटी ही जा रही है। प्रसंग जया जादवानी का था। जो खास बात मैं तुमसे 'शेयर' करना चाहती थी, वह यह है कि जिस कहानी के शीर्षक पर इस कहानी का नामकरण किया गया है, वह अद्‌भुत है।

सुजाता : जो चीज तुम्हें मोहित कर ले, आर्ये, वह अद्‌भुत ही होगी। अब यह भी बताओ कि इस कहानी का आद्‌भुत्य क्या है? तुम्हारा आशय अद्‌भुत रस से तो नहीं है, देवी, जो मुझे कोई सेकुलर रस नहीं जान पड़ता?

वंदना : मजाक छोड़ो, यह कहानी पूरी तरह सेकुलर है। जन्म नियंत्रण और परिवारहीनता के इस समय में यह एक शिशु के जन्म की कथा है—कि नायिका का पहला बच्चा आने को है और घर के सदस्यों से ले कर अस्पताल के हर स्टाफ तक किस तरह हर स्त्री-पुरुष इसे एक छोटी-मोटी बला के रूप में लेता है, जिससे निपटने की निस्संग विशेषता हर स्त्री के पास है। और पति महोदय बिजनेस टूर पर हैं। दर्द की लहरों को सहना और मुश्किल पा कर आसन्नप्रसवा रात को तीन बजे बड़ी ननद को जगाती है, तो वह 'अभी देर है। इतनी जल्दी हॉस्पिटल जा कर क्या करेंगे? चाय बना कर पी और घूमती रह।' का टका-सा उपदेश दे कर सो जाती है।

सुजाता : होता तो ऐसा ही है। सभी को अपना चवन्नी भर दर्द रुपये जितना बड़ा लगता है और दूसरों का रुपये जैसा दर्द चवन्नी भर भी नहीं लगता।

वंदना : लेकिन, सुजाता यह दर्द तो ऐसा है जिससे माँ बन चुकी हर स्त्री गुजर चुकी होती है। फिर सारी की सारी स्त्रियाँ गर्भिणी के साथ इतना क्रूर व्यवहार क्यों करती हैं कि जया के शब्दों में उसे लगने लगता है—'कौन है मेरा, कोई नहीं...कोई नहीं...!' क्या बच्चा जनना कोई अपराध है?

सुजाता : स्त्री को प्रसव के समय ही अपने पुरुष का साथ सबसे ज्यादा चाहिए, यह बात, जहाँ तक मुझे पता है, सिर्फ गाँधी जी ने पहचानी थी। सबके मना करने के बावजूद वे कस्तूरबा के प्रसव के समय उनके पास ही रहते थे और उन्हें भरोसा देते रहते थे।

वंदना : अस्पताल की तमाम गजालत के बावजूद जब दर्द की तेज होती लहरों पर सवार हो कर 'खून और सफेद द्रव से लिपटी' वह शिशु-देह दुनिया के इस विशाल

मंच पर प्रवेश करती है, तो कुछ ही क्षण पहले माँ बन चुकी को कितना आह्लाद होता है! जया जादवानी के शब्दों में सुनो—'मुझे यकीन नहीं आ रहा था कि मेरे अँधेरों से ऐसी नदी भी निकल सकती है, जिसके तटों पर फिर पूरे के पूरे साम्राज्य बसाये जायेंगे। कोई नहीं जानता कि अंदर के पानियों में जो सपना काँपता है, कब असलियत का रूप लेगा, जब लेता है तो...।' आगे एक और सुंदर वाक्य है—'मैं जिसे आज तक अपना अकेलापन समझती आयी थी—एक अंधी गहरी काली खोह, उसी में से एक सुख अनायास मेरे हाथों में आ गया था।'

सुजाता : अज्ञेय जी होते, तो लिखते : उसके दर्द में ही निहित थी उसकी सर्जना जैसे गीले आटे की परत मद्धम आँच में सिंकती जाती थी एक सुंदर-सी रोटी को जन्म देने के लिए।

वंदना : चल, हट। जीवन-मरण के मामले में भी तुम्हारी चुहल जाती नहीं है।

सुजाता : तो सुन, मेरी गंभीर टिप्पणी। हम जन्म का स्वागत करना भूल चुके हैं, इसलिए मृत्यु भी हमें विचलित नहीं करती। जिसके आने से हम पुलकित नहीं हुए, जिसे लानेवाली को हमने पंखड़ी की तरह सहेज कर नहीं रखा, उसके जाने पर—किसी दंगे में, किसी मामूली-सी बीमारी में, बेरोजगारी से तंग आ कर, दहेज का लोभ पूरा न कर पाने पर—हमारा शोक सच्चा कैसे हो सकता है?

वंदना : यह हुई न बात!

सुजाता : दूसरी बात यह कि जया जादवानी पहली लेखक नहीं है जिसे इस सत्य के दर्शन हुए हैं। वह पहली स्त्री-लेखक जरूर हो सकती है। तुम्हारे पास मदन सोनी द्वारा संपादित, अशोक वाजपेयी की 'चुनी हुई रचनाएँ' हैं? बैठी रहो...मैं खुद देखती हूँ।

सुजाता किताबों के रैक की ओर जाती है और ढूँढ़ कर उपर्युक्त पुस्तक का दूसरा खंड ले आती है। फिर, एक खास पृष्ठ निकाल कर वंदना को पढ़ने को देती है—लो, पढ़ो 'अपनी आसन्नप्रसवा माँ के लिए तीन गीत'।

वंदना मन ही मन पढ़ती है और बीच-बीच में उच्चारण भी करती जाती है :

तुम्हारे कितने जीवित जल
तुम्हें घेरते ही जा रहे हैं।
और तुम हो कि फिर खड़ी हो
अलसायी धूप-तपा मुख लिए
एक नये झरने का कलरव सुनतीं
—एक घाटी की पूरी हरी महिमा के साथ!

वंदना : गजब है, जया ने भी झरने की बात की है। वह लिखती है—'एक अकेलापन...दूसरे अकेलेपन को ही जन्म दे सकता है, इतना जानती थी, पर यह तो सुख का झरना है, जो जाने कहाँ से फूटता चला आ रहा है।'

फिर, अशोक वाजपेयी के संग्रह की अगली कविता पढ़ते हुए, वंदना चीत्कार-सा करती है : अरे, उस कविता में 'कितने जीवित जल' की चर्चा थी, इस कविता में 'स्वप्न' भी है और झिलमिलाहट भी :

बगल में सोये पाँचवें बच्चे का शांत-सरल शरीर
तुम्हारी आँखों में तिर आती है जन्मकथा
और शरीर बन जाता है एक स्वप्नमय भविष्य
खिड़की के पार तारे स्वर्ग से झिलमिलाते हैं।

सुजाता : अब जरा इस पर भी गौर किया जाये, कुमारी जी, कि एक ही घटना का बयान एक पुरुष-लेखक कैसे करता है और एक स्त्री-लेखक कैसे करती है। दोनों में एक ही सपने की साझेदारी है, पर एक उल्लास पक्ष को ज्यादा देखता है और दूसरी दर्द के गाढ़ेपन को भी अंकित करना नहीं भूलती।

वंदना (कृत्रिम गुस्से से) **:** खबरदार, जो मुझे फिर कभी कुमारी कहा। सुहाग का सुख मैंने बड़ी-बड़ी सुहागनों से कहीं ज्यादा पाया है।

खूबसूरत दुश्मन के बदनीयत मित्र

हर स्त्री अपने अनुभवों के फलस्वरूप जल्द ही यह पहचान जाती है कि उसे जिनसे सबसे ज्यादा सावधान रहने की जरूरत है, वे हैं जो अपने को उनका शुभचिंतक बतलाते हैं। तो क्या अनेक पुरुषों का स्त्रीवाद उनके स्त्री-लोभ की ही एक अभिव्यक्ति है?

यह राजेंद्र यादव की बदकिस्मती है कि पहले वे न लिखने के कारण पिटे और अब लिखने के कारण पिट रहे हैं। लेकिन यादव को इसका श्रेय मिलना चाहिए कि स्त्रियों की अस्मिता के सवाल पर हिंदी साहित्य में आज जितनी तीव्र संवेदनशीलता दिखाई पड़ रही है, उसका वातावरण बनाने में उनका प्रमुख और निर्णायक योगदान है। उनके 'हंस' के अलावा और किस साहित्यिक पत्रिका ने स्त्रियों पर केंद्रित तीन-तीन विशेषांक निकाले हैं और उनके संपादन की जिम्मेदारी लेखिकाओं को सौंपी है? और किस पत्रिका में दलितों के अलावा, स्त्रियों की रचनाएँ इतनी सहजता और बहुलता से छप जाती हैं? यादव की उम्र का और कौन-सा लेखक है, जिसने पिछले चार-पाँच वर्षों से प्रायः प्रत्येक भाषण में स्त्री के सवाल को इतनी निरंतरता और इतनी शिद्दत के साथ, कुछ लोग कहेंगे, और इतनी एकरसता के साथ, उठाया है? लेखक के विचारों और उसके जीवन में दूरी होती है, कई बार दूरी अक्षम्य होती है—इस जाने-पहचाने सत्य का शिकार राजेंद्र यादव भी हुए हैं—'कथादेश' के मन्नू-राजेंद्र विवाद में उद्घाटित तथ्यों और स्वीकारोक्तियों से कोई यह निष्कर्ष निकालता है तो उसे यादव-द्वेषी कहना उचित नहीं होगा। इस संदर्भ में यदि इस सूक्ति की याद न भी की जाये कि 'हर संत का एक अतीत होता है और हर पापी का एक भविष्य' तो यह उम्मीद करना गैरलाजिमी नहीं कि स्त्री-पुरुष संबंधों का स्वस्थ दर्शन क्या हो सकता है, विवाह संस्था बचाने लायक है या नहीं, बचाने लायक है तो आज के संदर्भ में उसका नया व्याकरण क्या होगा, बचाने लायक नहीं है तो स्त्री-पुरुष के साथ रहने की शर्तें क्या हों, इन सब जटिल और चुनौतीपूर्ण प्रश्नों का उत्तर देते हुए 'हंस' के विचारक-संपादक को अपना मैनिफेस्टो

जरूर प्रकाशित करना चाहिए था। 'हंस' प्रगतिशीलता और जनवाद, दोनों की संयुक्त विरासत का वाहक है या वैसा बनने की तमन्ना रखता है, लेकिन इन दोनों ही विचार सरणियों में सिर्फ मौजूदा संबंधों की आलोचना नहीं है, उनके रचनात्मक विकल्पों की खोज भी है। यादव ने इधर ध्यान देना आवश्यक नहीं समझा है। शायद सामाजिक यूटोपिया का निर्माण आधुनिक लेखक के स्वभाव में नहीं है, गो निजी यूटोपिया में जीने का आनंद वह छोड़ना नहीं चाहता।

जिस लेख के कारण राजेंद्र यादव के बहुमंजिला मकान पर देश की प्रायः सभी दिशाओं से—खासकर दिल्ली और लखनऊ से (भोपाल के लिए विवाद का यह मुद्दा अत्यंत निम्न स्तर का है)—पत्थर फेंके जा रहे हैं, वह 'वर्तमान साहित्य' के जनवरी 2001 अंक में सम्मान के साथ प्रकाशित हुआ था और राजकमल प्रकाशन से सद्यः प्रकाशित पुस्तक 'आदमी की निगाह में औरत' में संकलित है। यह 'वर्तमान साहित्य' के संपादकों की उथली चतुराई है कि जब इस लेख पर 'हाय, यह क्या लिख दिया हमारे एक शीर्षस्थ लेखक ने, हम तो सोच भी नहीं सकते थे कि उनकी कलम की स्याही में इतना विष घुला हुआ है!' मार्का पत्रों की बरसात-सी होने लगी, तब उन्होंने दो-दो संपादकीय लिख कर यह अविश्वसनीय सफाई दी कि हम तो 'होना/सोना एक खूबसूरत दुश्मन के साथ' को शुरू से ही विकृत मस्तिष्क की उपज मानते रहे हैं, फिर भी हमने इसे छापने का फैसला किया तो इस सुविचारित योजना के तहत कि राजेंद्र यादव को 'एक्सपोज' करना है। यदि सचमुच इरादा यही था, तो लेख के साथ ही एक छोटी-सी टिप्पणी दी जानी चाहिए थी। भीड़ के भय से अपनी राय बदल लेना किसका स्वभाव है, यह याद करने के लिए 'गिरगिट' कहानी दुबारा—अगर आप दो बार पढ़ चुके हैं तो तिबारा—पढ़नी चाहिए।

लेखक के प्रति दृष्टि बाद में बदली—यह अनुमान नहीं है, इसका साक्ष्य 'वर्तमान साहित्य' के इस जनवरी अंक (2002) में ही है। इस बार का संपादकीय स्वयं विभूति नारायण राय ने लिखा है और उसमें साहित्य अकादेमी के हिंदी पुरस्कारों के निर्णय में हो रही षड्यंत्रकारिता और 'अपने जादुई यथार्थवाद की नकलची दुकान पर सहयोगी लेखकों के कुत्सित जीवन चरित बेचनेवाले' कहानीकार के तिकड़मीपन (हालाँकि इस कहानीकार का ऐसा ही एक जीवन चरित्र स्वयं 'वर्तमान साहित्य' के मई अंक में नाम की पूर्व घोषणा के साथ तथा सगर्व प्रकाशित किया गया है) के साथ-साथ राजेंद्र यादव का भी पर्याप्त उपहास है, लेकिन इस बारे में एक पंक्ति भी नहीं है कि इसी अंक में प्रकाशित 'होना/सोना' में देखिए यादव की स्त्री-कुत्सा कितने अश्लील ढंग से प्रकट हुई है। फिर अगले ही अंक में यह लेख इतना गंदा कैसे हो गया? पुलिसवालों की आदत है कि वे हमेशा एफआईआर घटना के काफी बाद लिखते हैं—भले ही कोई घटना उनके सहयोग से ही हुई हो। अनेक लेखकों ने ठीक ही इस संदर्भ में संपादकीय विवेक और जिम्मेदारी का सवाल उठाया है।

वैसे, वास्तविकता यह है कि 'वर्तमान साहित्य' के संपादकों ने यह लेख छाप कर पुण्य किया है या नहीं, पता नहीं, पर कोई पाप नहीं किया है। मजे की बात है कि यादव का यह लेख स्वयं उन्हीं के द्वारा संपादित और प्रकाशित 'हंस' के स्त्री विशेषांक के लिए खास तौर से लिखा गया था और विशेषांक की संपादक अर्चना वर्मा ने उसे अस्वीकृत कर दिया था। यह साहित्यिक लोकतंत्र की एक बड़ी घटना है और अपने 'खूबसूरत दुश्मन' के प्रति यादव की उदारता का प्रमाण भी। लेख को अस्वीकृत करते हुए अर्चना ने क्या तर्क दिये थे, यह प्रकाश में नहीं आया है। यदि आपत्ति कुछ स्त्री अंगों के लिए अपमानजनक संज्ञाओं के उल्लेख पर थी, तो इससे यही पता चलता है कि हिंदी साहित्य अभी वयस्क नहीं हुआ है। शायद बेहतर होता कि इन संज्ञाओं का उपयोग हेनरी मिलर, शॉपेनऑावर आदि के जिक्र के साथ किया जाता, पर ऐसा करने में लेख का शिल्प बाधक बन सकता था। अब अगर कोई कहे कि जो लेखक ऐसी भाषा लिख सकता है, वह स्वयं भी इसी तरह सोचता होगा, तो यह थोड़ी-सी ज्यादती है, क्योंकि तब कोई भी लेखक अधम पात्रों के मन में क्या चल रहा है, इसका वर्णन नहीं कर सकेगा। लेखक की विशेषता ही यह है कि वह परकाया प्रवेश कर सकता है। तोल्स्तोय के बारे में तुर्गनिव का कहना था कि वे यह भी जान जाते हैं कि घोड़े के मन में क्या चल रहा है। अतः 'जिमि स्वतंत्र होहिं बिगरहिं नारी' और सुहागरात को ही बिल्ली मारने के दर्शन में जिन लोगों का विश्वास है, उनकी मानसिकता की कल्पना कर और पुरुष होने के कारण पुरुष मंडली में बहुधा प्रयुक्त होने वाले शब्दों और मुहावरों के निजी ज्ञान के आधार पर यादव ने यदि तथाकथित 'एमसीपी' का आत्म-कथ्य लिखा है, तो न तो स्त्रियों को लजाना चाहिए और न पुरुषों को नाराज होना चाहिए। मैं अपनी जानकारी के आधार पर कह सकता हूँ कि इस आत्म-कथ्य में एक शब्द भी असत्य नहीं है—बल्कि वास्तविकता इससे कहीं ज्यादा भयावह और अश्लील है। मानव जाति अभी इतनी सभ्य नहीं हुई कि स्त्री को पूर्ण मनुष्य का दर्जा दे सके।

अभिनय के क्षेत्र में कई बार ऐसा होता है कि अभिनेता पात्र को ही जीने लग जाता है। डूब कर कृष्ण का अभिनय करनेवाला कई दिनों या हफ्तों तक अपने को कृष्ण समझता रहता है और राधा का अभिनय करनेवाली राधा बन जाती है। 'होना/सोना एक खूबसरत दुश्मन के साथ' में यही दुर्घटना हुई है। यादव पुरुष नामक खलनायक का प्रतिनिधित्व करते-करते स्वयं उस चरित्र को जीने लगे और चूँकि वे कल्पना की उड़ान के धनी हैं, इसलिए जो बातें शिष्ट तथा संयमित ढंग से कही जा सकती थीं, उनमें इतनी ज्यादा रागात्मकता और आवेश का तत्व आ गया है कि पूरा वक्तव्य स्वयं राजेंद्र यादव का ही लगता है। इसी घटना ने सबको आघात पहुँचाया है। यह एक व्यंग्य रचना है—इसे समझने में साधारण पाठक गलती कर सकता है, पर कृष्णा सोबती, निर्मला जैन, श्रीलाल शुक्ल और कात्यायनी जैसे लेखकों

से यह आशंका नहीं थी। क्या यादव जैसे सिद्धहस्त लेखक से यह दुर्घटना इसलिए हुई कि उनकी निजी मानसिकता भी कुछ ऐसी ही है? यदि ऐसा है, तो उन्हें स्त्रियों का आधा-अधूरा मित्र ही कहा जा सकता है।

लेकिन राजेंद्र यादव ने अपनी सफाई में 'हंस' (मई 2002) का जो उत्तप्त संपादकीय लिखा है, उसकी इस बात से सहमत होना कठिन है : अमेरिकी अंग्रेजी में वे सारे शब्द, स्लैंग और तथाकथित चतुर्वर्णी (फोर लेटर वर्ड्स) गालियाँ, जो कल तक ब्रिटिश विक्टोरियन भाषा में अंगारों की तरह जलाते थे, आज धड़ल्ले से लिखे-बोले जाते हैं—वहाँ प्रेसिडेंट केनेडी और क्लिंटन ही नहीं, सारे औरत-मर्द खुलेआम टीवी और फिल्मों में हर दूसरे मिनट 'फक इट' करते रहते हैं। जिस सभ्यता में सामान्य कामकाजी आदमी दिन भर में कम से कम दस बार 'फक इट' और 'शिट' कहता हो, क्या उसे भी सभ्यता ही कहेंगे? शरीर द्वारा एक खारिज की जानेवाली चीज और स्त्री-पुरुष की सबसे अंतरंग अंतःक्रिया के लिए इस्तेमाल होनेवाला लगभग बलात्कारी शब्द—यही दो चीजें जिनकी भाषिक दुनिया के केंद्र में आ गयी हैं, वे जत्थों के जत्थों में मानसिक चिकित्सालय में भेजने के पात्र भले ही हों, अनुकरणीय तो हरगिज नहीं हैं। यह विडंबना ही है कि एडवर्ड सईद से प्रेरणा पा कर जो राजेंद्र यादव पश्चिमी दुनिया के वर्चस्ववाद और रुग्णता की खबर लेते रहते हैं, वे ही अपने बचाव में उस संस्कृति की दुहाई दे रहे हैं।

राजेंद्र यादव का यह तर्क भी उनके द्वारा प्रतिपादित अनेक अर्धसत्यों में एक है कि साहित्य में लोक-भाषा अपने पूरे ठेठपन में आनी चाहिए। वे पूछते हैं, क्या शब्द भी शूद्र-अछूत और दलित होते हैं? दरअसल, अब तक के सांस्कृतिक विकास की समस्या ही यही है कि 'शिष्ट' समाज और लोक समाज दोनों का सांस्कृतिक विकास अनेक स्तरों पर समांतर ढंग से हुआ है। इन दूरियों के कारण दोनों में ही विकृतियाँ आयी हैं। परस्पर द्वेष भी। जब कोई ग्रामीण युवा अपने परिवार में 'शिष्ट' भाषा का कोई शब्द बोलता है तो उसे डाँट मिलती है—क्या संस्कीरत (या अंग्रेजी) झाड़ रहे हो? लोक भाषा के अनेक शब्द जब 'शिष्ट' साहित्य में आते हैं तो इसे काव्य दोषों के अंतर्गत काव्य 'ग्राम्य प्रयोग' बताया जाता है। न तो 'शिष्ट' भाषा की सभी अभिव्यक्तियाँ सुंदर हैं (हाई कोर्ट के जज को 'मी लॉर्ड' क्यों कहा जाये? 'प्रधानमंत्री आये' और 'क्लर्क आया' क्यों लिखा जाये?) न ही लोक भाषाओं के सभी शब्दों को साहित्य का वीसा दिया जा सकता है। भदेस कहीं भी हो सकता है। उसका रिकॉर्ड रखा जाना चाहिए, ताकि भाषावैज्ञानिकों, समाजशास्त्रियों और मनोविश्लेषकों को समाज के विभिन्न वर्गों की मानसिकता समझने में सुविधा हो। लेकिन कतिपय मानव अवयवों से संबद्ध संज्ञाओं, विशेषणों और क्रियाओं के लिए साहित्य का फाटक पूरी तरह खोल दिया जायेगा तभी हिंदी को 'नकली, बेजान, ठस और बासी' होने से रोका जा सकेगा, यह कुछ इस तरह का तर्क है कि अमुक का

पेट साफ नहीं रहता, क्योंकि वे मिट्टी से नहीं, साबुन से हाथ धोते हैं।

इस पूरी बहस में जिस महत्वपूर्ण बात की उपेक्षा हो रही है, वह यह है कि यादव ने पुरुष मानसिकता का जो आक्रामक चित्रण किया है, वह पूर्णतः एकांगी और इकहरा है और इसलिए भी उन सभ्य स्त्री-पुरुषों को अच्छा नहीं लगा है जिन्होंने इनसे भिन्न पुरुष भी देखे हैं। यह व्यंग्यात्मक लेख पूरे पुरुष वर्ग को एक ही लाठी से हाँकता है। 'आदमी की निगाह में औरत' पुस्तक के पहले खंड 'विमर्श' की शुरुआत में जो तीन उद्धरण प्रकाशित किये गये हैं और 'होना/सोना' के अंत में जो उद्धरण दिया गया है, वे सभी एक ही प्रतिक्रियावादी परंपरा के हैं। पुरुष लेखकों और विचारकों की एक दूसरी परंपरा भी रही है, जिसकी याद करने के लिए महात्मा फुले, महात्मा गांधी, राममनोहर लोहिया और जेएस मिल, जॉन रस्किन, मार्क्स और एंगेल्स, बर्ट्रेंड रसेल आदि का उल्लेख किया जा सकता है। यह महत्वपूर्ण विभाजन रेखा भूल जाने के कारण यादव का लेख साध्वी ऋतंभरा और उमा भारती मार्का स्वगत भाषण में बदल गया है।

इस कठगुलाबी का दूसरा पहलू यह है कि पूरा लेख सपाट, सतही और साधारण है—उसमें चित्रित पुरुष की तरह। स्त्री-पुरुष संबंधों को सर्वहारा और पूँजीपति के संबंधों की तरह देखना यथार्थ की उपेक्षा तो है ही, यह भविष्य के लिए कोई रचनात्मक दरवाजा भी नहीं खोलता। यह वही भाषा है, जिसका इस्तेमाल दलित लेखन में हो रहा है। ट्रेड यूनियन की इस भाषा से संवाद और सहयात्रा के रास्ते नहीं खुल सकते। 'खूबसूरत दुश्मन' के आधे-अधूरे मित्र आग में घी डाल सकते हैं, उसे बुझाने का उपक्रम नहीं कर सकते।

दो जीवितों के लिए एक गुलदस्ता

एक स्त्री का सवाल है, कोई इतिहास में क्यों जिये—अपने लिए क्यों न जिये! दूसरी स्त्री पूछती है, उद्देश्यहीन जीवन में मजा क्या है! सुख और सार्थकता—क्या इन दोनों में सचमुच अंतर्विरोध है?

ब्रेश्त के खूबसूरत नाटक 'खड़िया का घेरा' के एक दृश्य में नायिका अपने शिशु के साथ भाग रही है और पुलिस उसका पीछा कर रही है। छिपते-दौड़ते जब वह परास्त हो जाती है, तो पलट कर पुलिसवाले से पूछती है : 'मुझे तुमसे डर लग रहा है, इस पर तुम्हें शर्म नहीं आती?' ब्रेश्त के समय की तुलना में आज शर्म घटी है, डर बढ़ा है। इसी तरह का, इतने व्यापक अर्थोंवाला तो नहीं, पर इतना ही वजनदार और सुबह से ले कर रात तक प्रासंगिक बने रहनेवाला वाक्य गीतांजलि श्री की कहानी 'कसक' (जो उनके कहानी संग्रह 'अनुगूँज' में संकलित है) में पढ़ने को मिलता है। कहानी की एक नायिका दूसरी नायिका से कहती है : 'सुनो, तुम्हें कभी दूसरों की वकालत करते शर्म नहीं आती, उनकी आवाज बनने में 'गिल्ट' नहीं होता?'

इस वाक्य पर प्रतिनिधित्व की व्यर्थता के आधुनिकतम सिद्धांत की छाया है, यह कहने से किसी की विद्वत्ता साबित नहीं होती। गौरतलब यह है कि जीवन के यथार्थ पर इसे लागू करना कहानीकार की बौद्धिक तत्परता का प्रमाण है। प्रतिनिधित्व का सबसे बड़ा मैदान राजनीति है, जहाँ लोकतंत्र को सर्वश्रेष्ठ प्रणाली माना जाता है। लेकिन हम भारतीयों से अधिक कौन जानता है कि हमारा प्रतिनिधित्व करनेवाले लोग वास्तव में किसका प्रतिनिधित्व करते हैं! धर्म के नाम पर दंगा करनेवाले लोग भी अपने को अपने समुदाय का प्रतिनिधि बताते हैं, लेकिन उनका असली काम क्या है? मानव मन के एक कोने में पड़ी घृणा और क्रूरता को चारों ओर फैला देना। निःसंदेह कोई व्यक्ति किसी और व्यक्ति का पूरा या सम्यक प्रतिनिधित्व नहीं कर सकता—चाहे तब भी नहीं। लेकिन हम जानते हैं कि गाँव से बड़े आकार की कोई भी व्यवस्था प्रतिनिधित्व के बगैर चल ही नहीं सकती। इसलिए किसी और की वकालत

करते समय अगर किसी के मन में थोड़ी भी नैतिक थरथराहट नहीं होती तो स्वीकार करना पड़ेगा कि इसके पीछे सिर्फ नैसर्गिक बाधाएँ नहीं, मानवीय विकृतियाँ हैं। खासकर दलितों और स्त्रियों को यह बात नोट कर लेनी चाहिए, क्योंकि उनके प्रवक्ता दूसरों को तो बदलना चाहते हैं, अपने को नहीं।

तुम्हें कभी दूसरों की वकालत करते शर्म नहीं आती?—यह प्रश्न उस युवती का है, जिसे किसी वाद या सिद्धांत में विश्वास नहीं है, जो जीवन को भरपूर जीना चाहती है और जिसे इतिहास में अपना नाम दर्ज करने की कोई इच्छा नहीं है। उसका घोषणापत्र इतना-सा है कि 'हम पिद्दी ही ठीक हैं। हमारा मन चाहता है फूलों का रस लेने को और हम प्यार से वही करते हैं। इससे आगे हमारा कोई दावा नहीं।'

यह जीने का एक तरीका है, जिसके तर्क को गीतांजलि श्री ने बहुत ही सुगढ़ता से पेश किया है। शायद ज्यादातर लोग इसी तरह जीते हैं, जब वे महत्वाकांक्षा और प्रतिद्वंद्विता के भार से मुक्त हो चुके होते हैं। यह शुद्धतः वर्तमान में जीना है—उसकी चमक को अतीत की स्मृतियों और भविष्य की चिंताओं या महत्वाकांक्षाओं के धूमिल अक्स से बचाते हुए। समुद्र, पर्वत, हरियाली या रेगिस्तान को निहारते हुए खो जाना, अपनी सुध-बुध न रह जाना—यह जीवन की नदी में सीधे छलाँग लगा देना है। क्या यह स्वार्थपरता या आत्मबद्धता है? कोई भी जीवंत नायिका इतनी छोटी नहीं हो सकती। वह मौका पड़ने पर दूसरों की भरपूर मदद भी करती है—लेकिन ठोस कर्म के स्तर पर, जुलूस निकाल कर या झंडा लहरा कर नहीं। जैसे उससे अपना सुख छोड़ा नहीं जाता, वैसे ही दूसरे का दुख देखा भी नहीं जाता—बशर्ते 'यह' दूसरा एक ठोस, प्रत्यक्ष इकाई हो, कोई अमूर्त अवधारणा नहीं।

जीने का दूसरा तरीका उस युवती की दोस्त का है, जो कहानी का मैं है। इस तरीके में व्यक्ति नदी में छलाँग लगाने के पहले अपने इस निर्णय के सभी पहलुओं की जाँच करता है, उनके सभी संभावित नतीजों को समझना चाहता है और यह भी देखता है कि यह घटना किसके पक्ष में और किसके खिलाफ जाती है, क्योंकि 'एवरी ऐक्ट इज ए पॉलिटिकल ऐक्ट।' उसका प्रश्न है : 'भगवान नहीं, हैवान नहीं, कोई कॉज नहीं, तो जियो ही क्यों?' कहना न होगा कि ज्यादातर विचारक, लेखक, नेता और समाज सुधारक इसी मुगालते का शिकार होते हैं कि वे दूसरों के लिए जीते हैं। पहले तरीके में जीना खुद अपना अर्थ पैदा करता है। अनुभव अपने आपमें पर्याप्त सांत्वना है या कहिए कि अनुभव और विचार शब्द और अर्थ की तरह घुले हुए हैं। दूसरे तरीके में, कोई भी क्षण स्वतंत्र नहीं है—वह एक बहुत बड़ी शृंखला की चींटी से भी छोटी कड़ी है। इस कड़ी का अर्थ तभी खुलेगा जब हम इस शृंखला को कुछ हद तक समझ पाएँगे। जंगल को जाने बिना किसी एक पेड़ को नहीं जाना जा सकता। इसलिए प्रत्येक क्षण को, आलोचना के साथ नहीं तो पर्यवेक्षण के साथ तो जरूर ही, जिया जाना चाहिए। यह जीने के लिए किसी उद्देश्य, किसी विशाल

परियोजना की तलाश है।

जैसे ही यह सजगता आती है, क्या होता है? कोई भी कृत्य करते हुए हम जितना उसमें रहते हैं, उससे ज्यादा उससे बाहर रहते हैं—उस कृत्य को देखते हुए, उसे जाँचते हुए, उसका अर्थ समझते हुए। कथा वाचिका कबूल करती है : 'आज मुझे लगता है जैसे हर तरफ सागर की तरह बहता जीवन है और केवल मैं ठोस हूँ, ठोस पत्थर, जो थिरकते सागर से अलग है, उससे बाहर है, उससे घिरा हो कर भी उसमें रमा नहीं है।' शायद हर लेखक अपने आपसे से इस तटस्थ दूरी के लिए अभिशाप होता है। वह पूरी तरह भोक्ता हो ही नहीं सकता। अँधेरे में चलते हुए भी उसके हाथ में एक टॉर्च होता है, जो अँधेरे की अंतर्वस्तु को प्रकाशित करता रहता है। लेकिन यह मानना गलत है कि जीने के इस तरीके में कोई सुख नहीं है—जैसा कि उसकी प्रतिपक्षी दोस्त का दावा है। क्या सुख की कोई एक परिभाषा हो सकती है? दुनिया में जितने प्राणी हैं, सुख की उतनी ही किस्में हो सकती हैं। शायद हैं भी। यह जरूर है कि सभी प्रकार के सुख एक साथ नहीं मिलते : कुछ सुखों को पाने के लिए कुछ दूसरे सुखों का लोभ छोड़ना पड़ता है।

महत्वपूर्ण प्रश्न यह है कि क्या जीने की ये दोनों विधियाँ रेल के पहियों की तरह एक-दूसरे से दूरी बना कर ही चल सकती हैं? क्या अनुभव और विचार एक-दूसरे के साथी नहीं हो सकते? स्मरणीय है कि मस्तिष्क ही संवेदना का केंद्र है और विचार का भी। अतः दोनों प्रकार की घटनाएँ वहीं होती हैं। किसी अनुभव में पूरी तरह डूबे बिना उसका पूरा विश्लेषण नहीं किया जा सकता। हर क्षण की अपनी माँग होती है। उसकी अवमानना नहीं की जानी चाहिए। फूलों की शोभा देखते हुए मरुस्थल की स्मृतियों में डूब जाना फूलों के साथ अन्याय है। लेकिन बृहत्तर जीवन की भी एक नैतिक माँग है। उदाहरण के लिए, एक गरीब देश में विलासितापूर्ण जीवन बिताना पाप है। मेरे खयाल से, इन दोनों दृष्टियों में कोई अनिवार्य अंतर्विरोध नहीं है। जो हम तात्कालिक रूप से करते हैं, उसी से हमारी दूरगामी दृष्टि बनती है। इसी तरह, हमारी दूरगामी दृष्टि ही तय करती है कि हम किसी खास क्षण में कैसा बरताव करेंगे। जीवन क्षण और अनंत का युग्म-नृत्य है। यह जरूर संभव है कि कभी क्षण भारी पड़ जाये और कभी अनंत।

प्रेम

तुम्हारे इरादे क्या हैं, पार्टनर

> *मार्क्सवाद अभी तक का सबसे क्रांतिकारी दर्शन है, जिसका लक्ष्य है वस्तुओं का प्रबंधन न कि व्यक्तियों का। फिर कोई मार्क्सवादी स्त्री बार-बार क्यों महसूस करती है कि पति बनते ही कामरेड कामरेड नहीं रह जाता?*

वंदना सिंह : आओ, सुजाता बैठो। मैं तुम्हारा ही इंतजार कर रही थी। दिन भर गरमी झेलने के बाद शाम को तबीयत होती है कि किसी से बातचीत की जाये।

सुजाता श्रीवास्तव : फिराक साहब के सामने भी यह समस्या पेश आती रहती थी। वे कहते हैं : जाने क्या बात है, किस चीज की याद आती है। शाम को रोज तबीयत मेरी घबराती है।

वंदना : अरे नहीं, यह बेचैनी उस तरह की नहीं है। हम अपने यार को किसी खास समय याद करने और बाकी समय भूले रखने के कायल नहीं हैं। हम या तो चौबीसों घंटे याद करते रहते हैं, जैसे फेफड़े में साँस आती-जाती रहती है या फिर दिल की किताब से 'डीलिट' ही कर देते हैं। आवश्यक पाथेय के बिना यात्रा करना मुश्किल है, तो अनावश्यक बोझ के साथ यात्रा करना और भी मुश्किल है।

सुजाता : अपन का रूल बुक कुछ अलग है। हमारे दिल में जो एक बार प्रवेश कर जाता है, वह हमेशा के लिए हमारा मेहमान हो जाता है। यह जरूर है कि हर मेहमान की खातिर एक जैसी नहीं हो पाती। और, हो भी क्यों! जो जितने के लायक है, वह उतना ही पाता है। ज्यादा मिल जाये तो मूरख अपने आप गँवा देता है।

वंदना : वाह, वाह, क्या कहने! इस उदारता से तो तुम्हारा हृदय पटना का गांधी मैदान हो गया होगा। हम तो, भाई, उतने ही पौधों को अपने इर्द-गिर्द उगने देते हैं जिनकी उचित सिंचाई कर सकें और जिनकी सुगंध हम तक पहुँच सके—चाहे देर से ही सही। खैर, यह व्यक्तिगत व्यथा-कथा छोड़ो। चलो, एक गहन रूप से सामाजिक मुद्दे की चर्चा करें—हालाँकि उसका ट्रेजिक पहलू व्यक्तिगत ही है। गार्गी को जानती हो ?

सुजाता : गार्गी, मैत्रेयी—वह तो नहीं?

वंदना : बिलकुल नहीं। एकदम आधुनिक गार्गी। मार्क्सवादी ही नहीं, लेनिनवादी भी। उसकी आत्मकथा 'समकालीन जनमत' के ताजा अंक में छपी है। न पढ़ी हो, तो जरूर पढ़ना। हमारे क्रांतिकारी कामरेडों का वास्तविक चेहरा सामने आ जायेगा।

सुजाता : क्या यह चेहरा छिपा हुआ था? चाहे जो कहो, मुझे तो यह 'कामरेड' शब्द बहुत ही प्यारा लगता है। कोलकाता में थी, तो अदना से अदना कार्यकर्ता भी अपने भाषण की शुरुआत 'कामरेड ज्योति बसु' या 'कामरेड विमान बसु' से करता था। कहते हैं कि रूस में भी 'आदरणीय लेनिन साहब' के बजाय 'कामरेड लेनिन' ही कहा जाता था। पारस्परिक संबोधन में समानता की इतनी सुंदर अभिव्यक्ति और किसी सभ्यता में संभव हुई है? हमारे यहाँ तो अभी भी जजों को 'मी लॉर्ड' कहा जाता है।

वंदना : और, घर में 'माई फ्यूडल लॉर्ड'।

सुजाता : 'फ्यूडल लॉर्ड' घर में होंगे, तो घर के बाहर भी पाये जायेंगे। 'घरे-बाइरे' अलग-अलग मूल्य नहीं हो सकते।

वंदना : यही तो मैं तुम्हें दिखाना चाहती थी। लो, गार्गी का यह आत्मवृत्त पढ़ो—'पति कामरेड नहीं हो सकता।' तब तक मैं कुछ खाने-पीने का जुगाड़ करती हूँ।

संक्षिप्त अंतराल के बाद

सुजाता : निश्चय ही यह कोई हिम्मतवाली महिला है। हिम्मतवाली भी और कम्युनिस्ट भी। दुनिया भर में कम्युनिस्टों की एक गुप्त रूढ़ि यह रही है कि अपनी या अपने संगठन की बुराइयों या कमियों की चर्चा खुल कर कभी मत करो। इससे लोगों में यह धारणा बनेगी कि अरे, फरिश्ते तो ये भी नहीं हैं। जब कि, यह स्पष्ट करना कम्युनिस्टों का विचारधारात्मक कर्तव्य था कि जब तक आदर्श समाज व्यवस्था स्थापित नहीं होती, आदर्श व्यक्ति इक्का-दुक्का ही मिल सकते हैं। समाजवाद की ओर संक्रमण के काल में भी ज्यादातर लोगों की मानसिकता संक्रमणकालीन ही होगी—अच्छाई ज्यादा, लेकिन थोड़ी-सी बुराई भी। गार्गी ने इस रूढ़ि को तोड़ा है। वह जानती है कि चुप्पी ने ही स्त्री जाति का सबसे ज्यादा नुकसान किया है। उसे तो बधाई का तार भेजना चाहिए।

वंदना : बधाई के पात्र तो 'समकालीन जनमत' के संपादक भी हैं, जिन्होंने यह आलोचनात्मक टिप्पणी छापने का साहस दिखाया है।

सुजाता : बेशक। रामजी राय ने इसे न छापा होता, तो इस पर कोई सार्वजनिक चर्चा नहीं हो सकती थी और गार्गी की प्रगतिशील पीड़ा उसके हृदय ही में घुमड़ती रह जाती। वैकल्पिक मीडिया को वैकल्पिक विचार ही नहीं, वैकल्पिक तथ्य भी प्रस्तुत करने चाहिए।

वंदना : लेकिन कितना भयावह तथ्य है हमारी इस गार्गी का। उसने जीवन साथी के मामले में तीन-तीन बार 'रिस्क' लिया और हर बार यह पाया कि उसे मूर्ख बनाया जा रहा है। वह जीवन साथी खोजने निकलती है और उसे प्रेमी के लिबास में पति मिल जाता है। नवीन का किस्सा तो समझ में आता है। हम सभी को जवानी की शुरुआत में—कुछ को तो बाद में भी—ऐसे आशिक मिलते हैं जो उच्च आदर्शों या प्रतिबद्ध कर्म की आड़ ले कर हमसे सिर्फ अपनी यौन क्षुधा पूरी करना चाहते हैं। वे हमारा हृदय जीतने की कोशिश इसलिए करते हैं कि हमारे शरीर के साथ, बिना किसी जिम्मेदारी के, खेल सकें। तुम्हें तो पता ही है, मैं इन्हें 'यथार्थोन्मुख आदर्शवादी' कहती हूँ। देह मिली नहीं कि विचार काफूर हो चले। हमसे सिर्फ दैहिक संबंध बना कर रखते हुए ये आशिक अपना राजनैतिक या सामाजिक या साहित्यिक कैरियर बनाते जाते हैं, बस हमीं से अपेक्षा करते हैं कि हम उनके लिए शक्तिवर्धक या चार्जर का काम करते रहें। स्त्री इनके लिए कोट नहीं, कोट की एक जेब है। गार्गी ने नवीन को इतनी जल्द पहचान लिया, इससे पता चलता है कि वह जरूर तीक्ष्णबुद्धि होगी।

सुजाता : तुमने तो 'कामरेड का कोट' की याद ताजा कर दी। इस कोट से गार्गी का पाला बार-बार पड़ता है। कामरेड प्रताप से विवाह करने और हर मामले में 'एडजस्ट' करने के बाद, यहाँ तक कि पति के गाँव जाने पर घूँघट काढ़े रहने तक, उसे यह अफसोस ही मिला कि प्रताप के लिए भी वह पत्नी ही रह गयी—कामरेड न बन सकी। उसकी भूमिका एक मुलायम गद्दे की तरह थी, जिस पर लेट कर क्रांतिकारी पुरुष संघर्ष की थकान दूर करता है। जब कामरेड प्रताप को यह भी गवारा नहीं होने लगा कि गार्गी किसी अन्य कामरेड से बात करे और ऐसे अवसरों पर वह गाली तक बकने लगा, तो वह कब तक सहती? उसने एक क्रांतिकारी सहयात्री से शादी इस उम्मीद में की थी कि दोनों मिल कर क्रांति का काम बेहतर ढंग से कर सकेंगे। लेकिन एक क्रांतिकारी ने दूसरे क्रांतिकारी को नौकरानी मान लिया, क्योंकि वह इस व्यापक मान्यता के दायरे से बाहर नहीं आ सका कि औरतें तो घर-गृहस्थी सँभालने ही के लिए होती हैं, वर्ग संघर्ष का नेतृत्व करना उनका काम नहीं है।

वंदना : गार्गी से भरपूर सहानुभूति होने के बावजूद, सुजाता, सच कहती हूँ, प्रताप को छोड़ कर एक ऐसे कामरेड से गार्गी का जुड़ना मुझे अच्छा नहीं लगा जो पहले से ही विवाहित है और पिता भी। इस प्रयोगधर्मी जीवन से गार्गी को प्रेम और क्रांतिकारी कर्म, दोनों का कम या ज्यादा सुख मिलता तब भी कुछ बात थी। यहाँ भी उसके हाथ विषाद ही लगा। यह पति भी कामरेड नहीं बन पाया।

सुजाता : क्या हम इस घटना को इस तरह नहीं समझ सकते कि भारत में स्त्री स्वाधीनता का वस्तुपरक वातावरण अभी तक बन नहीं पाया है? इसीलिए स्त्री जहाँ भी रहे, पुरुष की नजर में वह मादा ही बनी रहती है। हमारे क्रांतिकारी संगठन

भी इस मनहूस विरासत से मुक्त नहीं हो पाये हैं, यह इस बात का संकेत है कि स्त्री की आजादी का सवाल कितना गहरा है। ऐसा लगता है कि यह हमारी सभ्यता का सबसे मूलभूत सवाल है, जो शायद सबसे आखिर में ही हल होगा। गार्गी जैसी स्त्रियों की छटपटाहट यह जरूर बताती है कि प्रश्न पूरी गंभीरता से उठ चुका है और जब तक उत्तर नहीं मिलता, यह सभी को बींधता रहेगा। आज चार मुखर गार्गियाँ हैं, तो चार हजार मौन गार्गियाँ हैं। जिस दिन इन सबकी जुबान खुल जायेगी और ये पूछना शुरू कर देंगी कि कामरेड, तुम्हारे इरादे क्या हैं, पुरुषों के होश ठिकाने आ जायेंगे।

वंदना : सुजाता, इस सिक्के का एक दूसरा पहलू भी है। गार्गी और मैत्रेयी का कष्ट तो हमारे सामने है, पर क्या बहुत-से याज्ञवल्क्य भी ऐसे नहीं होंगे, जिनकी पत्नियाँ उनकी साधना को बार-बार भंग करती होंगी; जब वे फूल ले कर घर लौटते होंगे, तो उन्हें यह ताना सुनना पड़ता होगा कि लो, महर्षि आ गये! दूसरों के हब्बी नयी-नयी साड़ियाँ और लेटेस्ट ज्वेलरी लाते हैं, ये महाशय अभी तक वाल्मीकि युग में ही जी रहे हैं।

सुजाता : हाय, मार डाला! क्या तुम्हारा मतलब यह है कि पत्नी भी कामरेड नहीं हो सकती?

वंदना : प्राकृतिक न्याय इसे ही कहते हैं, सूजा। पुरुष ने स्त्रियों के लिए सुख का दरवाजा बंद कर अपने लिए भी सुख का दरवाजा बंद कर लिया है। नहीं?

कर्तव्य रूपेण संस्थिता

प्रेम अगर सिर्फ एक जज्बा है, तो उसका महत्त्व इंद्रधनुष से ज्यादा नहीं है जो धूप निकलते ही अदृश्य होने लगता है। जीवन को रसमय बनाने के लिए कुछ टिकाऊ आधार चाहिए।

'वागर्थ' उन साहित्यिक पत्रिकाओं में है जिन्हें न उत्कृष्ट कहा जा सकता है और न निकृष्ट। निश्चय ही यह हिंदी की कतिपय सुसंपादित पत्रिकाओं में है, लेकिन जो चीजें संपादित की जाती हैं, वे इस लायक भी हैं या नहीं, इस पर गंभीर मतभेद हो सकता है। इस सुमुद्रित पत्रिका के (जिसके बावजूद इसकी कीमत बढ़ने न देने के लिए संपादक प्रभाकर श्रोत्रिय और प्रकाशक डॉ. कुसुम खेमानी बधाई के पात्र हैं) जून अंक की दो विशेषताएँ हैं। एक तो उसका संपादकीय—'विकास को काटती वृद्धि', जो भारत की जनसंख्या वृद्धि की गंभीर समस्या पर है। साहित्यिक पत्रिकाएँ आम तौर पर ऐसे विषयों पर लिखना या छापना अपनी स्वपरिभाषित गरिमा के विरुद्ध मानती हैं। 'वागर्थ' का दृष्टिकोण इस मामले में भिन्न है, यह बुरी नहीं, अच्छी बात है। ऐसी भिन्नताएँ बढ़नी चाहिए। अधिकांश साहित्यिक पत्रिकाएँ, व्यावसायिक पत्रिकाओं की तरह, एक जैसी क्यों हो?

'वागर्थ' के संपादक ने ठीक ही पहचाना है कि विकास सबसे अच्छा गर्भनिरोधक है, जिसे शालीनता के निर्वाह के लिए यों लिखा गया है : 'विकास जनसंख्या का सर्वोत्तम प्रतिरोधक है।' हिंदी प्रदेश के राज्य अविकास की पैसेंजर गाड़ी से उतरना नहीं चाहते, इस पर उचित ही शोक व्यक्त किया गया है। लेकिन ऐसा लगता है कि मानव आकृतियों की वृद्धि का प्रश्न कुछ इस तरह हावी है कि 'फर्स्ट एड' के नाम पर वे ही उपाय सुझाये गये हैं, जिन पर गुजरात की निष्ठुर सरकार अमल करने जा रही है—'उदाहरण के लिए यह संभव है कि अन्य प्रदेशों में ठीक उसी शैली में परिवार नियोजन कार्यक्रम लागू न हो सकें जैसे वे केरल या तमिलनाडु में हुए हैं; संतति की अधिकता को आर्थिक, सामाजिक और सेवाओं की दृष्टि से अलाभकारी बनाने के लिए एक सीमा से आगे 'संतति कर' लगाना पड़े, लोगों को

कई लाभों से वंचित भी करना पड़े। तो भी ये अलोकप्रिय निर्णय लेने चाहिए।'

लोकप्रियता हमेशा सुंदर चीज नहीं होती, यह संशय से परे है। लेकिन लोक की बिलकुल परवाह न करना या तो किसी अत्यंत मौलिक व्यक्ति का गुण हो सकता है या तानाशाह का। संपादकीय से स्पष्ट उद्भासित होता है कि जो निर्धन, अशिक्षित और (इसलिए) रूढ़िग्रस्त हैं (रूढ़िग्रंस्त होने के और भी कारण हो सकते हैं), वे ही जनसंख्या वृद्धि के लिए मुख्य रूप से जिम्मेदार हैं। फिर ये 'अलोकप्रिय' उपाय समाज के किस वर्ग पर कहर ढायेंगे? जिनके जीवन में कोई और सुख नहीं है, उनसे बच्चों का सुख छीन कर हम उन्हें किस तरह की सीख देना चाह रहे हैं? स्पष्ट है कि जनसंख्या वृद्धि को गरीबों की समस्या न मान कर खाते-पीते लोगों की समस्या के रूप में देखा जा रहा है, जिस पर, 1981 की जनगणना के बाद, टिप्पणी करते हुए रघुवीर सहाय ने उचित ही टिप्पणी की थी—'लोगो, तुम बहुत हो गये हो।'

जो लोग कमल कुमार की कहानियों से प्रभावित नहीं हैं, उन्हें उनकी कहानी 'वेलेंटाइन डे' जरूर पढ़नी चाहिए, जो इस अंक की दूसरी विशेषता है। यह एक दुहरी प्रेम कथा है और बहुत ही गहरी संवेदनशीलता तथा अंतर्दृष्टि से लिखी गयी है। डॉ. संजय सिंह को जुबैदा से प्रेम था, पर उनके परिवारवालों ने सुनयना का हाथ उनके हाथ में पकड़ा दिया। इन हाथों के बीच ताली कभी नहीं बजी, पर बच्चे होते गये। सुनयना ने दोनों बच्चों का नाम रखा जुबीन और असद, जिससे नाराज पिता ने नाम रखा अर्जुन और कार्तिक। लेकिन पत्नी मुस्लिम नामों का ही प्रयोग करती रही, क्योंकि 'आप उस दिन मेरे साथ नहीं थे। आप जुबैदा के साथ थे।' पति को होश में लाने के लिए यह फूल-सी ठोकर काफी होनी चाहिए थी, लेकिन वह अपनी समानांतर दुनिया में गुम रहा तथा पत्नी का विकास होता गया, जिसने पिता के प्रेम से वंचित 'जुबैदा के बेटों' को बड़ा किया, पढ़ाया-लिखाया। यह वेलेंटाइन दिवस था, जब संजय की आँख खुली कि प्रेम की नदी उनके घर में ही बह रही थी और वे व्यर्थ ही स्मृतियों के मरुथल में भटक रहे थे। प्रौढ़ावस्था का यह मिलन कितना मर्मस्पर्शी है, यह मूल कहानी पढ़ कर ही अनुभव किया जा सकता है। वेलेंटाइन दिवस प्रेम करने के अधिकार का उत्सव है, लेकिन इस अद्वितीय कहानी की थीम है—प्रेम करने का कर्तव्य। ऐसे ही मौलिक आविष्कार आधुनिकता को उज्ज्वल बनाते हैं।

कुछ रचनाएँ अपने निश्चित मंतव्यों के कारण भविष्य के लिए महत्वपूर्ण होती हैं, तो कुछ इसलिए कि उनके कई पाठ हो सकते हैं। 'कामायनी' इस दूसरी श्रेणी की रचना है, जिसका एक अच्छा पुनर्मूल्यांकन शंभुनाथ ने 'कसौटी' के सातवें अंक में किया है। 'कामायनी' का दर्शन, उनके अनुसार, आदर्शवादी मानवतावाद का संदेश है। शंभुनाथ की ये पंक्तियाँ विचारणीय हैं। 'श्रद्धा स्काई स्क्रैपर्स की जगह एक छोटा-सा घर बनाती है। वह 'स्माल इज ब्यूटीफुल' के आदर्श पर बल देती है, तो मनु सारस्वत

प्रदेश में बड़े उद्योग, बड़े साम्राज्य, सुख की गुलामी, क्रूर उपयोगितावाद तथा स्त्री-पुरुष संबंध के स्तर पर यौन अराजकतावाद की ओर बढ़ते हैं। वे अधिनायकवाद के रास्ते पर जा कर जनता से युद्ध में प्रवृत्त हो जाते हैं, जिसकी अंतिम परिणति घायल होने में होती है। 'कामायनी' सिर्फ मनु के घायल होने की नहीं, मानव सभ्यता के घायल होने की त्रासदी भरी दार्शनिक कथा है।' ध्यान देने की बात है कि श्रद्धा ने भी प्रेम करने का कर्तव्य ही निभाया था : मनु ने उसके साथ जो व्यवहार किया था, उसके बाद कोई साधारण स्त्री होती तो उसका मुँह नहीं देखती।

इसी के साथ मन में यह जिज्ञासा भी आती है कि क्या महाकाव्य का युग सचमुच चला गया? क्या उपन्यास ही हमारे समय का महाकाव्य है? क्या कविता की स्फुटता ने गद्य की विराटता के आगे हार मान ली है? लेकिन यदि आज भी लंबी कविताएँ हो सकती हैं, तो और लंबी कविताएँ क्यों नहीं हो सकतीं? छंद की साधना रुक गयी है, तो इससे क्या? मुक्त छंद में तो और भी सुदीर्घ आख्यान लिखे जा सकते हैं। जिंदगी को सिर्फ गद्य की निगाह से नहीं देखा जाना चाहिए। यह निगाह हमेशा अधूरी रहेगी। उसका अधूरापन कविता ही पूरी कर सकती है। इसी का सहचर यह सुंदर प्रश्न है : ऐसी स्त्री क्यों नहीं हो सकती, जिसमें श्रद्धा और इड़ा, दोनों की विशषताएँ हों?

मेरे लंपट, मेरे महान

> *प्यार की एक सिफत यह भी है कि जिसने दिल चुरा लिया, वह दिमाग पर भी हावी हो जाता है। इसके बाद कोई भी मूल्यांकन पूर्वग्रह से मुक्त नहीं रह पाता।*

'तद्भव' के अक्तूबर 2001 अंक में मन्नू भंडारी ने अपना पक्ष रखकर उन लोगों को कुछ और मिर्च-मसाला दे दिया है जो राजेंद्र यादव की लानत-मलानत कर खुश होते हैं। ऐसा लगता है कि राजेंद्र यादव के प्रति प्यार उनमें अभी भी बना हुआ है, इसीलिए वे धीरे-धीरे खुल रही हैं। ऐसे मामलों की सार्वजनिक चर्चा से कोई लाभ नहीं होता, अब तक का अनुभव तो यही कहता है। कवि रहीम ने अपने मन की व्यथा को अपने मन ही में रखने की सलाह दी थी, तो इसके पीछे उनका अनुभव भी होना चाहिए। निश्चय ही शुरुआत यादव ने की थी। 'कथादेश' में प्रकाशित इंटरव्यू के दौरान इस नाजुक प्रसंग में ओमा शर्मा के जवाब में उन्हें या तो चुप रहना चाहिए था या पूरी बात कहनी चाहिए थी। लेकिन क्या दांपत्य या प्रेम संबंधों में पूरी बात कभी कही जा सकी है?

लेखक शब्दों का ही व्यवहार करता है, इसलिए वही ऐसे संबंधों का विश्लेषण करने की जोखिम भी उठाता है। कहा जा सकता है कि यादव-भंडारी प्रसंग का महत्व यही है कि कई अमीमांसित चीजें इसके माध्यम से सामने आ रही हैं। वे न केवल इन्हें और अधिक समझने में मदद करती हैं—अगर किसी को इसकी जरूरत महसूस हो, बल्कि मनुष्य मात्र की उलझनों का भी खुलासा करती हैं। यह लेखक का ही जिगरा है कि वह वैयक्तिक को निर्वैयक्तिक बना सकता है और अपने को भी विषय के रूप में देख सकता है।

उदाहरण के लिए 'तद्भव' के इसी अंक में 'मुड़-मुड़के देखता हूँ' की किस्त-3 में राजेंद्र यादव दांपत्य में लांपट्य के क्रांतिकारी चरित्र की तलाश करते नजर आते हैं। इस संदर्भ में उन्होंने कुछ ज्यादा ही ईमानदारी दिखायी है। तभी तो वे अपने-आप से पूछते हैं 'कि क्या सचमुच मेरी लेखकीय जिंदगी का 'स्वर्णकाल' सिर्फ मीता, स्नेह

जी, दीदी, मन्नू या ऐसे ही दो-एक और संबंधों के आसपास ही घूमता रहा है? क्या मेरे मानसिक क्षितिज पर केवल यही नारी नक्षत्र जलते-बुझते रहे हैं? कहीं और कुछ नहीं है? न जीवन और जीविका के संघर्ष, न पारिवारिक, सामाजिक और वैचारिक चिंताएँ, न लेखन और कला की समस्याएँ—आखिर वे सब भी तो थे ही। मगर क्या वे सिर्फ आनी-जानी मायाएँ थीं? केवल बौद्धिक छलाँगें? या, इस सारी भटकन के लिए मानसिक जस्टिफिकेशन?' स्पष्ट है कि वैयक्तिक स्तर पर अभी प्रश्न ही प्रश्न हैं। उत्तरों के लिए हमें कुछ और प्रतीक्षा करनी होगी।

हाँ, निर्वैयक्तिक स्तर पर उत्तर की खोज जरूर है। यहाँ प्रश्न यह बनाया गया है कि ' 'लंपटता' क्या व्यक्तिगत नैतिक स्खलन है या अपनी स्वतंत्रता का एसर्शन?'' आगे, 'जिस तरह नयी स्थितियों के अनिवार्य उभार को जब पुराने कानून नियंत्रित नहीं कर पाते तो सामाजिक अपराधों का जन्म होता है, उसी तरह पुरानी नैतिक परंपराओं के ओछे पड़ जाने पर 'लंपट' और चरित्रहीन नायक 'नये युग' के प्रतिनिधि बन कर उभरते हैं...अगर वह सारा स्खलन और विचलन सिर्फ मेरा ही था, तो मेरी पीढ़ी के सारे लेखकों की वे कहानियाँ कहाँ से आ रही थीं?'

इसकी व्याख्या कोई इस तरह न करे कि राजेंद्र यादव की पीढ़ी के 'सारे' लेखक लंपट और चरित्रहीन थे। हो सकता है रहे हों, पर उनमें से किसी भी अन्य ने इस लंपटता का ऐतिहासिक-सामाजिक संदर्भ या महत्व प्रतिपादित करने की कोशिश नहीं की है। उनके लिए ये घटनाएँ थीं, प्रवृत्तियाँ नहीं। यादव की स्थापना में इतनी सचाई जरूर है कि जिस समय उनकी मसें भीग रही थीं, भारत के शहरी क्षेत्र में संत वेलेंटाइन के स्वागत की एक गुप्त तैयारी चल रही थी। यह हमारे यहाँ 'व्यक्ति' के आगमन का दबा हुआ धमाका था। पर ऐसा लगता है कि यादव लंपटता का इतिहास कुछ भूल रहे हैं। यह तभी से अस्तित्व में है जब से विवाह का मानवीय बंधन बनाया गया। पर सभी विवाहेतर संबंधों को लंपटता की श्रेणी में रखना एक अन्य प्रकार की लंपटता है। अहल्या के साथ 'छलात्कार' (हिंदी की शब्द संपदा में इस वृद्धि के लिए मन्नू भंडारी को धन्यवाद) करने में सफल इंद्र बेशक लंपट था, पर सूर्य और कुंती या राधा और कृष्ण के संबंध के बारे में यह नहीं कहा जा सकता। लंपटता में सेक्स प्रधान होता है, जब कि विवाहेतर प्रेम प्रेम का ही एक प्रकार है। किसी विवाहित पुरुष या स्त्री को दूसरी स्त्री या पुरुष के प्रेम में नहीं पड़ना चाहिए, अन्यथा विवाह-आधारित समाज नहीं चल सकता। इस मर्यादा का पालन सामान्यतः होता ही है। पर दिल के बारे में बताया जाता है—और ठीक ही बताया जाता है—कि वह 'मानता नहीं'। ऐसी सूरत में कोई क्या करे? यह एक ऐसी समस्या है, जिसका कोई संतोषजनक समाधान अभी नहीं निकाला जा सका है। बहुधा ऐसा भी होता है कि आदमी न प्रथम को छोड़ पाता है और न द्वितीय को। यादव की युवावस्था में जो प्रवृत्ति सामने आ रही थी, उसमें विवाहेतर प्रेम और लंपटता, दोनों का खतरनाक

सम्मिश्रण था। लंपटता का मैदान बहुत बड़ा होता है, विवाहेतर प्रेम संख्या नहीं, गुण का मोहताज होता है। दूसरा मामला 'थोड़ी-सी बेवफाई' का है, पहले मामले में बेवफाई ही बेवफाई है।

इस संबंध में नुक्ते की बात यह है कि लेखकों, कलाकारों और अन्य असाधारण व्यक्तियों को एक के बाद दूसरी स्त्री क्यों मिलती जाती है? स्त्री लेखकों, कलाकारों आदि के भावनात्मक या यौन जीवन में इतनी विविधता नहीं देखी जाती, लेकिन उनमें से भी अनेक ने जो है, उसमें तृप्ति न पा कर अन्यत्र उसका सन्धान किया है। स्त्री और पुरुष, बहुत दूर तक, आखिर एक ही सामग्री से बने हुए हैं। पहेली यह है कि अपने प्रेम-पात्र की बेवफाई का विश्वसनीय सबूत पाने के बाद भी कोई उसके साथ क्यों चिपका रहता/रहती है? मौजूदा संदर्भ में मन्नू भंडारी जैसा समर्थ व्यक्ति राजेंद्र यादव की बेवफाइयों को 'देख' लेने के बाद भी तीनेक दशक तक उनके साथ क्यों पिसती और पछताती रहीं?

ऐसे ज्यादातर मामलों में आर्थिक निर्भरता, परिवार का मोह, सामाजिक अपयश, निर्णय करने के साहस की कमी, तीसरे पक्ष का अनिश्चय आदि चीजें अवरोध का काम करती हैं। लेखकों और कलाकारों के मामले में इस सब के अलावा एक और तथा निर्णायक महत्व का तत्त्व होता है, जिसे मनोरंजनार्थ 'मेरे लंपट, मेरे महान' कहा जा सकता है। अपने प्रेमी की नजर में लेखक, कलाकार या वैज्ञानिक महान होता है, तभी उसकी ओर यह अदम्य खिंचाव होता है। ऐसे प्रेमियों को लगता है कि वे इतिहास के साथ जी रहे/रही हैं या अपनी शताब्दी की आत्मा के साथ सो रहे/रही हैं। ऐसे लेखक या कलाकार का व्यक्तिगत आचरण भी महान होना ही चाहिए—यह धारणा बार-बार खंडित होती है, तब भी प्रेम खत्म नहीं हो पाता—क्योंकि प्रेम हाड़-मांस के उस पुतले से नहीं किया गया है, उसकी 'अद्वितीय प्रतिभा' के साथ किया गया है। रवीन्द्रनाथ ठाकुर की तरह प्रतिभा और आचरण का मणि-कांचन संयोग हो, तब तो कहना ही क्या। पर ऐसा कम ही होता है।

जो होता है, उसके दो विवरण मन्नू भंडारी के इस आत्मकथ्य में (जिसे अखिलेश जैसे होशियार संपादक ने, पता नहीं क्यों, 'प्रति जीवन' कहा है!) उपलब्ध होते हैं। एक, 'राजेंद्र ने जो भी किया...जैसा भी किया पर मुझे बाँध कर कैद तो नहीं ही रखा था...फिर क्यों नहीं मैं बहुत-बहुत पहले अलग हो गयी?...इसे स्वीकार करने में मुझे कोई संकोच नहीं कि यह मेरा मोह ही था...एक गहरा लगाव, पर व्यक्ति राजेंद्र के प्रति, जिसमें उनका लेखक होना तो शुमार था, पर यशस्वी होना कतई नहीं।'

दो, 'रही प्रतिभा की बात सो कई मुद्दों पर घोर असहमति के बावजूद उसकी कायल तो मैं हमेशा से रही हूँ। राजेंद्र की मौलिकता और प्रतिभा और उस पर मुलम्मा चढ़ा देशी-विदेशी रचनाओं के विस्तृत अध्ययन का। (विदेशी लेखक तो राजेंद्र की

जिंदगी का माडल बने हुए हैं—खासकर उनकी जिंदगी का एक पक्ष।) यह तो सभी मानेंगे कि अपनी सूक्ष्म अंतर्दृष्टि, गहन चिंतन, मौलिक नजरिया और बेहद प्रभावपूर्ण भाषा शैली (जिसकी मैं बहुत बड़ी प्रशंसक हूँ) के कारण ही राजेंद्र यहाँ तक पहुँचे हैं।'

मन्नू राजेंद्र यादव की पत्नी थीं और प्रेमी भी। क्या मैं यह अनुमान लगाऊँ कि उपर्युक्त वक्तव्यों में पहला पक्ष पत्नी का है और दूसरा प्रेमी का? पत्नी पर प्रेमी का गहरा दबाव था, इसीलिए मुक्ति का क्षण आया तब, जब पत्नी ने अपने को याद किया और प्रेमी ने पाया कि महानता की जो कीमत वसूली जा रही है, वह बहुत बहुत, बहुत ज्यादा है!

एक स्त्री का विदा-गीत

क्या लेखक या कलाकार होने की माँग इतनी शक्तिशाली होती है कि व्यक्ति होने की माँग उसके सामने तुच्छ हो जाती है? नहीं तो दो भिन्न प्रकृति के लेखकों का केर-बेर का साथ इतने लंबे समय तक कैसे बना रहा?

राजेंद्र यादव और मन्नू भंडारी में और जो भी अंतर हो, 'तद्भव' के अक्तूबर 2001 अंक में दोनों का आत्मकथ्य मिला कर पढ़ने पर जो अंतर बहुत साफ दिखाई देता है, वह यह है कि राजेंद्र अपनी प्रत्येक क्रिया और कर्म के लिए एक व्यापक दर्शन खोजने की कोशिश करते हैं और मन्नू दर्शन गढ़ने के बजाय सत्य के ज्यादा से ज्यादा पहलुओं को देखने का प्रयास करती हैं। राजेंद्र अपनी भूल स्वीकार करते हुए भी उसे अंगीकार नहीं करते, मन्नू को यह मानने में कोई झिझक नहीं होती कि उनसे गलती हुई। पहली विधि को 'सत्य का निर्माण फिर-फिर' कह सकते हैं, तो दूसरी विधि सत्य के साथ जीने-मरने की है। सत्य की एक खूबी यह है कि वह प्रिय हुआ तो, और दर्दनाक हुआ तो भी, जीने में सहायक होता है। हिरण अपने हिरण होने की कथा जान ले तो उसे यह गिला नहीं रह जायेगा कि उसके दाँत चीते की तरह नुकीले क्यों नहीं हैं। सत्य की दूसरी विशेषता यह है कि अगर आप उसे न देखना चाहें, तब भी उसकी मूर्ति आसानी से गढ़ सकते हैं। कोई टुटपुंजिया कलाकार जनमत की पूरी तरह से अवहेलना करते हुए अपने आपको नंदलाल बसु या पिकासो से बड़ा चित्रकार मानता रह सकता है। इससे भी जीने में आसानी हो जाती है। जाहिर है, ये दोनों आसानियाँ एक जैसी नहीं हैं।

मन्नू भंडारी के आत्मकथ्य की यह दुर्लभ विशेषता किसी के भी मन में उनके प्रति सम्मान बढ़ा सकती है कि 'लंपटता' को 'स्वतंत्रता का एसर्शन' माननेवाले अपने लेखक-पति के अनेक चरित्रगत 'ब्लैक होलों' को याद करते हुए भी वे अपने 35 साल लंबे दुख के लिए उन्हें पूरी तरह जिम्मेदार नहीं मानतीं—अपने हिस्से की जिम्मेदारी को भी अकुंठ भाव से स्वीकार करती हैं। दूसरे के—यानी दूसरों के—जीवन की समीक्षा करना सरल होता है और रुचिकर भी, क्योंकि किसी में भी कोई दोष खोज लेने

में सफलता पा लेने से हमें अपने आपको उससे एक प्वाइंट बेहतर मानने की सुविधा मिल जाती है। अपने जीवन की समीक्षा करना कठिन होता है, क्योंकि यह मानने से अहं को चोट लगती है कि मैंने गलती की थी। फिर, दूसरे की छटाँक भर गलती मन भर दिखाई पड़ती है और अपनी मन भर गलती छटाँक भर भी दिख जाये तो गनीमत माननी चाहिए। दूसरी ओर, आलोचना के उपक्रम से बचनेवालों को यह फार्मूला मुफीद आता है—न तुम बेवफा हो, न हम बेवफा हैं, मगर क्या करें अपनी राहें जुदा हैं!

अब भी पुरुष को महाबली और स्त्री को अबला समझनेवाले व्यक्तियों को यह देख कर हैरानी हो सकती है कि पुरुष होते हुए भी मन्नू-प्रसंग में राजेंद्र यादव जनता जनार्दन की सहानुभूति चाहते हैं (और पा भी लेते हैं), जबकि स्त्री होते हुए भी मन्नू भंडारी राजेंद्र-प्रसंग में साफ-साफ कहती हैं कि उन्हें किसी की सहानुभूति नहीं चाहिए—इसलिए नहीं कि सहानुभूति के आदान-प्रदान में उनका विश्वास नहीं है, बल्कि इसलिए कि इस मामले में वे भी कम जिम्मेदार नहीं हैं, अतः कोई सहानुभूति दिखायेगा तो उन्हें ग्लानि ही होगी।

आलोचक-प्रवर निर्मला जैन ने जब मन्नू भंडारी से कहा कि 'राजेंद्र ने तो जो किया सो किया, पर आप क्यों नहीं अलग हो गयीं? हो सकता है आप भी एक यशस्वी, प्रतिभाशाली लेखक के मोह से मुक्त न हो पायी हों!' तो उनके मन में यही जिज्ञासा रही होगी कि कोई समर्थ व्यक्ति तमाम अतिरेकों को बर्दाश्त करते हुए कैसे किसी के साथ रह जाता है! उनका प्रश्न बहुत ही महत्वपूर्ण था, क्योंकि आदमी सिर्फ विवेक नहीं होता, चाहत भी होता है। विवेक का रंग एक ही होता है—कह सकते हैं, सफेद; जबकि चाहत के रंगों की गिनती नहीं हो सकती। इसीलिए मन्नू भंडारी को यह सुन कर कतई धक्का न लगा, क्योंकि 'इस संदर्भ में भी मैं भीतर तक अपना मन खँगाल चुकी हूँ और इसे स्वीकार करने में मुझे कोई संकोच नहीं कि यह मेरा मोह ही था...एक गहरा लगाव, पर व्यक्ति राजेंद्र के प्रति, जिसमें उनका लेखक होना तो शुमार था, पर यशस्वी होना कदापि नहीं। आगे वे बताती हैं कि साहित्य में उनका यश राजेंद्र यादव से हमेशा ज्यादा रहा।

राजेंद्र यादव के प्रति मन्नू भंडारी में यह आत्म-विध्वंसक मोह क्यों था? क्योंकि राजेंद्र उनकी लेखकी के विकास में सहायक थे—शायद जरूरी भी। अन्य क्षेत्रों में निरुत्साहित करते हुए भी राजेंद्र उन्हें लेखन के क्षेत्र में बराबर उत्साहित और उनके लेखकीय आत्मविश्वास को पुनर्जीवित करते रहते थे। राजेंद्र यादव में जीवन भरपूर है, यह कोई भी देख सकता है। इसी का नतीजा था कि 'इसके अलावा नयी से नयी पुस्तकों और पत्रिकाओं का आना...सभी तरह के साहित्यकारों के जमावड़े ...उत्तजेक बहसें...गप्प गोष्ठियाँ...मेरे जैसे लेखक के लिए अनिवार्य था। यह साहित्यिक वातावरण...मेरा मूल प्रेरणास्रोत। लिखने के संदर्भ में और भी जाने कितनी तरह का

सहयोग मिलता रहता था मुझे राजेंद्र से और इसीलिए जब तक मेरे व्यक्तित्व का लेखक पक्ष सजीव-सक्रिय रहा...चाह कर भी मैं राजेंद्र से अलग नहीं हो पायी। राजेंद्र की हरकतें मुझे तोड़ती थीं तो मेरा लेखन, उससे मिलनेवाला यश मुझे जोड़ देता था।' राजेंद्र यादव की इस प्रशंसा के कारण अब और भी सघन हो गये हैं, इसीलिए हिंदी जगत में उनका सिक्का चल रहा है।

अपनी बात को और स्पष्ट करते हुए मन्नू भंडारी आगे बताती हैं, 'लेकिन जैसे-जैसे मेरा लेखक निर्जीव और निष्क्रिय होता गया, मेरे भीतर की स्त्री सजीव होती चली गयी और अपना पूरा वजूद पाते ही उस स्त्री के लिए न साथ रहना संभव रह गया था, न उस संबंध को निभा पाना—सो वह साथ छूटा...संबंध टूटा। पर इसमें कोई संदेह नहीं कि अगर मैं राजेंद्र के साथ रही तो अपने स्वार्थ, सुविधा और लगाव के कारण रही...अलग हुई तो अपनी मुक्ति के लिए। इसलिए राजेंद्र के ऊपर न मेरा कोई ऋण है, न ही मैंने उनसे कभी किसी प्रकार के ऋण शोध की अपेक्षा की।' सच है जो अपने को मुक्त कर लेता है, वही दूसरों को मुक्त कर सकता है।

नामवर सिंह, राजेंद्र यादव और अशोक वाजपेयी—ये तीन हिंदी साहित्य और बौद्धिकता के समकालीन माहौल में छाये हुए हैं और अनेक लोग अपनी यह मुश्किल बयान करते हुए पाये जाते हैं कि इनमें से किसे माफिया कहें और किसे न कहें और तीनों को माफिया कहें तो शिखर सम्मान किसे दें। इस उलझन को बने रहने देते हुए यह दावा तो किया ही जा सकता है कि इनमें राजेंद्र यादव का दरबार ही सच्चा जनता दरबार है और वे सभी तरह के लेखकों को ऊर्जा दे सकते हैं और उनसे ऊर्जा प्राप्त कर सकते हैं। वे किसी का यौवन नहीं छीनते, फिर भी पुनर्युवा ययाति की तरह तरोताजा (यादव की तरह खिलवाड़ किया जाये, तो तरताजा) बने रहते हैं। अब आप कल्पना कर सकते हैं कि पैंतीस साल तक एक ही दुख को तरह-तरह से सहते हुए मन्नू भंडारी राजेंद्र यादव से क्यों बँधी रहीं और आज भी कई दर्जन परवाने इस शमा को क्यों घेरे रहते हैं—और उसकी आँच से ठंडक पाते रहते हैं।

लेकिन इस पूरे प्रसंग को छेड़ने का प्रलोभन कुछ और था। मन्नू भंडारी के उपर्युक्त आत्म-उद्घाटन से ऐसा लगता है कि उनके लेखक और उनकी स्त्री (मैं कहूँगा, उनका व्यक्ति) दोनों के बीच दूरी थी और एक की कीमत पर दूसरा पलता रहा। यह सिर्फ मन्नू के साथ नहीं हुआ—हममें से बहुतों के साथ होता है। तो क्या एक समग्र जीवन जीना इतना कठिन है? क्या किसी के लेखक और उसके व्यक्ति के बीच अंतःक्रिया नहीं होती रहती या इतनी कम हो सकती है? जो लेखन लेखक के ही व्यक्तित्व को दबा कर रख सकता है, वह दूसरों के व्यक्तित्व का उन्नयन कैसे कर सकता है?

या, लेखक और कलाकार होने की माँग इतनी उदात्त होती है कि व्यक्ति होने की माँग उसके सामने तुच्छ होने लगती है।

या, जागरूक से जागरूक आदमी का जीवन भी एक अदृश्य तराजू पर टँगा रहता है और लाभ-हानि के कैलकुलेटर को कभी ऑफ नहीं किया जाता? लेकिन अगर संबंध की ईंटों को जोड़नेवाला सीमेंट स्वार्थ ही है, तो रोइए जार-जार क्यों, कीजिए हाय-हाय क्यों!

यह हँसी बहुत कुछ कहती है

हर स्त्री का एक रहस्य लोक होता है–पुरुष के रहस्य लोक से ज्यादा निविड़ और ज्यादा रंगारंग और जब दो स्त्रियों के रहस्य लोक एक-दूसरे के लिए खुल जाते हैं तो जीवन का आनंद कई गुना बढ़ जाता है।

हर दस साल में कोई उपन्यास ऐसा आ जाता है जो उपन्यास की पहचान के व्याकरण में खलबली मचा देता है। मैला आँचल, बाणभट्ट की आत्मकथा, राग दरबारी, एक चूहे की मौत, मुझे चाँद चाहिए आदि अपने-अपने समय के ऐसे ही उपन्यास थे। मुक्तिबोध का 'विपात्र' इसी कड़ी में आता है, पर उनकी कविता की इतनी वाहवाही हुई कि उनका विचारक और कथाकार रूप दब गया। दूसरी विधाएँ भी कविता की तरह, या उससे अधिक, महान हो सकती हैं, यह स्वीकार करने में हमने काफी समय लगा दिया। क्या गीतांजलि श्री का तीसरा उपन्यास 'तिरोहित' ऐसी ही कृति है? जरूर, ऐसा कहने में ज्यादा दुविधा न होती, यदि इसके कथानक में एकमात्र महत्वपूर्ण पुरुष-पात्र बिटवा और उसकी माँ ललना, जो उसे जन्म देने के बाद माँ नहीं रह जाती, के द्वंद्व कुछ अधिक ठोस और मानीखेज होते।

इस प्रश्न पर बहुत कम विचार किया गया है कि स्त्रियों में गाढ़ी मित्रता के उदाहरण इतने कम क्यों मिलते हैं। अब मिलने लगे हैं, उनका एक ही घर में साथ रहना भी दिखाई पड़ने लगा है–महानगरों में ज्यादा, इससे यह प्रश्न और भी महत्वपूर्ण हो उठता है। उपेक्षित या शोषित स्त्री से स्त्री की सहानुभूति तुरंत जुड़ जाती है–यह बतानेवाली कथाएँ कई हैं। 'गोदान' में ब्राह्मण मातादीन द्वारा गर्भवती बना दी गयी दलित सिलिया का साथ कोई और नहीं, होरी की पत्नी धनिया देती है। 'मैला आँचल' में कमला के प्रेम की साथी उसकी माँ है। लेकिन ये सहानुभूति की छवियाँ हैं। दो पुरुषों में जैसी घनिष्ठता हो सकती है या वे जिस तरह एक दूसरे के राजदार हो सकते हैं, वह स्त्री समुदाय में कम दिखाई देता है। क्या इसका कारण यह था कि स्त्री स्वतंत्र नहीं थी, कि स्त्री के साथ पुरुष का जोड़ा ही सोभता है–स्त्री का नहीं,

इसे एक ध्रुव सत्य मान लिया गया था, कि पुरुष वर्चस्व के वातावरण में स्त्रियाँ एक-दूसरी की प्रतिद्वंद्वी ही बन सकती थीं—साथी नहीं?

'तिरोहित' में चच्चो और उसके साथ रहनेवाली ललना, जिसे उस परिवार में शरण दी गयी थी, का परिपक्व रिश्ता और सुख-दुख की उनकी एकता कोई चौंकाऊ सूझ नहीं, संबंधों को नये ढंग से समझने और ढालने का उत्कृष्ट साहित्यिक प्रयास है। विजयदान देथा की एक कहानी में दो दोस्त गाँववालों से सतायी जा कर पास के वन में रहने चली जाती हैं। 'ऐ लड़की' में माँ और बेटी का अद्‌भुत संवाद है और बेटी के जीवन में कुछ रस आये, इस इरादे से माँ अंतरंगता के नये नियमों का आविष्कार करती है। पर चच्चो और ललना प्रौढ़ समवयस्क हैं, समाज में ही रहती हैं और वह भी साझा छतोंवाले एक सघन मुहल्ले में, जहाँ सबके पाजामों और चोलियों का माप सबको पता है तथा वे अपने मन और शरीर के किसी भी तकाजे को हीन न मानने तथा स्थगित न करने का दम रखती हैं—यह हिंदी कथा साहित्य में एक नयी बात है। दूरबीन ले कर, जिसके नीचे अकसर खुर्दबीन भी लगी होती है, लेस्बियनत्व की खोज करनेवालों को इस मुहल्ले या घर में प्रवेश करने की जरूरत नहीं, अगर इस विचार के प्रति उनकी कोई उत्सुकता नहीं है कि यह खास परिस्थितियों में जीवन का एक सामान्य रूप भी हो सकता है।

इसी वजह से यह बहुत ही अनुशासित और सँभाल-सँभाल कर लिखा गया उपन्यास, जिसकी मूल प्रतिज्ञा यह जान पड़ती है कि एक भी शब्द जाया न होने पाये जो शायद इस मान्यता के अनुकरण में है कि बताने से बेहतर है इशारा करना (समाजशास्त्र में बताया जा सकता है, पर साहित्य में तो संकेत करना ही संभव है, क्योंकि शास्त्र जैसी निश्चयात्मकता साहित्य में मुश्किल है) स्त्री कामात्मकता का एक छोटा-सा, अपनी मस्ती में लहराता हुआ ध्वज है। इसका पहला विस्फोट हमने मृदुला गर्ग की सुलिखित कथा कृतियों में देखा था, जिसकी भरपूर सजा इस नाजुक-सी लेखक को दी गयी। अब, ऐसा लगता है कि मृदुलागर्ग के प्रयास में भावुकता और आकांक्षावादिता कुछ ज्यादा थी। मैत्रेयी के गाँवों में जीवन का यह पहलू जिस सहजता और खामोशी के साथ है, वही गीतांजलि जी के कस्बे में दिखाई पड़ती है। फर्क यह है कि कस्बे के मामले गाँव की तुलना में कुछ पेचीदा होते हैं। 'तिरोहित' में ये पेच उतनी ही खामोशी से आते हैं जितनी स्वाभाविकता से वे वास्तविक जीवन में पाये जाते हैं। ताज्जुब की बात है कि मांस और त्वचा के इन निराले खेलों की दुनिया देश भर में फैली हुई है, पर हिंदी साहित्य में मेहता और मालती, भुवन और रेखा तथा उर्वशी और पुरूरवा का ही दबदबा बना रहा। क्या कामात्मकता तभी साहित्यिक बनती है जब वह पहाड़ों की निर्जन चोटियों पर या सुसज्जित बेडरूमों में अपना आविष्कार करती है?

जिसे आजकल सबाल्टर्न कहा जाता है (जिसका 'निम्नवर्गीय' अनुवाद कुछ

नीचतापूर्ण जान पड़ता है) वह हिंदी में तरह-तरह से आया है। कथा में प्रेमचंद और कविता में निराला इस साहित्यिक क्रांति के पुरोधा थे। लेकिन सबाल्टर्न सिर्फ करुणा का पात्र या वर्ग संघर्ष का औजार नहीं है, उसकी झीनी-झीनी बीनी चदरिया में और भी आकृतियाँ बनती-बिगड़ती हैं—यह स्वीकार नहीं किया गया तो शायद इसीलिए कि हिंदी लेखक सबाल्टर्न को अपनी मध्यवर्गीय खिड़की से देखता था। 'तिरोहित' में गीतांजलि श्री के दोनों पैर मिट्टी पर हैं (मिट्टी में नहीं) और अनुराग तथा तटस्थता के मेल से जो वातावरण उभर कर आता है, उसे साधारणता का उत्सव कहना भाषा का दुरुपयोग नहीं है। वस्तुतः यह वातावरण ही इस उपन्यास का विषय है और अजब नहीं कि चच्चो की मृत्यु के बाद ललना भी तिरोहित होने की तैयारी करते हुए देखी जाती है।

'पाठ को स्वयं बोलने देना चाहिए', इस नियम के सम्मान में, 'तिरोहित' के संघर्ष के सौंदर्य की उत्कट छटा दिखाने के लिए ये पंक्तियाँ उद्धृत की जाती हैं : 'लाँघना! एक ऐसी क्रिया जिसमें खुशी की छलछलाहट है। लाँघो तो तन अलग, दिल अलग फड़कता है। लाँघी जाती है दीवार, झाड़ी, छत, दहलीज, सीमा...लाँघते ही छूटती है खिलखिल हँसी बुरके के अंदर से, जो दबाये न दबे, डरे जाये, पर छिटके। वह हँसी बिटवा, तुम कभी नहीं हँसोगे। वह हँसी हँसने के लिए बिटवा तुम्हें लड़की होना पड़ेगा। लड़की जो हमेशा नंगी होती है। इतनी नंगी कि उसे ढेरों कपड़े चढ़ाने पड़ते हैं, परत-पे-परत, परतों-पे-परतों और वे सारी बुरके से ढकनी पड़ती हैं। वह नंगी लड़की जब हँसती है तब निकलती है वैसी प्यारी हँसी।'

निराला क्या इसी हँसी की ओर इशारा कर रहे थे, जब वे लिख रहे थे : यह वही घाट जिस पर हँस कर, वह कभी नहाती थी धँस कर, आँखें रह जाती थीं फँस कर, कँपते थे दोनों पाँव, बंधु। वह हँसी बहुत कुछ कहती थी, फिर भी अपने में रहती थी, सबकी सुनती थी, सहती थी, देती थी सब में दाँव, बंधु!

प्रेम के लिए एक दिन

प्रेम का एक दिन मुकर्रर है, आओ साल भर नफरतों में जियें! ईसाई संत वेलेंटाइन ने सोचा भी न होगा कि उनके द्वारा लगाये गये पौधे में इस तरह व्यावसायिक के फल लगेंगे।

किस समाज में प्रेम नहीं किया जाता या किस समाज में प्रेमियों के प्रसिद्ध जोड़े नहीं हैं, लेकिन सेंट वेलेंटाइन दिवस प्रेमी-युगल का अंतरराष्ट्रीय समारोह बनता जा रहा है तो इसके कई कारण हैं। प्रेमियों को अपना आशीर्वाद देनेवाले और उन्हें विवाह के स्थायी बंधन में बाँधने का अवसर प्रदान करनेवाले वेलेंटाइन शायद दुनिया के एकमात्र संत हैं जिनमें दृष्टि की यह उदारता थी। अन्यथा तो संत लोग प्रेम और विवाह को अनैतिक ही मानते रहे हैं। इस्लाम को छोड़ कर प्रायः सभी धर्मों में स्त्री की निंदा की गयी है, क्योंकि वह पुरुष में वासना पैदा कर उसे भ्रष्ट करती है। बाइबिल के अनुसार एक स्त्री की जिद के कारण आदम ने सेब का स्वाद चखा और चूँकि ईश्वर को यह पसंद नहीं था कि मनुष्य ज्ञान की दुनिया में प्रवेश करे, अतः उन दोनों को स्वर्गोद्यान से सदा के लिए बहिष्कृत कर दिया गया। तब से मानव जाति धरती पर अभिशप्त जीवन जी रही है। हिंदू धर्म में तो—और उससे प्रभावित कविताओं में भी—स्त्री को विकारों की खान बताने में हर्ष का अनुभव किया गया है। इस्लाम में स्त्री-पुरुष प्रेम की मनाही नहीं है—बल्कि इसे जीवन के छह सुखों में एक बताया गया है, लेकिन प्रेम का सुख स्त्री को भी मिले—इसका ध्यान नहीं रखा गया है। स्पष्टतः यह पुरुष-चिंतन की उपभोगवादी भंगिमा है। अतः इसके साथ कोई धार्मिकता या नैतिक ऊँचाई नहीं हैं। सेंट वेलेंटाइन ने संभवतः स्वयं प्रेम नहीं किया था—घर भी नहीं बसाया होगा, लेकिन वे मनुष्य के प्रेम करने के अधिकार को बचा कर रखना चाहते थे। लेकिन क्या पता, संत होने के पहले वे प्रेम की पीड़ा का अनुभव कर चुके हों और इसीलिए वे न चाहते हों कि कोई और इस अनावश्यक विरह से गुजरे। प्रेम करने की जबरदस्ती नहीं की जा सकती, तो प्रेम न करने की जबरदस्ती और भी बुरी है। आश्चर्य की बात यह है कि प्रेम करने के अधिकार को अभी तक

मानव अधिकारों के अंतरराष्ट्रीय चार्टर में क्यों नहीं जोड़ा गया। सेंट वेलेंटाइन दिवस इसी अधिकार का उत्सव है। यह प्रेम को एक नैतिक और सामाजिक ऊँचाई देता है। दुनिया में तमाम तरह की चीजों के लिए दिन तय कर दिये गये हैं, तो प्रेमियों का भी अपना एक दिन क्यों न हो?

सेंट वेलेंटाइन दिवस की बढ़ती हुई लोकप्रियता का दूसरा कारण गैर-पश्चिमी देशों द्वारा एक नये सांस्कृतिक प्रतीक का आविष्कार है। पश्चिम में प्रेमियों का यह दिन परंपरा से मनाया जाता रहा है, तो इसलिए कि ईसाइयत—खासकर उसकी कैथलिक शाखा—प्रेम के मामले में शुद्धतावादी दृष्टि का शिकार रही है। अभी हाल तक वहाँ पुरुष-स्त्री के संबंध सहज नहीं थे। यौन नैतिकता में पाखंड के कई तत्व थे। ऐसे माहौल में पश्चिमी युवा के लिए यह स्वाभाविक ही था कि वह सेंट वेलेंटाइन के प्रतीक की आड़ में अपनी नैसर्गिक कामनाओं का जलसा मनाये। दूसरे समाज स्त्री-पुरुष संबंध के मामले में तुलनात्मक रूप से खुले रहे हैं, लेकिन प्रेम को उन्होंने भी एक असामाजिक या विघटनकारी गतिविधि माना है। इस संदर्भ में कृपया राधा-कृष्ण या लैला-मजनूँ की याद न दिलायें। किस पिता ने कामना की है कि उसकी बेटी राधा या लैला बने? मीरा में राधा का तत्व बीस-पच्चीस प्रतिशत ही था, लेकिन उन्हें इसकी कीमत अपनी जान दे कर चुकानी पड़ी। पश्चिम के प्रभाव से अन्य समाजों में भी व्यक्तिवाद बढ़ रहा है और बहुत-से पारिवारिक या सामाजिक मामले निजी मामले हो कर रह गये हैं। लेकिन इस प्रवृत्ति का कोई सम्मानित प्रतीक उपलब्ध नहीं था। सेंट वेलेंटाइन दिवस ने इस सांस्कृतिक अभाव की पूर्ति की है। अब प्रेमियों को फुसफुसा कर या पत्र लिख कर अपनी भावनाओं का संकोचपूर्ण इजहार करने की जरूरत नहीं है। वे एवरेस्ट की चोटी से चिल्ला कर कह सकते हैं—आइ लव यू और अखबारों में इसके विज्ञापन भी छपा सकते हैं।

निःसंदेह तीसरा कारण उपनिवेशीकरण से ताल्लुक रखता है। इतिहास में यह पहली बार नहीं है जब उपनिवेशित होने में मजा आ रहा हो । कभी फ्रांस की भाषा लगभग पूरे यूरोप पर राज करती थी। जो फ्रांसीसी नहीं बोल सकता था, उसे गँवार माना जाता था। एशिया में फारसी की भी यही महिमा थी। कुरआन अरबी में है, पर ज्यादातर मुसलमान फारसी का ही इस्तेमाल करते थे। मुगलों के शासन में यही भारत की राजभाषा थी। मुगल दरबारों की पोशाक स्वतंत्र भारत के निर्माता और संचालक पहनते हैं। किसी अन्य संस्कृति से कोई अच्छी चीज ग्रहण करना एक बात है। वस्तुतः शुद्ध संस्कृति नाम की कोई चीज नहीं होती, क्योंकि संस्कृतियों में आदान-प्रदान आदि काल से होता आया है और यही संस्कृत होने की निशानी भी है। पर एक परायी संस्कृति के सभी तत्वों को बिना आलोचनात्मक विवेक के जस का तस स्वीकार करते जाना औपनिवेशीकृत चित्त का लक्षण है। लंबे समय से गुलाम रहे लोग गुलामी की मानसिकता को आत्मसात कर लेते हैं। नीरद सी. चौधरी ने ठीक ही कहा था कि भारत में अंग्रेजी संस्कृति के विस्तार में अंग्रेज शासक ही सबसे

बड़ी बाधा हैं। उनकी संस्कृति भारतीयों को लुभाती है, लेकिन वे चूँकि शासक हैं, इसलिए उनके प्रति एक किस्म का गुस्सा भी है जो इस संस्कृति को अपनाने में भारतीयों को रोकता है। अब जब कि अंग्रेज जा चुके हैं, उनके रहन-सहन और सांस्कृतिक प्रतीकों को अपना कर भारतवासी ही नहीं, तमाम गैर-पश्चिमी देश धन्य हो रहे हैं। जापान में सेंट वेलेंटाइन दिवस मनाने की शुरुआत 60 के दशक में हुई। भारत में यह आफत पिछले आठ-दस सालों में आयी, जब भूमंडलीकरण की प्रक्रिया शुरू हुई और पहले जिन चीजों को अपनाने में थोड़ी हिचक होती थी, उन्हें अपना कर गर्व होने लगा। चीन में यह घटना कुछ वर्षों के बाद होगी, जब वह अपने राष्ट्रीय दरवाजे और खिड़कियाँ तोड़ देगा। सेंट वेलेंटाइन भारत के मध्य वर्ग के लिए आदरणीय हैं, क्योंकि वे पश्चिम से आयातित हैं।

एक चौथा कारण मीडिया और स्टेशनरी उद्योग का नया चरित्र है। कुछ वर्षों से मीडिया हर उस चीज की खोज कर रहा है जिससे पैसा बनाया जा सकता है। इस प्रक्रिया में हमारे सभी त्यौहारों का व्यवसायीकरण हो गया है। अब राखी पर बहनें अखबारों में विज्ञापन दे कर भाई के प्रति अपना प्यार प्रकट करती हैं। सो वेलेंटाइन दिवस मीडिया का एक छोटा-मोटा उद्योग हो गया है। इस दिन अखबारों में प्रेम प्रकाश के इतने वर्गीकृत विज्ञापन छपते हैं कि लगता है देश में प्रेम की महामारी फूट पड़ी है। जिसने प्रेम का अपना संदेश नहीं छपवाया, वह पिछड़ा हुआ माना जाता है—उसे प्रेम करने की तमीज नहीं है। स्टेशनरी उद्योग ने भी इस अवसर का पूरा फायदा उठाया है। प्रेमियों के लिए बने-बनाये संदेश सुंदर कार्डों पर छाप कर वह प्रेम के शब्दकोश में हर साल नयी अभिवृद्धि कर रहा है। अनेक प्रेमियों के पास अपनी भाषा नहीं होती। अतः वे खरीदी हुई भाषा से अपना काम चलाते हैं। दिलचस्प यह है कि उन्हें जवाब भी खरीदी हुई भाषा में ही मिलता है। प्रेम अगर एक निजी घटना नहीं, सार्वजनिक उत्सव है, तो अन्य सभी उत्सवों के अर्थशास्त्र की तरह इस उत्सव का भी अपना एक अर्थशास्त्र विकसित होना ही था।

जो लोग समझते हैं कि प्रेम मनुष्य के स्थायी भावों में है और उसका स्वरूप नहीं बदल सकता, उन्हें प्रेम के क्षेत्र में आ रहे इस परिवर्तन पर गौर करना चाहिए। संभव है मनुष्य भीतर से या तात्विक स्तर पर आज भी वही हो जो वह सभ्यता के प्रादुर्भाव के पहले था, जैसा कि जीवशास्त्री अकसर बताते रहते हैं, लेकिन हमारी सभी प्रवृत्तियों की अभिव्यक्ति के तरीके बदलते रहते हैं। कहा गया है कि शिल्प कथ्य को भी प्रभावित करता है या शैली ही व्यक्ति है। इसलिए यह न मानने का कोई कारण नहीं है कि प्रेम की बदलती हुई अभिव्यक्तियों ने प्रेम के चरित्र को नहीं बदला होगा। निःसंदेह प्रेम आधुनिक युग में अत्यंत मुखर हुआ है। शील और संकोच का स्थान प्रगल्भता ने ले लिया है। साथ ही वह क्षणभंगुर भी हुआ है। जो सबसे बड़ा परिवर्तन दिखाई देता है, वह है स्त्री की भूमिका में रेडिकल बदलाव। स्त्रियाँ पहले भी प्रेम करती थीं और महान पुरुष प्रेमी हुए हैं, तो महान स्त्री प्रेमी भी हुई

हैं, लेकिन आदिवासी संस्कृतियों को छोड़ कर सभी सभ्य समाजों में प्रेम के क्षेत्र में स्त्रियों को पहल करने की अनुमति नहीं रही है। यह अकारण नहीं है कि अधिकांश प्रेम कविताएँ पुरुषों ने ही लिखी हैं। पुरुष कर्ता था और स्त्री कर्म। अभी हाल तक प्रेम करनेवाला प्रेमी कहलाता था और जिससे प्रेम किया जाता था, वह प्रेमिका कहलाती थी। ताजा खबर यह है कि प्रेमी और प्रेमिका का यह युगों पुराना विभाजन खत्म हो गया है। अब स्त्री भी उतनी ही सहजता और उद्दामता के साथ प्रेम करती है जितना कि पुरुष। यह परिवर्तन स्त्री की आर्थिक-सामाजिक स्थिति में बदलाव से आया है। स्त्री आर्थिक रूप से स्वतंत्र और सामाजिक रूप से बराबर नहीं थी, तो उसे अपनी भावनाएँ व्यक्त करने का अधिकार भी नहीं था। इसी तरह पुरुष परंपरागत नैतिकता के अंकुश में था, तो प्रेम करना उसके लिए एक गोपनीय गतिविधि थी। छिप कर मिलना ही पुरुष-स्त्री दोनों के लिए सुरक्षित था। आज आप अखबार पढ़ कर बता सकते हैं कि कौन दो लोग एक-दूसरे को चाहते हैं। प्रेम अब कविता के रहस्य लोक से निकल कर गद्य की ठोस जमीन पर आ गया है।

दूसरी तरफ, प्रेम पर हमला करनेवालों ने मैदान नहीं छोड़ा है। खास तौर से संघ परिवार वेलेंटाइन दिवस पर अपना गुस्सा जरूर निकालता है। वह कहता है कि यह भारतीय संस्कृति पर हमला और पश्चिमी संस्कृति की फूहड़ नकल है। यह दूसरा आरोप सत्य की कोटि में आता है। हालाँकि भौतिक हमलों से सांस्कृतिक अभिरुचियों को नियंत्रित करने का जमाना बहुत पीछे छूट चुका है, पर उच्चतर मानी जानेवाली संस्कृतियों की नकल तो होगी ही। लेकिन संघ परिवार को वास्तविक क्रोध प्रेम दिवस पर नहीं है—उन्हें स्त्री की स्वतंत्रता और यौनिकता की अभिव्यक्तियों से डर लगता है। ध्यान देने की बात है कि राष्ट्रीय स्वयंसेवक संघ के सभी सरसंघ चालक अविवाहित रहे हैं। अतः प्रेम के मर्म को वे कैसे समझ सकते हैं! प्रेम करने या न करने की स्वाधीनता व्यक्ति को दूसरे क्षेत्रों में भी स्वाधीन बनाती है। यह संघ परिवार को ज्यादा बड़ा खतरा नजर आता है और इसलिए भी उसे मंजूर नहीं है।

लेकिन यह मानसिकता सिर्फ संघ परिवार तक सीमित नहीं है। हमारे कस्बों और गाँवों में हर महीने कोई-न-कोई प्रेमी युगल सताया जाता है, घर छोड़ कर भागने को मजबूर किया जाता है या आत्महत्या के रास्ते पर धकेल दिया जाता है। इस दृष्टि से निश्चय ही भारत को सेंट वेलेंटाइन के एक भारतीय संस्करण की आवश्यकता है। जिस देश के गाँवों-कस्बों में मनुष्य की बुनियादी स्वाधीनताएँ सिसक रही हों, वहाँ के महानगरों में प्रेम की रास लीला बताती है कि हमारे प्रेमियों की दुनिया कितनी बँटी हुई है। इससे यह भी पता चलता है कि स्त्री-पुरुष का प्रेम कितना एकांतिक होता है। अब इसके लिए एकांत जरूरी नहीं रहा, इससे उसके चरित्र में परिवर्तन नहीं आ जाता। वह समय कब आयेगा जब प्रेमियों को एक-दूसरे से सहानुभूति होगी? भारत में सामाजिक क्रांति का एक आधार वह भी हो सकता है।

वृंदावन की व्यावसायिकता

प्रेम का आधुनिक उत्सव भी व्यवसायीकरण का शिकार हो चुका है, तो इसका प्रमुख कारण यह है कि अब हर चीज अपने को व्यावसायिक माध्यमों से ही व्यक्त करने लगी है, जब कि प्रेम अपने आपमें व्यावसायिकता से विद्रोह है।

अगर कोई यह समझता है कि प्रेम का उत्सव मनाना संत वेलेंटाइन ने दुनिया को सिखाया, तो उसे अपने भ्रम का इलाज करवाना चाहिए। प्रेम और उसका उत्सव, दोनों की उम्र किसी भी संत या असंत के इतिहास से बहुत ज्यादा लंबी है। लेकिन, इससे संत वेलेंटाइन के कृतित्व का महत्व कम नहीं हो जाता। जब राजा युद्ध में सैनिकों को झोंकने के लिए अपने राज्य में युवाओं के मिलन पर रोक लगाये हुए था, ऐसे क्रूर माहौल में लोगों को विवाह करने के लिए तैयार करना और उनका विवाह कराना, किसी भी दृष्टि से, धार्मिक कार्य था। प्रायः सभी धर्मों में ब्रह्मचर्य का महत्व है, क्योंकि ईश्वर की जैसी परिकल्पना की गयी है, वह अपने प्रति प्रेम में किसी और का साझा सहन नहीं कर सकता। यह देख कर सच्चा ईश्वर अपनी सृष्टि के बारे में चिंतित ही होता होगा। सृष्टि में जीवों के विकास की प्रक्रिया जिस बिंदु पर पहुँच गयी है, वह स्त्री-पुरुष के पारस्परिक आकर्षण के अभाव में उस बिंदु से आगे कैसे जा सकती है? यह और बात है कि गांधी और मदर टेरेसा जैसे व्यक्तित्व यदि इस आकर्षण से अपने को बरी कर मानव सेवा के काम में लग जाते हैं, तो वह भी कोई कम श्रेष्ठ कार्य नहीं है। लेकिन किसी भी वर्ग पर ब्रह्मचर्य आरोपित कर देने से बढ़ कर पाप क्या हो सकता है? संत वेलेंटाइन के साथ जुड़ी हुई कथा अगर सच्ची है, तो उन्हें अमर होने का पूरा अधिकार है।

लेकिन प्रेम का उत्सव इन संत के जन्म के पहले भी मनाया जाता रहा होगा। वेलेंटाइन दिवस जिस महीने में पड़ता है, वह वसंत का महीना है। और, दुनिया के सभी हिस्सों के लिए वसंत का संदेश एक जैसा ही है। हिंदू धर्म के नये प्रेमियों की क्लास लगा कर विद्यानिवास मिश्र और राममूर्ति त्रिपाठी जैसे विद्वानों को यह समझाना ही

चाहिए कि प्राचीन भारत के लोकप्रिय उत्सवों में एक मदनोत्सव भी था और यह वसंत के ही महीने में मनाया जाता था। संभवतः यह उत्सव होली तक चलता था और होली को भले ही बाद में शूद्रों के त्यौहार के रूप में चिह्नित कर दिया गया हो—जिसका एक संकेत यह भी हो सकता है कि होली के रंगारंग अवसर पर जो भाव यहाँ-वहाँ-कहाँ नहीं छा जाते हैं, वे वस्तुतः शूद्र वर्ग की भावनाएँ हैं, एक समय में यह सभी वर्गों का उत्सव था। मामला यह है कि मदन महाराज, जिन्हें कामदेव के नाम से ज्यादा प्रसिद्धि मिली है, उर्वरता के भी प्रतीक-पुरुष हैं, इसलिए प्रेम के इस उत्सव का मूल रूप उर्वरता के त्यौहार का ही होगा, जो सभी समाजों में मनाया जाता रहा होगा, क्योंकि पृथ्वी की उर्वरता पर ही हमारा जीवन टिका हुआ है। यह पृथ्वी की ही उर्वरता है, जो पशु-पक्षियों और मनुष्यों की उर्वरता में व्यक्त होती है। मशीनें वस्तुओं का उत्पादन करती हैं, लेकिन वे कोई वस्तु पैदा नहीं कर सकतीं। यह तो प्रकृति का ही काम है—और स्त्री करती है तो प्रकृति के एक अंग के ही रूप में। तो फसलों के आनंद से आनंद की फसलों तक एक ही किस्सा है, जिसका अभिनंदन करने के लिए पहले 'सखि, वसंत आया' जैसी कविताएँ लिखी जाती थीं। यह गौरतलब है कि साहित्य में वसंत का यह ज्वार जैसे-जैसे ढलता जाता है, क्योंकि आधुनिकता की साहित्यिक अवधारणा में शायद आह्लाद या सहज प्रसन्नता के लिए स्थान बनना अभी बाकी है, आधुनिक जीवन में वसंत का उल्लास मुखर से मुखरतर होता जाता है।

आज दुनिया भर में, मेरठ और सोनीपत जैसे स्थानों को छोड़ कर—प्रेम करने की जितनी आजादी है और जितने अवसर हैं वे प्रागैतिहासिक युग में ही संभव हुए होंगे, जब प्रेम अन्य अनेक जीवों की तरह मानव जगत में भी शारीरिकता से कुछ ज्यादा ही ओतप्रोत रहा होगा। विद्वानों का कहना है कि प्रेम का कीड़ा उगता तो शरीर में ही है, पर विकसित हो कर वह चेतना के स्तर पर छा जाता है। इसलिए प्रेम भाव की शारीरिक अभिव्यक्तियों को—और, इन अभिव्यक्तियों की भाषिक या साहित्यिक अभिव्यक्तियों को—स्थूल कह कर उनका तिरस्कार करना यह घोषित करना है कि भई, हमें तो फूल ही पसंद है—हमसे कृपया पौधे की, उसके धड़ की, उसकी टहनियों की, उसकी जड़ों की चर्चा मत कीजिए। सौंदर्यानुभूति की यह शाखा सभ्यता के इतिहास में बहुत बाद में उगी हुई होगी, जब प्रेम भाव का उदात्तीकरण हो चुका होगा और दुख की बात यह है कि इसके साथ ही, दमन की संस्कृति भी विकसित हो रही होगी। प्रगति और अवगति, दोनों कैसे एक साथ चलते हैं, यह मानवता का के विकासक्रम एक विचित्र आयाम है। इसी का एक और उदाहरण शायद यह है कि प्रेम करने की सुविधाएँ जैसे-जैसे बढ़ रही हैं—ऐसे महानुभावों और महामानवियों की संख्या कम नहीं है जो बीस-पच्चीस वर्षों में इतने ही, यानी बीस-पच्चीस, प्रेम तो कर ही डालते हैं—जीवन में प्रेम उतना ही कम होता जाता है।

एक प्रेमहीन समाज में ही ऐसे बच्चे पैदा हो सकते हैं जो बड़े हो कर हिंसा को ही कुछ भी प्राप्त करने का एकमात्र औजार और कुछ न पा सकने की पीड़ा

की अभिव्यक्ति का एकमात्र साधन मानने में कुछ भी अस्वाभाविक या अनुचित नहीं देखते। क्या अफगानिस्तान जैसे संकटग्रस्त देश पर अमेरिकी राष्ट्रपति जॉर्ज बुश का आक्रमण इसी प्रकार का एक कर्म था—जैसे किसी अमेरिकी स्कूल में अपनी शिक्षक के व्यवहार से नाराज कोई विद्यार्थी शाम को उस शिक्षक के घर पर जा धमके तथा उसे और उसके परिवार के लोगों को बंदूक की गोलियों से छलनी कर दे! इस टिप्पणी पर परंपरावादियों को इतराने की जरूरत नहीं है, क्योंकि शक यह भी है कि आधुनिक युग के पूर्व के समाजों में प्रेम का जैसा परिपाक देखा जाता रहा है, कहीं वह मुख्यतः एक ही जेल में लंबे समय तक रहने को अभिशप्त जेलर और कैदीयों का अनुराग तो नहीं था—देह की माँग थी, दिमाग का फितूर भी था। इसके बावजूद कि, जो जितना पास लगता था, वो उतना दूर भी था।

कहना चाहिए कि स्त्री जब फिर से स्वाधीन होने लगी—'फिर से' जोड़ना इसलिए आवश्यक है कि एक समय में स्त्री सचमुच स्वाधीन थी यानी जब सभ्यता का 'विकास' नहीं हुआ था—तब जा कर प्रेम नामक क्रिया अपना वास्तविक स्वरूप प्राप्त कर सकी। आखिरकार, दो स्वतंत्र व्यक्ति ही एक-दूसरे को प्रेम कर सकते हैं और इनमें से कोई एक स्वतंत्र नहीं है, तो प्रेम का पहला तकाजा यही होता है कि स्वतंत्र प्रेमी अपने प्रेम-पात्र को भी स्वतंत्र करे और उसके बाद भी उसे यह आजादी दे कि वह चाहे तो किसी और से प्रेम करने के लिए स्वतंत्र है। कनीज पर मोहित हो कर उसे अपनी रानी बना लेना प्रेम की एक सामंती और अधूरी अभिव्यक्ति है। यही वजह है कि प्रेम करने और प्रेम पाने के बीच का अंतराल दुनिया की सबसे गहरी खाई प्रतीत होता है, जिसमें बहुतों की सारी उपलब्धियों, सारे सुखों को गिर कर चकनाचूर होते देखा गया है। लेकिन यह एकमात्र उलझन या मुश्किल नहीं है, जिसके कारण डी. एच. लारेंस ने कविता की ये पंक्तियाँ लिखी होंगी—तुम्हें प्यार करने का दर्द उससे कहीं ज्यादा है जितना मैं सह सकता हूँ।

अच्छी प्रेम कविताएँ वे ही हैं, जिनमें प्रेम का उल्लास व्यक्त हुआ हो या न हुआ हो, प्रेम की उलझनें अपने विभिन्न आयामों में शक्तिशाली ढंग से प्रकट हुई हों। कोई भी संवेदनशील आदमी और कुछ लिख सके या नहीं, एक प्रेम कविता तो जरूर ही लिख सकता है। यदि उसमें रचनात्मकता न हुई, तो वह निःसंदेह उसी तरह का प्रेम काव्य होगा, जिसे हमारे प्राचीन आचार्यों ने शृंगार रस के तहत रखा था और फिर उसे संयोग और वियोग दो भागों में बाँटते हुए प्रेम की प्रत्येक स्थिति के सभी लक्षणों-उपलक्षणों का वर्णन किया था। प्रेम जैसे कठिन मनोभाव की इतनी सरल व्याख्या लंबे समय तक स्वीकृत रही और आज भी विद्यार्थियों को, नैतिक साहस के साथ, पढ़ाई जा रही है, इसे देखते हुए यह टिप्पणी करना शिष्टाचार के विरुद्ध नहीं है कि रस सिद्धांत के वे आचार्य और चाहे जो भी करने में सिद्धहस्त रहे हों, प्रेम-व्रेम के चक्कर में तो नहीं ही पड़े होंगे। इसी की क्रूर और दर्दीली परिणति

नायक-नायिका भेद में हुई, जैसे ज्योतिष के अधिकांश ग्रंथों में माना जाता है कि दुनिया में कुल बारह प्रकार के ही व्यक्ति होते हैं और मनुष्य के भवितव्य को कुल बारह भागों में ही बाँटा जा सकता है।

कुछ ऐसी ही सपाटता ने वेलेंटाइन दिवस के समारोहीकरण पर कब्जा कर लिया प्रतीत होता है। निश्चय ही इसका एक बड़ा कारण आधुनिक उद्योग का चरित्र है। वह हमें वस्तुएँ ही नहीं बेचता, भावनाएँ भी बेचता है। वेलेंटाइन दिवस के कार्ड, नारे, घोषणाएँ, गीत, विज्ञापन आदि प्रेमियों को बताते हैं कि प्रेम वास्तव में क्या है और कैसे-कैसे किया जाना चाहिए। बेचारे संत वेलेंटाइन प्रेमियों के जोड़ों को धार्मिक और नैतिक वैधता प्रदान करने के बाद उन्मुक्त छोड़ देते होंगे कि वे अपने अनुराग को जैसे चाहें परिभाषित करें। संत शायद स्वयं चिरकुमार थे, पर उन्हें निश्चय ही पता होगा कि प्रेम सिर्फ रति नहीं है—रति तो उसकी एक निष्पत्ति है, और इस निष्पत्ति से सुख की कितनी वर्षा होगी, यह इस पर निर्भर है कि उसकी और निष्पत्तियाँ कैसी हैं। यह दुर्भाग्य ही है कि संत के उद्यमी उत्तराधिकारियों ने जिस संस्कृति का निर्माण किया है, उसमें प्रेम का कोई भी इजहार तब तक पूरा नहीं माना जाता जब तक वह लाउडस्पीकर पर न किया जाये। फुसफुसा कर कहने का जमाना गया, महीनों और कई बार तो वर्षों इस तरद्दुद में पड़े रहने का जमाना भी गया कि प्रेम निवेदन किया जाये या नहीं; आज का सबक यह है कि 'चीख कर कहो, हम प्रेमी हैं।'

कोई यह न कहे कि यह तो प्रेम नहीं है। दरअसल, हम अपनी अधिकांश क्रियाएँ कैसे करते हैं, यह हमारे समय के फैशन से निर्धारित होता है। पहनावा इसका सबसे उत्तम उदाहरण है। किसी युवक या युवती का पहनावा अच्छा है या नहीं, इसका निर्धारण सबसे पहले इस बात से होता है कि वह पहनावा फैशन में है या फैशन के बाहर हो गया है। खाने, बोलने, चलने और नमस्ते करने की विधियाँ भी लगातार बदलती रहती हैं। पहले इन क्षेत्रों में जो परिवर्तन सौ-डेढ़ सौ साल में होते थे, वे परिवर्तन अब चार-पाँच साल में ही हो जाते हैं। फिर प्रेम करने या प्रेम प्रकट करने के पुराने तरीके आज आकर्षक कैसे लग सकते हैं? कोई भी लक्ष्य कर सकता है कि पिछले पचास-साठ वर्षों में प्रेम पर आधारित एक बहुत बड़ा उद्योग विकसित हो गया है, जिसमें सबसे ज्यादा योगदान संगीत और फिल्म उद्योग का है। हिंदी में तो प्यार के बिना फिल्म बन ही नहीं सकती। रेडियो अहर्निश प्रेमियों की भावनाएँ प्रसारित करता रहता है। रोज नये-नये कैसेट और डिस्क आते हैं, जिनका केंद्रीय विषय प्रेम ही होता है। स्पष्टतः फ्रायड ने मार्क्स को धर दबोचा है। फिर अखबारों में विज्ञापन की जगह बेचनेवाले, कार्ड और टी शर्ट बेचनेवाले, रेस्तराँवाले और विभिन्न प्रकार के व्यवसायी तथा दुकानदार प्रेम की मार्केटिंग कर चार पैसे कमाने की क्यों न सोचें? जाहिर है, उनकी सफलता इसी बात में है कि प्रेमियों के जोड़े वैसे ही कहें, करें, गायें, नाचें और स्पर्श-चुंबन करें, जैसा व्यवसायी चाहते हैं।

प्रेमयों का आतंक

परंपरा के बंधन तोड़ कर प्रणय के रिश्तों में प्रवेश करनेवाले युवाओं को जिस तरह प्रताड़ित किया जा रहा है, उससे पता चलता है कि प्रेम सिर्फ एक कोमल भावना नहीं, यह समाज की जबरदस्त आलोचना भी है।

हिंदी कविता और कहानी में प्रेम करना जितना आसान दिखाई देता है—आज नहीं, हरिवंशराय 'बच्चन' के जमाने से ही, हिंदी प्रदेश के समाज में उतना ही मुश्किल होता जाता है। खास तौर से उत्तर प्रदेश और बिहार में, यद्यपि राजस्थान और मध्य प्रदेश भी बहुत पीछे नहीं हैं। शायद ही कोई प्रेम विवाह ऐसा हो जो दोनों परिवारों में तनाव पैदा किये बगैर संपन्न होता हो। कम से कम आधे मामलों में तो नवविवाहित युगल का अपने-अपने परिवार से कोई संबंध नहीं रह जाता। यह शिक्षित और मध्यवर्गीय तबके का समाचार है, जिसके बारे में माना जाता है कि वह आधुनिक और प्रगतिशील मूल्यों का समर्थक है। नयी जीवन पद्धतियों के प्रति यह असहिष्णुता, जो युवा पीढ़ी पर अपना नियंत्रण बनाये रखने की असाधु इच्छा की भी एक अभिव्यक्ति है, चरम रूप ले लेने पर मुजफ्फरनगर जिले के अलीनगर गाँव की उस घटना में व्यक्त हुई है जिसमें ब्राह्मण परिवार के विशाल और जाट परिवार की निधि को लगभग पूरे गाँव की आम सहमति से फाँसी पर चढ़ा दिया गया। यह इस तरह की पहली घटना नहीं है। जो ज्यादा क्रूर होते हैं, वे प्रेमी युगल को आग में भून कर मार डालते हैं। जिनमें जान लेने का क्रूर साहस नहीं होता, वे प्रेमी-प्रेमिका के चेहरों पर काला रंग पोत कर उन्हें गधे पर बैठा देते हैं और गाँव भर में घुमाते हैं, ताकि अन्य युवाओं को भी पता चल जाये कि माता-पिता ने जिसके साथ तय नहीं किया है, उससे प्रेम करने का नतीजा क्या होता है।

यह कहना पूरी तरह सही नहीं है कि प्रेम के ये दुश्मन परंपरावादी हैं। अपनी मर्जी के लड़के या लड़की से प्रेम या विवाह करना या इसकी इच्छा रखना, तभी से चल रहा है जब विवाह संस्था की औपचारिक शुरुआत हुई होगी और वे नियम-कानून

बनाये गये होंगे जिनकी हद के बाहर सह-जीवन या यौन संबंध समाज को मान्य नहीं है। ऐसा सभी समाजों में होता है–यानी एक ओर विवाह की संहिता बनाना और दूसरी ओर कुछ ऐसे व्यक्तियों का सामने आना, जिन्हें अपनी भावनात्मक माँगों की ओर ध्यान देना इस संहिता का पालन करने से ज्यादा जरूरी लगता है। पश्चिम में तो स्व-वरण की लंबी परंपरा रही है और उसी से आज की स्त्री-पुरुष आजादियों का ऐसा विकास हुआ है कि लोग एक या दो बार नहीं, बार-बार विवाह करते हैं, हालाँकि अनेक प्रकार के बंधन अभी भी बने हुए हैं, जिनके कारण एडवर्ड अष्टम को अपनी प्रेमिका वैलिस सिंप्सन से, जो तलाकशुदा थी, विवाह करने के लिए ग्रेट ब्रिटेन के सिंहासन का त्याग (1937) करना पड़ा और आज प्रिंस चार्ल्स को, पत्नी डायना स्पेंसर की मृत्यु के बाद, अपनी प्रेमिका केमिला पार्कर से विवाह करने की इजाजत नहीं मिल सकती। भारत में भी गंधर्व विवाह को शुरू से ही शास्त्रीय मान्यता रही है और महात्मा वात्स्यायन के अनुसार तो 'सुख का कारण होने से, वरण संबंधी रीति-रिवाजों के अभाव और प्रेम पर आधारित होने के कारण गंधर्व विवाह ही श्रेष्ठ माना गया है।' वास्तविकता भी यही है कि अन्य विधियों से किये जानेवाले विवाह भी तभी सफल और आनंदपूर्ण हो पाते हैं जब विवाहित पुरुष-स्त्री के बीच एक मौन गंधर्व विवाह हो जाता है। जिसे आप चाह नहीं सकते, उसके साथ रहना कारावास से भी ज्यादा कष्टप्रद सजा है।

जब तक हिंदू समझदार और संवेदनशील (दोनों एक ही बात है, क्योंकि संवेदनशीलता के अभाव में समझदारी चतुराई में बदल जाती है और समझदारी के अभाव में संवेदनशीलता नुकसान भी कर सकती है) रहे होंगे, उनके बीच गंधर्व विवाह का अवकाश रहा होगा, क्योंकि, भाषा की तरह ही, नियमों के विवेकसम्मत अपवाद रख कर ही कोई समाज आगे बढ़ सकता है। जब हिंदू समाज पर जड़ता का प्रकोप हुआ, वह न केवल राजनीतिक स्तर पर पराजित हुआ, बल्कि सामाजिक और सांस्कृतिक स्तर पर आत्म-संकुचन का शिकार भी। इसके साथ ही रुग्ण समाज की विभिन्न जकड़नें मजबूत होने लगीं और स्वतंत्रतापूर्वक विचार और विचारपूर्वक आचार करनेवाले व्यक्तित्वों की जन्म दर में गंभीर कमी आयी। मुजफ्फरनगर जैसी घटनाएँ बताती हैं कि हिंदू समाज अभी भी सत्य का साक्षात्कार करने में असमर्थ है और अपनी बेवकूफियों को ही अपनी नैतिकता मानता है। जो नैतिकता अड़ियल घोड़े की तरह एक कदम भी आगे बढ़ने से इनकार कर देती है, मानना चाहिए कि उसका शरीर भले ही घोड़े का हो, उसके भीतर गधे की आत्मा रहती है–इस फर्क के साथ कि गधे आम तौर पर अहिंसक होते हैं।

इस दृष्टि से हिंदी कहानियों की तुलना में हिंदी फिल्में ज्यादा यथार्थवादी हैं। उनमें दिखाया जानेवाला प्रेम अकसर अपने सामने वर्ग और जाति के अवरोध पाता है और इस अवरोध के ब्योरे तथा उनसे नायक-नायिका का संघर्ष ही फिल्म में तनाव

पैदा करता है। यह संघर्ष सौ में निन्यानवे मामलों में, लगभग ढाई घंटे की प्रतीक्षा के बाद, सफल ही होता है—इसका कारण यह नहीं है कि फिल्मवाले जनता को दुखी नहीं देखना चाहते, बल्कि यह है कि वे समाज में कोई वास्तविक अशांति पैदा नहीं करना चाहते। प्रेम का वृत्तांत उनके लिए व्यापार है, हालाँकि हर व्यापार की तरह इसका भी कुछ यथार्थवादी आधार होता है, तभी यह व्यापार चल पाता है। लेकिन व्यापारिकता हर यथार्थ को विकृत भी कर देती है। इसी का एक आंशिक परिणाम है कि हिंदी समाज में प्रेम करने की इच्छा का भीतर ही भीतर विस्फोट हो रहा है, लेकिन इसका कोई लोकतांत्रिक समाधान नहीं निकल पाया है। दिक्कत यह है कि फिल्मों से भावनाओं का जितना तेज संक्रमण होता है, तर्क का उतना ही मद्धिम। 'तू हिंदू बनेगा न मुसलमान बनेगा' का असर कम दिखाई देता है, 'प्यार किया तो डरना क्या' का ज्यादा। इससे जिस असामंजस्य की सृष्टि होती है, उसी की गहरी खाई में प्रेमी-प्रेमिकाओं की लाशें एक-दूसरी पर बिछती जाती हैं। इसके बावजूद, यह प्रेम की ताकत का प्रमाण है कि लोग एक-दूसरे की ओर आकृष्ट होने से अपने को रोक नहीं पाते।

जैसे कविता सिर्फ रस नहीं पैदा करती, जीवन और समाज की आलोचना भी करती है, वैसे ही प्रेम महज कविता नहीं है, आलोचना भी है : जाति प्रथा की आलोचना, माता-पिता या समाज द्वारा किये जा रहे अवैध नियंत्रण की आलोचना, यौनिकता के दमन की आलोचना, भारतीय संविधान में प्रत्येक नागरिक को दिये गये मूल अधिकारों की अवमानना की आलोचना और दहेज विवाहों की आलोचना। साहित्य के आलोचकों का सम्मान होता है, पर समाज के आलोचकों को फाँसी मिलती है।

शरीर

नयी नैतिकता की आहटें

अगर शरीर ही वह कुंजी है जिससे स्त्री के भावानात्मक जीवन पर ताला लगा दिया गया था, तो यह ताला किसी दूसरी कुंजी से नहीं खुल सकता। आजाद शरीर में ही आजाद आत्मा वास कर सकती है।

जब तक मैंने सिर्फ एक पुरुष आलोचक—'कसौटी' में अपूर्वानंद—की आपत्ति पढ़ी थी, मुझे लिखना जरूरी नहीं लगा था। मन में कहीं यह भाव भी था कि 'अल्मा कबूतरी' की इतनी चर्चा हो रही है कि लगेगा मैं भी उन कुछ व्यक्तियों में हूँ जो मैत्रेयी पुष्पा जैसी स्वाभाविक लेखक को अस्वाभाविक रूप से 'पुश' कर रहे हैं। हिंदी में इस समय 'पुश' और 'पुल' का खेल कुछ इस तरह बढ़ गया है कि हर प्रसिद्धि में कुछ खोट लगती है और हर आलोचना के पीछे कोई विद्वेष होने की आशंका होती है। ऐसे माहौल में किसी लेखक—खासकर स्त्री लेखक—के बचाव में लिखना बैलों को आमंत्रित करना है कि कृपया आयें तथा मुझे मारें। (वैसे इस वर्ग के बहुत-से जीव आमंत्रण की प्रतीक्षा नहीं करते और जहाँ स्थित हैं, वहीं से सींग गड़ाना शुरू कर देते हैं।) लेकिन जब 'अकार' में प्रेमिला की भी वही आपत्ति देखी, तो मुझे इस दृष्टि से हस्तक्षेप करना आवश्यक जान पड़ा कि मैत्रेयी पुष्पा अपने कथा साहित्य के माध्यम से जिस नयी यौन नैतिकता का प्रस्ताव कर रही हैं, उसे इस तरह क्षत-विक्षत नहीं होने देना चाहिए। हिंदी में जनवाद से पहले और जनवाद के बाद भी, सेक्स के मामले में शुतुर्मुर्ग की तरह आचरण करना शिष्ट होने का लक्षण माना जाता रहा है, जिससे अनेक प्रकार की समस्याएँ खड़ी हुई हैं और जया जादवानी जैसी प्रतिभाशाली और मौलिक लेखक को भी शरीर से परे जाने की चुनौती परेशान करती रहती है। शरीर में ही रत रहना कोई अच्छी बात नहीं है। हमारा अस्तित्व शरीर से परे भी होता है और हमें इसका ध्यान रखना ही चाहिए। पर शारीरिकता पाप है और अशरीरीपन हृदय की मुक्तावस्था है, इस तरह की धारणाओं से शरीर और मन, दोनों का नुकसान होता है।

'अल्मा कबूतरी' की शुरुआत इस तरह होती है कि कबायली समाज के

काश्तकार मंसाराम की नजर, अपने पिता की मरते समय की वेदना को याद करते हुए, अपराधी मानी जानेवाली जनजाति कबूतरा के सदस्यों से दो बीघा खेत किसी तरह वापस ले लेने पर थी, पर जब सद्य:विवाहित कदम की जवानी और रूपरंग का झोंका उसकी वासनाओं से टकराया, तो उसके साथ सो लेना ही उसका एकमात्र तात्कालिक लक्ष्य हो गया। मंसाराम द्वारा पैदा की गयी परिस्थिति में कदम का पति जंगलिया काफी समय से फरार था और कदम की एक शुभचिंतक ने उससे प्रार्थना की कि वह कदम को जंगलिया के साथ एक रात के कुछ घंटे बिताने की सुविधा कर दे, तो एक कामातुर स्त्री पर बड़ी कृपा होगी, तो मंसाराम ने तुरंत योजना बना ली कि उसका यह नीच स्वप्न कैसे पूरा हो सकता है। लहलहाते खेतों के बीच जंगलिया की आतुर प्रतीक्षा करती हुई कदम के बगल में, जो उस दिन सुबह से ही मिलन और मदिरा के मद में थी, वह लेट गया और यह आभास होते हुए भी यह कोई और शरीर है, कदम ने न केवल उसे अपनी इच्छा पूरी करने दी, बल्कि खुद भी 'तरंगों के साथ' खेलती रही। दूसरी ओर, 'मंसाराम ने सोचा—मैंने बलात्कार कर लिया।'

इस प्रसंग पर अपूर्वानंद की आपत्ति यह थी कि यह बलात्कार का उत्सवीकरण है और प्रेमिला को कष्ट है कि 'यह वही स्थल है जहाँ से उपन्यास में भटकन शुरू हुई।' क्या मंसाराम और कदम का मिलन बलात्कार था? भारतीय दंड विधान की एक धारा ऐसा ही मानती है। बेशक मंसाराम की मंशा गंदी थी, पर कदम ने जब यह जान लिया कि उसकी चोली के बटन खोलनेवाले हाथ उसके युवा पति जंगलिया के नहीं, किसी कज्जा और के हैं, तब भी उसकी काम भावना के रंग में भंग नहीं पड़ा, क्या इससे यह सिद्ध नहीं होता कि वह अपने को बलात्कार का शिकार नहीं मान रही थी, बल्कि मोहलत की उन 'गिनी-चुनी घड़ियों में' अपने शरीर का बुखार उतार लेना चाहती थी? लेखक से थोड़ी-सी चूक शायद यह हुई है कि अपने 'प्रियतम' की जगह आये हुए व्यक्ति को पहचान लेने के कारण कदम के युवा मन में जो भयावह उधेड़बुन हुई होगी, उसकी ओर यहाँ जो संकेत है, वह काफी नहीं है। क्या तरंगों के प्रवाह में लेखक भी बह गयी? या, यह दिखाना उसका उद्दिष्ट था कि शारीरिक सुख का मादक हमला इतना आप्लावनकारी था कि कदम के मस्तिष्क की बहुत-सी क्रियाएँ अवचेतन में चली गयी थीं और त्वचा का आनंद उस पर अचानक हावी हो गया था?

बेशक यह चूक आगे सुधार ली गयी है और यह स्पष्ट कर दिया गया है कि कदम ने मंसाराम को 'मन ही मन चाहा' था 'तथा कज्जा मर्द की इच्छा की थी।' यानी, जो कुछ हुआ था, वह कदम की इच्छा से ही हुआ था—'औरत पल भर नहीं लगाती पहचान में।' इसमें कुछ भी आश्चर्यजनक नहीं है, क्योंकि मंसा कदम और उसके पति पर उन दिनों काफी मेहरबान था और, यह भी कि कदम थी तो कब्तरा ही और गो कबूतरा तथा कज्जा (गैर-कबूतरा) के रिश्ते सामान्य हो ही नहीं

सकते थे, पर कुछ चीजें जातीय शत्रुता से भी बड़ी हो सकती हैं, जिनमें एक है प्रेम। जिनकी उम्र 50 से ज्यादा है, उनसे निवेदन है कि इस संबंध में वे कृपया एक बहुत पुरानी फिल्म 'नागिन' को याद करें। कबूतराओं के बारे में यह भी याद रखने की जरूरत है कि मनुस्मृति के पन्ने उन तक अभी नहीं पहुँच पाये हैं और वे मन की आजादी को शरीर की आजादी से अलग करके नहीं देखते। शोखी न समझी जाये, तो यह भी याद करा दिया जाये कि इंद्र जब गौतम ऋषि का वेश बना कर अहल्या के पास गया था, तब क्या ऋषि पत्नी ने उसके साथ कुछ अलग महसूस नहीं किया होगा?

फिर भी, इस प्रसंग की संतोषजनक व्याख्या नहीं होती, तो 'इदन्नमम' और 'चाक' की यशस्वी लेखक को क्या 'संदेह का लाभ' नहीं मिलना चाहिए? कोई भी कथा एक सीमा तक ही विश्वसनीय होती है।

कोई पूछ सकता है कि इस प्रसंग की जरूरत ही क्या थी। पहली बात यह कि उपन्यास का कथानक इसी घटना से प्रस्फुटित होता है। दूसरे, इसके पीछे लेखक का अपना दर्शन भी है जो पहली बार प्रकट नहीं हुआ है।

जिस बात को लगातार नेपथ्य में धकेला जा रहा है, वह यही है कि 'इदन्नमम' से 'अल्मा कबूतरी' तक मैत्रेयी पुष्पा ने स्त्री की स्वतंत्रता को, अनिवार्य रूप से, यौन स्वाधीनता से जोड़ा है। अगर शरीर ही वह कुंजी है, जिससे स्त्री के भावनात्मक जीवन पर ताला लगा दिया गया है, तो यह ताला खोलने के लिए दूसरी कोई भी कुंजी बेकार साबित होगी। आजाद शरीर में ही आजाद आत्मा वास कर सकती है। 'नदी के द्वीप' की नायिका रेखा के इस प्रसिद्ध वाक्य ने कि 'मैं तुम्हारी हूँ, भुवन, मुझे लो।' इसी कुंजी की ओर इशारा किया था, जिससे भुवन जैसा वैज्ञानिक-चिंतक भी चकरा गया था। आज भी, जब स्त्रियाँ अपने मन की बात कहने के लिए मुँह खोलती हैं, तो उन्हें यह देख कर जरूर धक्का लगता होगा कि पुरुषों का मुँह सूख रहा है।

शरीर का लोकतंत्र

ऐंद्रिकता का एक लंपट पक्ष है तो एक लोकतांत्रिक पक्ष भी। लंपट पक्ष शरीर की स्वाधीनता को सीमित करता है और लोकतांत्रिकता उसे आत्मा की घुटन से बाहर ले आती है।

क्या सिर्फ भाववादी ही घपला कर सकते हैं या स्वतंत्रता का यह दुरुपयोग करने का अधिकार मार्क्सवादियों को भी है? अरविंद कुमार दास को याद करते हुए 'परख' का जो अंक प्रकाशित किया गया है, उसमें एक तरफ मुक्तिबोध और गोरख पांडेय की श्रेष्ठ रचनाओं को पुनःप्रकाशित किया गया है, तो दूसरी तरफ शराब की नहीं (जो एक अद्भुत रसायन है, जिसकी तारीफ के लिए शब्द हमेशा कम पड़ेंगे), शराबखोरी की (जो शरीर और आत्मा दोनों का नाश कर सकती है तथा सोवियत संघ के अंतिम दिनों में एक भारी समस्या बन गयी थी और आजकल मध्य वर्ग की अनेक बुराइयों की अनिवार्य सहचरी बन गयी है) व्याज-प्रशंसा के लिए हाल ही में फिर से लोकप्रिय रवींद्र कालिया की अत्यंत साधारण कहानियों पर बीस पृष्ठों का लेख भी है। अनेक लोगों की मान्यता है कि जिस तरह अमृतलाल नागर दांपत्य रस के कथाकार थे, उसी तरह कालिया मूलतः लांपट्य रस के लेखक हैं। सभी जानते हैं कि 'काला रजिस्टर' धर्मवीर भारती के अकड़वादी संपादकीय मूल्यों का कथात्मक दस्तावेज है, उदय प्रकाश के संदर्भ में जिसकी अनुकृति करने में उपेंद्र कुमार (वर्तमान साहित्य, मई 2001) गुनाह बेलज्जत कर बैठे हैं, लेकिन पत्रकारों के बीच लोकप्रिय इस कहानी की जैसी व्यापक व्याख्या की गयी है, उसे पढ़ते हुए बरबस याद आता है कि अरविंद नारायण दास की सबसे बेहतर पत्रकारिता के दिन टाइम्स ऑफ इंडिया नाम के उसी संस्थान में बीते थे, जहाँ कभी भारती राज करते थे।

'परख' का संपादकीय 'आलोचना को चाहिए नया परिप्रेक्ष्य' कुछ हद तक अच्छा है और कुछ हद तक यांत्रिक। उसकी यह शिकायत आज के लेखक वर्ग को प्रसन्न करनेवाली है कि '60 के बाद के साहित्य का हमारे पास कोई मूल्यांकन

नहीं है।' लेकिन ऐसी स्थिति में क्या यह अपेक्षित नहीं था कि शमशेर बहादुर सिंह की काव्य कला पर 25 पृष्ठ खर्च करने के बजाय 60 के बाद की साहित्यिक प्रवृत्तियों पर विचार किया जाता? 'परख' भी इस मतिभ्रंश से निकल नहीं पाया है कि पुस्तक समीक्षाएँ (इस अंक में पाँच हैं) ही आलोचना हैं। बेशक, मृत्युंजय ने शमशेर की ऐंद्रियता की खूबसूरत व्याख्या की है और उसकी प्रगतिशील भूमिका को संगत तर्क के साथ रेखांकित किया है। ऐसा लगता है कि शरीर आत्मा की तुलना में ज्यादा लोकतांत्रिक होता है। शरीर उतना नहीं घुट सकता, जितनी घुटन आत्मा बरदाश्त कर लेती है। एक गैर-समाजवादी व्यवस्था में प्रेम और ऐंद्रियता स्वस्थ विद्रोह के पोस्टर हैं।

लेकिन क्या सभी तरह की ऐंद्रियता? बच्चन और अंचल की ऐंद्रियता रूमानी जरूर थी, पर उसमें स्त्री के स्वतंत्रतापूर्वक खुलने की जगह बहुत कम थी। यह ऐसी प्रेम कविता थी, जिसमें मजनूँ कई थे, पर लैला एक भी नहीं। इसकी दुखद पुष्टि 'हंस' (मई 2001) में कांति कुमार जैन की 'पं. रामेश्वर शुक्ल 'अंचल' ' शीर्षक संस्मरणात्मक रचना में होती है। जो लोग आज राजेंद्र यादव जैसे स्त्री-सुलभ लेखकों (स्त्री-सुलभ के दो अर्थ हो सकते हैं : जिन्हें स्त्रियाँ सुलभ हों या जो स्त्रियों के लिए सुलभ हैं) के कारण ग्लानि और शर्मिंदगी से झुके जा रहे हैं या महज इसी आधार पर अपने को बेहतर मनुष्य समझते हैं, उनकी सेवा में कविवर अंचल का यह प्रसंग सादर प्रस्तुत है :

' 'अंचल' जी दरवाजा बंद करके पढ़ाते थे। जब वे कक्षा के बाहर निकले, तो दरवाजे पर कमला जी (उसी कालेज की एक प्राध्यापिका) मिलीं। चहलकदमी करती हुई, उद्विग्न, उत्तेजित। वे 45 मिनट की तैयारी करके आतीं और उस तैयारी का कुछ भी छात्रों को न दे पातीं तो उद्विग्न रहतीं, उन्हें रात को नींद न आती। वही सब कुछ उन्हें फिर से पढ़ना पड़ता। 'अंचल' जी उनसे कतरा कर निकल जाना चाहते थे, पर कमला जी ने उनका रास्ता रोक कर अपना क्षोभ व्यक्त किया—सर, आज आपका घंटा बड़ा हो गया। 'अंचल' जी ने 'घंटा' शब्द पकड़ लिया—हाँ, सो तो है। आप तो जानती हैं, जब तक घंटा लंबा न हो मुझे मजा नहीं आता। पर सर, कमला जी ने जुर्रत की—मेरा घंटा तो छोटा हो गया। अंचल जी के हाथ से घंटा अभी छूटा नहीं था। बोले, देखिए मैडम, आपके साथ यही खराब है—आप शब्दों का सही प्रयोग नहीं करतीं। आप तो भाषा विज्ञान पढ़ाती हैं न, आपका तो पीरियड होता है न, घंटा तो हम लोगों का होता है। जब घंटा लंबा हो जायेगा, तो आपका पीरियड अपने आप छोटा हो जायेगा।'

अंचल की लंपटता और स्त्री-लोलुपता के जो अन्य उदाहरण इस लेख में दिये गये हैं, वे यह सोचने को बाध्य करते हैं कि 'केशव केशन अस करी' के कारण आचार्य केशव को बदनाम कर हमने अपने अनेक युवतर आचार्यों और प्रौढ़-प्राय

कवि-रत्नों को नारीवादिनों के कोप से व्यर्थ ही बचा रखा है। ये किस्से वासना से लिपटा मनोरंजन प्राप्त करने के लिए नहीं, बल्कि लेखकों का चरित्र समझने के लिए उपयोगी हो सकते हैं। ऐसा लगता है कि जीवन के हर क्षेत्र में कुछ लोग ऐसे होते हैं, जिन्हें औसत से ज्यादा चाहिए। स्पष्टतः पूँजीवाद सिर्फ एक व्यवस्था नहीं है—मानसिकता है। इस संदर्भ में स्त्रियों के प्रति सहानुभूति का रुख रखते हुए भी उन स्त्रियों के प्रति आलोचनात्मक दृष्टि अपनानी चाहिए जो किसी प्रसिद्ध लेखक को अपना लिफ्टमैन बनाना चाहती हैं और इसके लिए अपनी लैंगिक विभिन्नताओं कर विनिवेश करती हैं।

स्त्रियों और दलितों का पक्ष लेनेवाले लेखकों-संपादकों की संख्या बढ़ती जा रही है। इसका एक कारण यह है कि इस क्षेत्र में नेतृत्व का स्थान लगभग खाली है। पर आदिवासियों को कोई नहीं पूछता, क्योंकि वे राजधानियों में सहज-सुलभ नहीं होते। उनकी सुध लेने के लिए उनके पास जाना पड़ेगा—कष्ट उठा कर। इसलिए वे उदाहरण देने और इतिहास की बहसों में लाने के लिए ही ठीक हैं। इस दृष्टि से रमणिका गुप्ता की तारीफ होनी चाहिए कि अपनी त्रैमासिक पत्रिका 'युद्धरत आम आदमी' के दो दलित विशेषांक निकालने के बाद उन्होंने 'आदिवासी स्वर और नयी शताब्दी' की थीम पर एक उम्दा विशेषांक निकाला है।

इस विशेषांक की एक विशेषता यह है कि 'एक नीतिगत फैसले के तहत हमने इस अंक में केवल वही रचनाएँ ली हैं जो आदिवासी लेखकों द्वारा ही लिखी गयी हैं।' फलतः आदिवासी मानसिकता की विभिन्न मुद्राओं को समझने का अवसर मिलता है। यह देख कर खुशी नहीं होती कि दलित साहित्य की तरह नये आदिवासी साहित्य में आक्रोश ही मुख्य स्वर बना हुआ है। जहाँ भी अन्याय है, आक्रोश का न होना स्वास्थ्यहीनता का लक्षण है। लेकिन साहित्य के और भी आयाम होते हैं, यह क्यों भुला दिया जाये?

इस अंक में बहुत-सी अच्छी कविताएँ हैं। कुछ परंपरागत गीतों का सौंदर्य अद्‌भुत है—यह साहित्य की ही खूबी है कि वह पीड़ा को भी सौंदर्य में बदल देता है। आंध्र प्रदेश के एक बंजारा गीत की पंक्तियाँ देखिए : 'माँ के सामने, पिता के सामने नौ लाख का जीवन पराए पंथी के हाथों में डाल कर खड़ी हो गईं भाभियाँ—हीं हीं हीं हाथों में हथकड़ी पैरों में बेड़ी पहना कर तमाशा देखती खड़ी हो गयी माँ—हीं हीं हीं अपने झुंड में से मुझे अकेली निकाल कर पराये पंथी के हाथों में हाथ दे कर छोर से छोर बाँध कर तुम सभी खड़ी हो गयी माँ—हीं हीं हीं। 'विवाह संस्था की क्रूरता पर इससे बेहतर कविता कहाँ है?

निर्मला पुतुल की कविताएँ तो गजब की हैं। दो उदाहरण प्रस्तुत हैं। बिटिया मुर्मू के लिए तीन कविताएँ हैं। तीसरी कविता की पंक्तियाँ हैं : 'वे दबे-पाँव आते हैं तुम्हारी संस्कृति में वे तुम्हारे नृत्य की बड़ाई करते हैं वे तुम्हारी आँखों की

प्रशंसा में कसीदे पढ़ते हैं वे कौन है...? सौदागर हैं वे...समझो...पहचानो उन्हें बिटिया मुर्मू...पहचानो।' निर्मला की 'क्या तुम जानते हो' कविता तो विश्व स्तर की है। कुछ टुकड़े : क्या तुम जानते हो पुरुषों से भिन्न एक स्त्री का एकांत? घर प्रेम और जाति से अलग एक स्त्री की उसकी अपनी जमीन के बारे में बता सकते हो तुम? बता सकते हो सदियों से अपना घर तलाशती एक बेचैन स्त्री को उसके घर का पता? उसके अंदर वंशबीज बोते क्या तुमने कभी महसूसा है उसकी फैलती जड़ों को अपने भीतर?'

सुंदरता का शास्त्र

नारी सुंदरता का शास्त्र हमेशा पुरुषों ने लिखा है और अब उनकी माँग यह है कि सुंदर दिखने के लिए स्त्री अपने स्वास्थ्य के साथ लगातार खेलती रहे।

सुंदर स्त्रियों को अपनी शक्ति का एहसास बराबर रहा है। अनेक सुंदरियों ने अपनी इस ताकत का इस्तेमाल बड़े-बड़े मामलों में अपने मनोनुकूल फैसले करवाने में किया है। कई बार तो राज्यों की भाग्य-रेखाएँ भी नारी सौंदर्य की छाया में लिखी गयी हैं। लेकिन अब हम एक ऐसे युग में रह रहे हैं जब सुंदरता के हथियार का इस्तेमाल स्त्रियों के खिलाफ किया जा रहा है। उन्हें बताया जा रहा है कि सुंदरता वह नहीं है जो उनके पास है। सुंदरता का एक खास मानदंड होता है और जो स्त्री इस मानदंड पर खरी नहीं उतरती, वह स्त्री ही नहीं है। उसका जीना बेकार है। सुंदरता का यह मानदंड स्त्रियों ने नहीं, पुरुषों ने तैयार किया है, क्योंकि अब भी वास्तविक सत्ता उन्हीं के पास है। और स्त्रियाँ हैं कि इस मानदंड पर सही उतरने के लिए मरी जा रही हैं। यही सुंदरता की राजनीति है।

सुंदरता की इस राजनीति ने आधुनिक स्त्रियों के जीवन में खलबली मचा दी है। सुंदर होना उनके लिए काफी नहीं रह गया है। उन्हें इस तरह से सुंदर होना चाहिए जिस तरह फिल्म तारिकाएँ सुंदर होती हैं। यानी कमर का माप इतना हो। वक्ष इतने उभरे हुए हों। वजन इतने से ज्यादा नहीं हो। आदि-आदि। मानो मानव शरीर अपने आपमें सहज, स्वाभाविक और सुंदर नहीं होता। उसे औद्योगिक उत्पादन की तरह एक खास तरह के साँचे में ढलना होगा। ऐसा साँचा, जो स्त्रियों से लगभग असंभव माँगें करता है। उन्हें तरह-तरह से बीमार और बनाता है। यही औद्योगिक सभ्यता का नया सौंदर्य शास्त्र है। स्त्रियों के सामने यह एक सर्वथा नयी चुनौती है, जिसका सामना वे अकसर कमजोर और क्षत-विक्षत हो कर तथा कभी-कभी अपनी जान दे कर कर रही हैं।

यही कथावस्तु है नोमी वुल्फ की पुस्तक 'द ब्यूटी मिथ' की, जिसने पश्चिम

में आजकल तहलका मचा रखा है। 28 वर्षीय नोमी वुल्फ की यह पहली पुस्तक है, जिसकी तुलना जरमेन ग्रियर की 'द फिमेल यूनक' से की जा रही है। 'द फिमेल यूनक' साठ के दशक में छपी थी और तब तक एक क्रांतिकारी किताब मानी गयी थी। उसमें एक बिलकुल नयी शैली में उन मान्यताओं का परीक्षण किया गया था, जो स्त्री शरीर और स्त्री जीवन से जुड़ी हुई हैं। 'द ब्यूटी मिथ' ऐसे समय में आयी है जब पश्चिम का नारीवादी आंदोलन थका-थका-सा है। दरअसल, नारीवाद एक किस्म का विद्रोह था और विद्रोह अकसर धूमकेतु की तरह चमक कर समाप्त हो जाता है। स्त्री-पुरुष के रिश्तों की विकृतियाँ उनकी व्यक्तिगत जिंदगियों से ज्यादा उस व्यवस्था में होती हैं जिसमें वे रहते हैं और जिसके अनुसार वे अपने को ढालते हैं। नारीवाद ने विद्रोह तो किया, किंतु उसने इस व्यवस्था के बारे में कोई क्रांतिकारी दृष्टि नहीं बनायी। अतः व्यवस्था ने धीरे-धीरे नारीवाद को अपने अंदर जज्ब कर दिया। अब व्यवस्था नये नारीवाद की कुछ मान्यताओं को स्थान तो देती है, लेकिन धीरे-धीरे ऐसे कौशल भी अपना रही है, जिससे स्त्रियाँ और ज्यादा गुलाम हो सकें। जाहिर है, जब तक यह व्यवस्था जारी है तब तक उसके खिलाफ विद्रोह की चिनगारियाँ भी फूटती रहेंगी। 'द ब्यूटी मिथ' ऐसी ही एक चिनगारी है।

नारीवाद सफल होता, तो हर स्त्री के साथ उसी तरह पेश आया जाता जिस तरह पुरुष के साथ। सुंदर शरीर सबको अच्छा लगता है, चाहे वह पुरुष का हो या स्त्री का। अतः औसत से अधिक सुंदर पुरुष और स्त्रियाँ हमेशा आकर्षण का केंद्र बने रहेंगे। साथ ही लोग जितना सुंदर हैं, उससे अधिक सुंदर दिखने की कोशिश भी करते रहेंगे। लेकिन अगर पुरुष अपनी सहज और स्वाभाविक काया से प्रसन्न रह सकता है, तो स्त्री को भी क्यों नहीं रहना चाहिए? स्त्री सौंदर्य निश्चय ही मूल्यवान है, क्योंकि प्रजनन के समाजशास्त्र में उसकी एक निश्चित भूमिका है, लेकिन स्त्री से यह माँग क्यों की जाये कि वह अपने शरीर की लगातार 'टेलरिंग' करती रहे? भोजन करते समय शरीर का ध्यान रखना आवश्यक है, लेकिन जब अपर्याप्त भोजन को ही शरीर सौष्ठव की कुंजी बना दिया जाये तो सुंदरता स्वाभाविक सुंदरता न रह कर एक मिथक बन जाती है, जिसका पीछा करते हुए आधुनिक स्त्री अपना स्वास्थ्य, अपनी ऊर्जा, अपना आत्मसम्मान सब कुछ दाँव पर लगा बैठती है।

आधुनिक जीवन में स्वस्थ स्त्री का स्थान 'स्लिम' स्त्री ने ले लिया है। आजकल सुंदर स्त्री वह मानी जाती है, जिसने चर्बी से विद्रोह कर दिया है। नोमी वुल्फ बताती हैं, पहले ऐसा नहीं था। 75 साल पहले तक मांसल स्त्री ही सुंदर मानी जाती थी। हाँ, मांस कहाँ कितना होना चाहिए था, इसकी अवधारणा जरूर बदलती रहती थी। उदाहरण के लिए पंद्रहवीं से सत्तरहवीं शताब्दी तक उभरा हुआ पेट सुंदर माना जाता था। उन्नीसवीं शताब्दी के शुरू में फूला हुआ चेहरा और फूले हुए कंधे आकर्षित करते थे। लेकिन आज का मानदंड क्या है? फैशन इतिहासविद ऐन हालैंडर के शब्दों

में बीमार-सा चेहरा, विफलता की परछाइयाँ और स्नायविक थकावट। वुल्फ बतलाती हैं, एक पीढ़ी पहले औसत मॉडल का वजन औसत अमेरिकी स्त्री से आठ प्रतिशत कम होता था। अब यह प्रतिशत 28 प्रतिशत है। यानी अपने शरीर को औसत अमेरिकी स्त्री की तुलना में 28 घटा कर ही कोई मॉडल बाजार में बनी रह सकती है। वुल्फ के आँकड़े चौंकानेवाले हैं, नारी आंदोलन की जारी लहर के 20 वर्षों में हुआ यह कि सौंदर्य सम्राज्ञियों का वजन और नीचे गिर गया। 'प्लेब्वॉय' पत्रिका की खेल संगिनियों (प्लेमेट) का औसत वजन 1970 में राष्ट्रीय औसत से 11 प्रतिशत कम था। आठ वर्ष बाद यह राष्ट्रीय औसत से 17 प्रतिशत कम हो गया। मॉडल एमी ल्यू अपनी आत्मकथा में बताती हैं कि बहुत-सी मॉडलें अनाहार से ग्रस्त हैं। वे खुद अनाहार-ग्रस्त रह कर मॉडलिंग करती थीं। नर्तकियों में 38 प्रतिशत अनाहारग्रस्त होती हैं। औसत मॉडल, नर्तकी या अभिनेत्री 95 प्रतिशत स्त्रियों की तुलना में तन्वंगी होती है।

स्वाभाविक है कि जहाँ एक खास तरह की देहयष्टि का सिक्का चल रहा हो, वहाँ ज्यादातर स्त्रियाँ अपने शरीर से असंतुष्ट रहें। वुल्फ बताती हैं, 1966 और 1969 के बीच दो अमेरिकी सर्वेक्षणों से पता चलता है कि जो किशोरी छात्राएँ अपने को बहुत मोटी मानती हैं, उनकी संख्या 50 प्रतिशत से बढ़ कर 80 प्रतिशत हो गयी थी। स्त्री आंदोलन की उत्तराधिकारी होने के बावजूद आज की लड़कियों की हालत बेहतर नहीं है। स्कूल की छात्राओं के हाल के एक सर्वेक्षण से पता चलता है कि 13 साल से कम उम्र की लड़कियों में यह असंतोष 78 प्रतिशत में था। 1985 के एक सर्वेक्षण का निष्कर्ष है कि 90 प्रतिशत उत्तरदाताएँ अपने को बेहद मोटी मानती थीं। 25 प्रतिशत औरतें डाइटिंग पर रहती हैं और 50 प्रतिशत औरतें या तो डाइटिंग खत्म कर रही होती हैं, तोड़ रही होती हैं या शुरू कर रही होती हैं। भूख का यह दर्शन स्त्री की समानता की लड़ाई पर कितना भारी पड़ रहा है, इसका सबसे अच्छा उदाहरण 1984 में 'ग्लैमर' पत्रिका का सर्वेक्षण है, जिसके दौरान सर्वेक्षित महिलाओं ने प्रचंड बहुमत से स्वीकार किया कि कार्यक्षेत्र या प्रेम में सफलता के बजाय वे 10 पौंड से 15 पौंड तक वजन कम करना ज्यादा पसंद करेंगी।

इस सौंदर्य साधना के कारण 'डाइटिंग' जल्द ही बीमारी में बदल जाती है। इसके दो रूप हैं आहार अरुचि और समय-समय पर ज्यादा खा लेना और वमन कर देना। इनमें आहार अरुचि ज्यादा गंभीर है। इसके कारण 177 देशों में 1988 तक एड्स से कुल जितनी मौतें हुई थीं, उससे 17,024 ज्यादा मौतें हर साल अमेरिका में होती हैं। 'मिज' पत्रिका की रिपोर्ट है कि अमेरिकी विश्वविद्यालयों की कम-से-कम 50 प्रतिशत औरतें इनक दो बीमारियों में से एक से ग्रस्त हैं। आहार-अरुचि की बीमारी संयुक्त राज्य अमेरिका के मध्य वर्ग से शुरू हुई थी। अब यह दूसरे वर्गों में ही नहीं, दूसरे औद्योगिक देशों में भी फैल रही है। इंग्लैंड में डाइटिंग के मरीजों

की संख्या 35 लाख है, जिनमें से 95 प्रतिशत औरतें हैं। क्या भारत में भी यह प्रवृत्ति प्रवेश नहीं कर चुकी है? महानगरों में दुबली-पतली, प्रीतार्म चेहरोंवाली आधुनिकाओं से बढ़ती हुई मुठभेड़ बताती है कि जो आज पश्चिम का सच है, कल वही भारत जैसे देशों का भी सच होगा।

यह सच तब और भयानक हो जाता है, जब सुंदर दिखने की खातिर स्त्री शरीर से और भी भयानक छेड़छाड़ की जाती है। इसका माध्यम है कॉस्मेटिक सर्जरी। कॉस्मेटिक सर्जरी का जन्म जल जाने या दुर्घटनाओं के कारण पैदा हुई विरूपता को दूर करने के लिए हुआ था, किंतु अब यह ज्यादातर अपने अंगों को मनचाहा रूपाकार देने के लिए की जाती है। नोमी वुल्फ बताती हैं, आज अमेरिकी कॉस्मेटिक सर्जन की औसत आमदनी 10 लाख डॉलर सालाना है और कॉस्मेटिक सर्जरी सर्वाधिक तेजी से विकसित हो रही 'मेडिकल' विशेषज्ञता है। 20 लाख से अधिक अमेरिकी व्यक्ति 1988 तक कॉस्मेटिक सर्जरी करा चुके थे। इनमें कम-से-कम 87 प्रतिशत स्त्रियाँ थीं। 1980 के दशक में स्त्रियों की अभूतपूर्व संख्या ने सर्जन के चाकू के आगे आत्मसमर्पण कर दिया।

सबसे अधिक गाज गिरी है स्तनों पर। नोमी वुल्फ के अनुसार, 'दो लाख से 10 लाख औरतें (निश्चित संख्या बताना कठिन है, क्योंकि इसके रिकार्ड अपर्याप्त हैं) अपने स्तनों पर चाकू चलवा चुकी हैं और उनमें रासायनिक पदार्थ भरवा चुकी हैं।' 'सेल्फ' पत्रिका में पत्रकार जेरेमी वेयर का आँकड़ा 10 लाख से ज्यादा है और मुनाफे की मात्रा 16 करोड़ 80 लाख डॉलर से 37 करोड़ 40 लाख डॉलर के बीच। ऐसे एक ऑपरेशन की लागत 1800 से 4000 डॉलर तक आती है। वह लिखती हैं कि स्तन ही वह अंग है, जिसमें सर्जन सबसे ज्यादा नश्तर लगा रहे हैं—साल भर में स्तनों की कॉस्मेटिक सर्जरी के मामलों की संख्या है 1,59,300 जबकि चेहरे की कॉस्मेटिक सर्जरी के मामलों की संख्या है सिर्फ 67,000। रासायनिक पदार्थ भर कर स्तनों का आकार बढ़ाने की समस्याएँ भी कम नहीं हैं। दस में से सात मामलों में या तो रासायनिक पदार्थ फिर ऑपरेशन कर निकालना पड़ता है या फिर मुक्के मार-मार कर गाँठों को ढीला करना पड़ता है। सिलिकन भरा जाये तो वह शरीर में रिसता रहता है, जिसके कुपरिणामों का अभी तक हमें पता नहीं चल पाया है। वैसे मेडिकल जरनल बताते हैं कि उससे शरीर की प्रतिरोध क्षमता कम हो जाती है। कैंसर का पता लगने में भी देर होती है। केलिफोर्निया के एक स्तन चिकित्सा केंद्र में कैंसर की 20 रोगियों ने अपने स्तन का आकार कॉस्मेटिक सर्जरी से बढ़वाया था, जिसके कारण उनके स्तन ट्यूमर की पहचान समय पर नहीं हो पायी। फिर भी दुबले-पतले शरीर और भारी वक्ष की चाहत इतनी है कि कॉस्मेटिक सर्जन डॉ. सुमन चोर्बोनियम के शब्दों में 'खतरे बताये जाने पर भी बहुत कम स्त्रियाँ ही अपने निर्णय से पीछे हटती हैं।'

नोमी वुल्फ कहती हैं, 'भविष्य की चेतावनी जो भी हो, इतना निश्चित है कि अपनी अकृत्रिम अथवा स्वाभाविक अवस्था में स्त्रियाँ 'स्त्रियों' की कोटि से 'कुरूपाओं' की कोटि में डाली जाती रहेंगी और शर्म के मारे उन्हें एसेंबली लाइन शारीरिक पहचान की ओर जाना ही होगा। जैसे-जैसे औरतें इस दबाव के आगे झुकने लगेंगी, दबाव इतना बढ़ जायेगा कि अंग परिवर्तन हर स्त्री के लिए अनिवार्य हो जायेगा। और एक ऐसा दिन आयेगा जब कोई भी स्वाभिमानी औरत सर्जरी के द्वारा अपना चेहरा बदलवाये बिना घर से बाहर निकलने की हिम्मत नहीं कर सकेगी।'

तो यह है सौंदर्य के मिथक की वह दुनिया, जिसमें अपने ही शरीर पर से स्त्रियों और पुरुषों का अधिकार खत्म होता जा रहा है। उन्हें अपने शरीर पर लज्जित होना सिखाया जा रहा है और असह्य पीड़ा सह कर तथा मुट्ठी-मुट्ठी भर रुपये उँड़ेल कर अपनी इंजीनियरिंग करानी पड़ रही है। जाहिर है, आज भी सौंदर्य ही स्त्री का सबसे विश्वसनीय पासपोर्ट है। वह सौंदर्य नहीं, जिसकी कालिदास और दांते ने चर्चा की है। वह सौंदर्य, जो औद्योगिक सभ्यता की लेबोरेटरी में ढल कर निकला है। स्त्रियाँ कितनी ही सामाजिक और राजनीतिक ताकत हासिल कर लें, उन्हें स्त्री होने की कीमत चुकानी ही पड़ेगी—जब तक वे अपनी शर्तों पर जीना नहीं सीखतीं।

देवी, तुम्हारा क्या करें

आकर्षक शरीर किसे अच्छा नहीं लगता। लेकिन कोई स्त्री सिर्फ अपनी देहयष्टि के बल पर किसी के–या, समाज के–जीवन में कितनी जगह बना सकती है?

युक्ता मुखी को बधाई दी जाये कि उनकी स्थिति पर शोक प्रकट किया जाये? किसी भी आधुनिक युवती के लिए इससे बड़ा स्वप्न क्या हो सकता है कि वह विश्व सुंदरी चुन ली जाये? रीता फारिया तथा ऐश्वर्य राय और एक तरह से सुष्मिता सेन के बाद युक्ता ने यह शिखर छू लिया है, जिससे उन्हें फैशन और विज्ञापन की दुनिया में तो एक खास जगह मिली ही है, भारत के बहुत-से लोग हर्षित हैं कि उनके देश का सौंदर्य अब विश्व मंचों पर सर्वोच्च प्रतिष्ठा पाने लगा है। युक्ता मुखी जब भारत लौटेंगी, संभव है भारत के राष्ट्रपति और प्रधानमंत्री उनका स्वागत करें। टीवी और अखबारवाले तो उन्हें घेरेंगे ही। वे साल भर तक दुनिया भर में वी. आई. पी. की तरह विचरण करेंगी। शायद वे पहले से ही संपन्न हैं, अब और भी संपन्न हो चुकी हैं। एक सुंदर शरीर के लिए इससे बढ़ कर और उपलब्धियाँ क्या हो सकती हैं?

लेकिन आधुनिक व्यावसायिक सभ्यता का एक चिंताजनक पहलू भी है। वे स्त्रियाँ जरा भी गलत नहीं हैं जो विश्व सौंदर्य प्रतियोगिता के शहर लंदन में इस तरह के नारे लगा रही थीं–नारी काया बेचने की चीज नहीं है; मिस वर्ल्ड, हम पशु नहीं हैं, महिलाओं को उनके सौंदर्य और कमनीयता के आधार पर नहीं परखा जाना चाहिए। इसका मतलब यह नहीं है कि ये स्त्रियाँ नारी सौंदर्य की विरोधी हैं। संभव है, इनमें से अनेक स्वयं सजी-धजी होंगी। सुंदर दिखना हर व्यक्ति का–खासतौर से हर स्त्री का–अधिकार है। यह हमारे जैविक अस्तित्व और सांस्कृतिक जगत की एक बुनियादी माँग भी है। हमारी यौन व्यवस्था की यह एक लगभग अनिवार्य शर्त है, जो शायद एक तरह का दुर्भाग्य ही है। यह दुर्भाग्य हमारे साथ इसलिए चिपका हुआ है कि तमाम मानवीय विकास के बावजूद हम अभी भी जैविक धरातल पर पशु संवेगों से ही परिचालित होते हैं। हालाँकि इसका बहुत परिताप नहीं होना चाहिए,

क्योंकि जीवन की सारी लीला पशुता (पाशविकता नहीं) और मनुष्यता की आँखमिचौनी में ही निहित है।

लेकिन एक स्त्री के लिए इससे अपमानजनक बात क्या हो सकती है कि उसका सौंदर्य ही उसकी जीविका बन जाये? एक मिस वर्ल्ड को इतना पुरस्कार मिलता है कि उसके बल पर वह चाहे तो जीवन भर आसानी से खा-पी सकती है और तब भी काफी पैसे बचे रहेंगे। माना कि सुंदरता एक अद्‌भुत चीज है। वह राजा-रंक-फकीर सभी को आकर्षित करती है। सुंदर स्त्री वही है जिसे दुबारा या बार-बार देखने की इच्छा करे। कह सकते हैं कि यह प्रकृति की एक मधुर भेंट है। कुछ लोगों का कहना है कि हर स्त्री सुंदर होती है। एक स्तर पर यह सच है। लेकिन सच यह भी है कि जिसे सचमुच की सुंदरता कहते हैं, वह सभी को नसीब नहीं होती। प्रकृति के कारखाने में समाजवाद नहीं है। यह मानव संस्कृति की ईजाद है। सच यह भी है कि मिस वर्ल्ड की प्रतियोगिता में भाग लेनेवाली युवतियों की सुंदरता पूरी तरह प्राकृतिक नहीं होती। प्रकृति से जो मिला है, उसे पूर्ण बनाने के लिए उन्हें अनवरत साधना करनी पड़ती है। आहार का ध्यान रखना पड़ता है, नियमित व्यायाम करना पड़ता है तथा तमाम तरह के लेपों-उबटनों का इस्तेमाल करना पड़ता है। व्यक्तित्व में भी कुछ सुंदरता आये, इसका ध्यान रखना पड़ता है। इस तरह मिस वर्ल्ड की सुंदरता प्रकृति और संस्कृति, दोनों का सुंदर संगम होती है। इसकी कुछ तुलना एक अच्छे पहलवान से की जा सकती है जैसा होने के लिए लंबी तैयारी अपेक्षित होती है। कोई कह सकता है कि ऐसी उपलब्धि पर कोई क्यों न इतराये और इसके पुरस्कारों का आनंद क्यों न उठाये? जब बाजार में हर चीज बिक रही है, तो सुंदरता का भी व्यवसाय क्यों न हो?

दिक्कत यही है कि सुंदरता का व्यवसाय हो नहीं सकता। वेश्यावृत्ति सुंदरता का व्यवसाय नहीं है—यह देह का व्यापार है और ज्यादातर वेश्याएँ सुंदर भी नहीं होतीं। सुंदरता का एक ही वैध उपयोग है और वह है जीवन साथी खोजने में मदद। इसके बाद सुंदरता इस बंधन को दृढ़ करने में सहायक होती है—लेकिन सहायक, निर्णायक नहीं। सुंदरता को स्त्री का पासपोर्ट कहा गया है। पासपोर्ट यह निश्चित ही है, लेकिन वीसा यह नहीं है। वीसा का काम तो व्यक्तित्व के गुण ही करते हैं। कोई सुंदर स्त्री यदि मूर्ख, झगड़ालू, अहंकारी और दुष्ट हो, तो वह दूसरे के हृदय प्रदेश में ज्यादा समय तक टिक नहीं सकती। इसलिए दैहिक सुंदरता का अपने आपमें कोई स्थायी मूल्य नहीं है। मिस वर्ल्ड और मिस यूनिवर्स प्रतियोगिताओं के आयोजक अब बहुत चतुर हो गये हैं। वे दावा करते हैं कि हम सिर्फ शारीरिक सौंदर्य की परख नहीं करते, व्यक्तित्व की सुंदरता भी देखते हैं। लेकिन सभी जानते हैं कि यह छल की एक और परत है। बेशक प्रतियोगिता के दौरान कुछ ऐसे सवाल पूछे जाते हैं जिनसे आंतरिक समृद्धि का पता चल सके। लेकिन ये सवाल जितने सतही होते

हैं, उनके उत्तर उतने ही कृत्रिम और फार्मूलाबद्ध होते हैं। अंततः तो देहयष्टि ही निर्णायक होती है।

विश्व सुंदरियों के ये जवाब कितने भीड़ोचित होते हैं, इसकी सूचना इस बात से मिलती है कि सुष्मिता सेन और ऐश्वर्य राय ने विश्व सौंदर्य की प्रतियोगिताओं में सर्वोच्च सफलता प्राप्त करने के बाद कोई ऐसा ठोस काम नहीं किया जिसकी कुछ वास्तविक उपयोगिता हो। उनकी सुंदरता किसी सुंदर सत्य का वाइक नहीं बन सकी। यहाँ तक कि माँ बनने की उम्र में वे माँ तक बनने के लिए उत्सुक नहीं हैं। स्पष्ट है कि उनके दैहिक वैभव का सिर्फ व्यावसायिक उपयोग हो सका है। टीवी के विज्ञापनों और फिल्मों ने उनकी सुंदरता को धनोपार्जन का निमित्त बनाया। लेकिन ध्यान देने की बात है कि ये कलाएँ सिर्फ सुंदरता से नहीं चलतीं। इनके लिए अभिनय कला और मॉडलिंग की बारीकियाँ हासिल करने की जरूरत होती है। इस क्षेत्र में सफलता का सुंदर होना सिर्फ एक तत्व है—लेकिन सिर्फ अपनी सुंदरता के बल पर कोई स्त्री फिल्म में या टीवी पर ज्यादा समय तक टिक नहीं सकती। गुण न हों, तो सुंदर चेहरा भी एक सीमा के बाद उबाऊ लगने लगता है।

यह तो लगभग निर्विवाद ही है कि सुंदरता की कोई प्रतियोगिता नहीं हो सकती। इसके कम से कम दो कारण हैं। एक कारण यह है कि सौंदर्य जहाँ तक प्रकृति की देन है, वह अतुलनीय और अनोखा है। हर स्त्री उसी तरह एक विशिष्ट स्त्री होती है, जिस तरह हर नदी, हर झरना, हर पहाड़, हर फूल, हर बादल, मिट्टी का हर ढेला अनोखा और अतुलनीय होता है। उनकी विविधता पर हम विस्मित हो सकते है, उनके सौंदर्य को हम सराह सकते हैं, लेकिन उनकी कोई तुलना नहीं की जा सकती। गंगा की तुलना टेम्स से क्या होगी? जुही को गुलाब के बरक्स कैसे खड़ा किया जा सकता है? गन्ने का पौधा गेहूँ की बालियों से कम दिलफरेब नहीं है। दूसरी बात यह है कि दो व्यक्तियों की तुलना करना उचित नहीं है। किसी व्यक्ति में कुछ श्रेष्ठ गुण हैं, तो उनकी सराहना की जानी चाहिए। कोई बुरा है, तो उसकी आलोचना की जा सकती है। लेकिन दो व्यक्तियों की तुलना नहीं की जानी चाहिए। न तो यह वांछित है न इससे कोई लाभ है। ऐसी तुलना के माध्यम से हम मनुष्य को वस्तु या मशीन में तब्दील कर देते हैं। दो टीवी सेटों या गाड़ियों की तुलना हो सकती है, क्योंकि वे साध्य नहीं, साधन हैं। इसके विपरीत प्रत्येक व्यक्ति अपने आपमें एक साध्य है। वह अपना लक्ष्य स्वयं है।

इसी तर्क से हर स्त्री अनोखी है—अद्वितीय है। फिर दो स्त्रियों की तुलना करने से हासिल क्या होगा? मान लिया कि कोई स्त्री दुनिया में सुंदरतम है, तो उसकी इस परम सुंदरता का हम क्या करें? संभव है, वह हमारे सौंदर्य बोध को तुष्टि प्रदान करे, लेकिन क्या इससे हमारे जीवन बोध को भी कुछ मिलेगा? फिर दुनिया के अधिकांश लोग उसकी एक झाँकी ही पा सकते हैं और वह भी टीवी की कृपा से। उनके जीवन

को वह तभी प्रभावित करेगी जब वह उनके बीच कुछ सार्थक काम करेगी। लेकिन तब तक उसका विश्व सुंदरी का खिताब उससे जुदा हो चुका होगा। विश्व सुंदरी होने की अवधि मात्र एक साल है, इससे भी पता चलता है कि सुंदरता की यह प्रतिष्ठा कितनी भंगुर है और इसके पीछे व्यावसायिक स्वार्थ कितने प्रबल हैं। कोई स्त्री यदि वाकई परम सुंदरी है, तो वह कई वर्षों तक विश्व सुंदरी का खिताब क्यों नहीं जीत सकती—जैसे टेनिस या बैडमिंटन या शतरंज का सर्वोच्च खिलाड़ी कई वर्षों तक अपने क्षेत्र में चैंपियन बना रह सकता है।

जो सिर्फ सुंदरी है—फिर वह चाहे विश्व सुंदरी ही क्यों न हो—उसका हम क्या करें? कोई चाहे तो उससे इश्क कर सकता है और उसे अपनी जीवन संगिनी बना सकता है। चित्रकार चाहें तो हुसैन की तरह उसकी तस्वीर बना सकते हैं और मूर्तिकार उसकी मूर्ति गढ़ सकते हैं। सुंदरी की दृश्यावली से कवियों को प्रेरणा मिल सकती है। लेकिन ये कोई ऐसी उपलब्धियाँ नहीं हैं, जिनके लिए कोई स्त्री सुंदर बनने का उद्‌योग करे। यह एक मृग मरीचिका के पीछे भागना है। जीवन का उद्देश्य सुंदर बनना, फुटबाल या क्रिकेट का खिलाड़ी बनना या तैराक बनना नहीं हो सकता। ये तो जीवन के आनुषंगिक पक्ष हैं। जीवन का सच्चा आनंद तो ज्ञान की खोज और कर्म के सौंदर्य में है।

सुंदरता के हत्यारे देश में

पिछले कुछ वर्षों में भारतीय युवतियों की सुंदरता को धड़ाधड़ अंतरराष्ट्रीय मान्यता मिली, लेकिन क्या हमें एक क्षण के लिए भी यह एहसास हुआ कि कितनी सुंदरताएँ हमारे यहाँ पौष्टिकता और उपेक्षा के कारण हर साल मुरझा जाती हैं?

नयी 'मिस यूनिवर्स' लारा दत्त को बधाई देनेवालों की कमी नहीं है, तो सौंदर्य प्रतियोगिताओं को कोसनेवालों की संख्या भी कम नहीं हुई है। यह हमेशा विवादास्पद रहेगा कि सौंदर्य प्रतियोगिताओं का आयोजन होना चाहिए या नहीं। निश्चय ही इनका आयोजन व्यावसायिक उद्देश्यों से होता है—विश्व की सबसे सुंदर युवती की खोज करने की इच्छा से नहीं। अगर ऐसी इच्छा होती, तो आयोजकों के प्रतिनिधि दुनिया भर में घूम-घूम कर सुंदर युवतियों की खोज कर रहे होते। सौंदर्य प्रतियोगिताओं का अभी जो स्वरूप है, उसका चरित्र ऐसा है कि एक खास वर्ग की और एक खास तरह की युवतियाँ ही इस प्रतियोगिता में भाग ले सकती हैं। यह वर्ग कौन-सा है और यह तरह कैसी है, इसका एक मोटा अनुमान लारा दत्त की देहयष्टि और व्यक्तित्व देख कर लगाया जा सकता है। यह खाते-पीते, उच्च-मध्य वर्ग की युवती का व्यक्तित्व है, जिसे देश के आम लोग नजदीक से देख भी नहीं पाते। लेकिन अखबारों और टीवी की मेहरबानी से यह चेहरा घर-घर में पहुँच जाता है और अन्य युवतियों के सामने एक मॉडल बन जाता है। इस हद तक आदमी का तो नहीं, उसकी छवि का लोकतंत्रीकरण जरूर हुआ है।

यह तो और भी विवादास्पद है कि कौन-सी युवती सुंदर है और कौन-सी युवती नहीं। कुछ लोगों का मानना है कि सुंदरता देखनेवाले की आँख में होती है। यानी यह एक व्यक्तिनिष्ठ मामला है। क की नजर में जो सुंदर है, वह जरूरी नहीं कि ख की नजर में भी सुंदर हो। कुछ कहेंगे कि सुंदरता को मापा नहीं जा सकता। यानी यह तय करना असंभव है कि एक युवती दूसरी युवती से ज्यादा सुंदर है। इस विवाद से बचने के लिए ही समाजवादी राममनोहर लोहिया कहा करते थे कि

हर स्त्री सुंदर होती है—हाँ, कुछ स्त्रियाँ दूसरों से ज्यादा सुंदर होती हैं। यह एक मानवीय वक्तव्य है और राजनीतिक वक्तव्य भी। मानवीय इसलिए कि किसी भी स्त्री को कुरूप कहना उसका एक गहरा अपमान है। राजनीतिक इसलिए कि इस सत्य को बहुत चतुराई से व्यक्त किया गया है कि सुंदरता में भी तरतमता होती है। यानी, कुछ स्त्रियाँ दूसरों से ज्यादा सुंदर होती हैं। इस तर्क की अगली सीढ़ी यही है कि कोई स्त्री देश भर में या विश्व भर में सबसे सुंदर हो सकती है। लारा दत्त आज ऐसी ही सुंदरी हैं।

यह और बात है कि लारा ने 'मिस यूनिवर्स' सौंदर्य प्रतियोगिता में हिस्सा नहीं लिया होता, तो विश्व सुंदरी का यह गौरवपूर्ण मुकुट किसी और के सिर पर होता। इससे हम सौंदर्य प्रतियोगिताओं के निर्णायकों की सीमा का अनुमान ही लगा सकते हैं। यह मानने में भी कोई हर्ज नहीं है कि सुंदरता को मापने के कुछ वस्तुनिष्ठ पैमाने हो सकते हैं। ये पैमाने कमर, पेट, छाती आदि के माप के आधार पर हों या शरीर यष्टि के समग्र आकलन पर, यह बहस का विषय है और रहेगा। प्रश्न यह भी किया जा सकता है कि इस समग्र आकलन का आधार क्या होगा। जिस तरह हर क्षेत्र में विशेषज्ञ पैदा हो रहे हैं, उसे देखते हुए यह काम सौंदर्य विशेषज्ञों पर छोड़ा जा सकता है। जब साहित्य का सौंदर्यशास्त्र हो सकता है, तो मानव व्यक्तित्व का सौंदर्यशास्त्र क्यों नहीं हो सकता? यह और बात है कि क्या स्त्री का सौंदर्य कोई ऐसी चीज है, जिसे ले कर हमारे विद्वान इतनी मगजमारी करें?

लेकिन स्त्री के लिए सौंदर्य—यानी उसका अपना सौंदर्य—सिर्फ शास्त्रीय अभिरुचि या ज्ञान या बहस का मामला नहीं है। उसके लिए यह अस्तित्व का सवाल है और कई बार तो जीवन-मरण का सवाल बन जाता है। इसीलिए हर स्त्री जितनी सुंदर होती है उससे ज्यादा सुंदर दिखने की कोशिश करती है। अपनी इस कोशिश में बहुत-सी स्त्रियाँ हास्यास्पद हो जाती हैं, लेकिन यह जोखिम दिखावे की सभी कोशिशों का अनिवार्य अंग है। बेशक सुंदर दिखने की चाह पुरुषों में भी होती है और अब तो उनके लिए ब्यूटी सैलून—या, उन्हें जो भी कहा जाता हो—खुलने लगे हैं। इससे यह सिद्ध होता है कि सौंदर्य सिर्फ प्रकृति की देन नहीं है—उसका निर्माण भी किया जाता है। या यह कहा जा सकता है कि मूल सौंदर्य तो प्रकृति की ही देन होता है—हम सांस्कृतिक प्रयत्नों से उसका परिष्कार करते हैं। यह सौंदर्य का सामाजिकीकरण है। और, जहाँ समाज का सवाल आयेगा, कार्ल मार्क्स की यह स्थापना याद आये बिना नहीं रहेगी कि कोई भी समाज वर्गों में विभाजित होता है। तो क्या सौंदर्य का एक वर्गीय आधार भी है?

हाँ, है। कम से कम भारत जैसे पिछड़ी अर्थव्यवस्थावाले देशों में तो है। लारा दत्त की देहयष्टि पर एक नजर डालते ही—इस तरह की नजर डालना शिष्ट नहीं माना जाता, लेकिन क्या किया जाये, वह ऐसी सैकड़ों नजरों से गुजर कर ही 'मिस

यूनिवर्स' के शिखर तक पहुँची हैं और आज पूरा विश्व उनकी रूप सुधा का पान कर रहा है—यह स्पष्ट हो जायेगा कि यह देहयष्टि भारत के तीन-चौथाई से ज्यादा परिवारों में खिल नहीं सकती। ऐश्वर्य राय के बाद से भारत विश्व सुंदरियों का देश बनता जा रहा है। अगर इस पर हम इतरा सकते हैं तो हमें इस पर शोक भी करना चाहिए कि भारत में करोड़ों नहीं तो लाखों युवतियाँ ऐसी हैं, जो या तो लारा दत्त को मात दे सकती हैं या उनकी प्रतिद्वंद्विता में खड़ी हो सकती हैं। सच तो यह है कि भारत में अगर सौंदर्य है, प्रकृति यदि भारत की स्त्री जाति पर मेहरबान है, तो हमारे पास दो-चार ऐश्वर्य राय, सुष्मिता सेन और लारा दत्त नहीं, लाखों या करोड़ों ऐसी युवतियाँ होनी चाहिए जिनके सौंदर्य पर हम अभिमान कर सकें। उनकी सुंदरता कौन छीन रहा है?

आइए, सुंदरता के अर्थशास्त्र पर विचार करें। लारा दत्त जैसा शरीर और व्यक्तित्व पाने के लिए किसी युवती के परिवार की औसत मासिक आमदनी क्या होनी चाहिए? जाहिर है, यह गदराया यौवन किसी गरीब परिवार में तो विकसित नहीं हो सकता। न ही उस परिवार का वातावरण ऐसा हो सकता है जिसमें लारा दत्त की तरह फरटिदार अंग्रेजी बोली जा सके। नेशनल काउंसिल ऑफ अप्लाइड इकॉनॉमिक रिसर्च ने भारतीय परिवारों को आर्थिक स्तर की दृष्टि से पाँच वर्गों में बाँटा है : निम्न, निम्न-मध्य, मध्य, उच्च-मध्य और उच्च। उच्च वर्ग में उन परिवारों को रखा गया है जिनकी वार्षिक आमदनी है 96 हजार रुपये। यानी आठ हजार रुपये महीना। आठ हजार रुपये या इससे ज्यादा प्रतिमाह कमानेवाले लोग उच्च वर्ग में किस तर्क से रखे गये हैं, यह नहीं मालूम। इतने में तो किसी मझोले दर्जे के शहर में रहनेवाला परिवार सामान्य मध्यवर्गीय जीवन भी नहीं बिता सकता। फिर भी इस वर्ग-स्तरीकरण को स्वीकार कर लिया जाये, तो काउंसिल के आकलन के अनुसार सन 2001-02 में उच्च वर्ग के परिवारों की संख्या सिर्फ 6.7 प्रतिशत होगी। यानी चालू सन 2000 में इससे भी कम है। कहा जा सकता है कि लारा दत्त जैसा सौंदर्य भारत के सिर्फ छह-साढ़े छह प्रतिशत परिवारों में ही पैदा हो सकता है।

वे कौन-से वर्ग हैं, जो लारा दत्त नहीं पैदा कर सकते? उनके बारे में जानना जरूरी है, नहीं तो हम सौंदर्य और उसके निर्माण की वास्तविक प्रक्रिया के रूप में अनभिज्ञ रहेंगे और फिजूल बहसों में फँसे रहेंगे। नेशनल काउंसिल ऑफ अप्लाइड इकॉनॉमिक रिसर्च के इसी आकलन के अनुसार, 2001-02 में भारत के 7.5 परिवार ऐसे होंगे, जिनकी वार्षिक आमदनी 70,001 रु. से 96,000 रु. के बीच होगी। 13 प्रतिशत परिवार ऐसे होंगे, जिनकी वार्षिक आमदनी 45,001 रु. से 70,000 रु. के बीच होगी। 40 प्रतिशत परिवार ऐसे होंगे, जिनकी वार्षिक आमदनी 22,501 रु. से 45,000 रु. के बीच होगी। 32.8 प्रतिशत परिवार ऐसे होंगे, जिनकी वार्षिक आमदनी 22,550 रु. तक की होगी। यानी देश के लगभग अधिकांश परिवार ऐसे हैं, जिनमें

स्त्री सौंदर्य अगर जन्म लेता भी है, तो सांस्कृतिक साधनों और प्रसाधनों से उसका परिष्कार करने के बजाय उसे अक्षुण्ण रखना भी कठिन है। कहा जा सकता है कि एक देश के रूप में हम सुंदरता के हत्यारे हैं। हम सुंदर युवतियों की प्रशंसा करते हैं; जब वे सुंदरता की प्रतियोगिता में विजय प्राप्त करती हैं, तो हम उन पर गर्व करते हैं; लेकिन हमारे आस-पास, हमारे चारों ओर कितनी सुंदरता नष्ट हो रही है, असमय कुम्हला रही है, विकसित नहीं होने दी जा रही है—इसके प्रति हमारी निष्ठुरता का कोई अंत नहीं है। हमें सुंदरता चाहिए, लेकिन हम उसका उत्पादन रोक रहे हैं।

लारा दत्त ने अपनी विश्व विजय के अवसर पर कहा है कि वे स्त्रियों के बीच शिक्षा का—खासकर एड्स से संबंधित जानकारी का—प्रसार करने का प्रयास करेंगी। ईश्वर उनकी यह इच्छा पूरी करे। यह भी कोई साधारण काम नहीं है। लेकिन चूँकि उनकी मूल अभिरुचि सुंदरता की साधना में है, वे सौंदर्य के प्रतिष्ठान का अंग बन चुकी हैं, क्या ही अच्छा होता, अगर उन्होंने यह संकल्प व्यक्त किया होता कि मैं भारत की स्त्रियों में छिपे या दबे हुए सौंदर्य को प्रकट करने का प्रयास करूँगी! क्या ही सुंदर होता, अगर वे उस अपार भारतीय सौंदर्य के पुनराविष्कार के राष्ट्रीय अभियान के प्रति अपने को समर्पित करतीं जो आर्थिक गरीबी के बोझ से दब कर लुप्तप्राय हो गया है! अपना खोया हुआ सौंदर्य प्राप्त कर लेने के बाद ये असंख्य भारतीय स्त्रियाँ सौंदर्य प्रतियोगिताओं में भाग लेंगी या नहीं, अथवा इसकी जरूरत भी रह जायेगी या नहीं—यह अलग सवाल है। मूल मुद्दा यह है कि हर स्त्री को सुंदरता की साधना का अधिकार है और गरीबी को इसकी राह में नहीं आने दिया जाना चाहिए। एक असुंदर समाज में सुंदर युवतियों की खोज उन सभी का अपमान है, जिन्हें प्रकृति तो सुंदर बना कर भेजती है, पर जिनका लावण्य आर्थिक अभाव का पिशाच चूस लेता है। इस पिशाच से संघर्ष किये बगैर सिर्फ लारा दत्त के सौंदर्य को टकटकी लगा कर देखना किसी सभ्य या मानवीय सौंदर्य शास्त्र का अंग नहीं हो सकता।

बलात्कार का वर्ग चरित्र

जैसे सभी स्त्रियाँ एक वर्ग की नहीं होतीं, वैसे ही बलात्कार का भी वर्ग चरित्र होता है। नहीं तो इस दर्द से गुजरनेवालों में गरीब, असहाय और पिछड़ी जातियों की स्त्रियों की संख्या इतनी अधिक न होती।

बच्चियों से बलात्कार की घटनाएँ जिस तेजी से बढ़ रही हैं, वह दिल दहला देनेवाली बात है। लेकिन उनके लिए ज्यादा, जो लड़कियों और औरतों के साथ होनेवाले बलात्कार को एक सामान्य घटना मान कर अपने समाज के स्वास्थ्य की ओर से निश्चिंत हो चुके थे। सच तो यह है कि सभी बलात्कार एक जैसे ही होते हैं। इस बात को हम जितनी जल्दी समझेंगे, उतनी ही जल्दी यह महसूस कर सकेंगे कि यह सिर्फ वासना के अनियंत्रित प्लावन का मामला नहीं है।

निस्संदेह बलात्कार वासना का खेल है, लेकिन उसका एक वर्ग चरित्र भी होता है। यही कारण है कि जो महिलाएँ पुरुष मन में वासना पैदा करने में सर्वाधिक समर्थ हैं यानी फिल्म अभिनेत्रियाँ, मॉडल और उच्च स्तर की वेश्याएँ, उनके साथ बलात्कार नहीं होता। इन सभी को वर्ग सुरक्षा मिली हुई है। ज्यादातर बलात्कार उन स्त्रियों के साथ होता है, जो असुरक्षित हैं। नौकर गृहस्वामियों के साथ और छात्र शिक्षिकाओं के साथ नहीं, बल्कि गृहस्वामी नौकरानियों के साथ और शिक्षक छात्राओं के साथ बलात्कार करते हैं। जिनके साथ बलात्कार होता है, जरूरी नहीं कि वे सुंदर हों। वस्तुतः सौंदर्य बलात्कारी का मानदंड होता ही नहीं है। उसकी कसौटी यह होती है कि कहाँ आसानी से हमला किया जा सकता है। इसीलिए ज्यादातर बलात्कार झुग्गी-झोंपड़ियों में, गाँवों के विषमतापूर्ण माहौल में, पुलिस हवालात में या फौजियों द्वारा उपद्रवग्रस्त इलाकों में होते हैं। या फिर एकांत फ्लैटों में डकैती और हत्या के पहले। कुछ का तो स्पष्ट उद्देश्य शक्ति प्रदर्शन होता है। जब कोई फौजी सीमांत के किसी इलाके में बलात्कार करता है, तो वह सिर्फ अपनी कामुकता को शांत नहीं करता, बल्कि विद्रोहियों को मजा भी चखाना चाहता है। गाँवों में खून के साथ या

खून के पहले दलित जातियों की स्त्रियों के साथ बलात्कार इसी मानसिकता के तहत होता है। कई बार सामूहिक बलात्कार के बजाय स्त्रियों को नंगा घुमाया जाता है। यह स्त्री शरीर के प्रति सौंदर्यशास्त्रीय जिज्ञासा नहीं, बल्कि इस वर्ग-वर्चस्व को सोदाहरण पुनःस्थापित करना है कि देखो, हम तुम्हारी औरतों के साथ क्या-क्या कर सकते हैं।

निश्चय ही बलात्कार एक क्रूरता से ज्यादा एक हौआ इसलिए बन चुका है कि स्त्री शरीर की पवित्रता को उसके यौनिक जीवन से जोड़ दिया गया है। इस जबरदस्त सभ्यतागत पूर्वाग्रह के कारण ही शायद स्त्री की त्वचा को सिगरेट से जलाना बलात्कार से बेहतर सलूक माना जायेगा। चुनने की छूट हो, तो शायद बहुत-सी स्त्रियाँ भी यही राय व्यक्त करें। आक्रमणकारी इस बात को जानता है। इसीलिए वह पुरुषों से मार-पीट और स्त्रियों से बलात्कार करता है। वस्तुतः उसे मार-पीट से ज्यादा संतोष बलात्कार से होता है, क्योंकि हिंसा के द्वारा वह मानव शरीर की पवित्रता को उस तरह नष्ट नहीं कर पाता, जिस तरह वह बलात्कार के द्वारा करता है। मानव शरीर की यौनिक पवित्रता का हम जितना ज्यादा आग्रह करेंगे, बलात्कारी को उतना ही ज्यादा मौका देंगे।

लेकिन सिर्फ इसी वजह से आदिवासी समाज में बलात्कार नहीं होता या बहुत कम होता है, ऐसी बात नहीं है। यह सच है कि आदिवासी जीवन में सेक्स कोई हौआ नहीं है। वहाँ इसे भी उतने ही सहज ढंग से लिया जाता है, जितने सहज ढंग से जीवन की दूसरी आवश्यकताओं को, हालाँकि कुछ आदिवासी समूहों में यौन जीवन के नियम बहुत कठोर भी हैं। आदिवासी जीवन की मुख्य विशेषता दूसरी है। वहाँ वर्गों का निर्माण नहीं हुआ है, इसलिए कोई स्त्री ज्यादा या कम असुरक्षित नहीं है तथा वहाँ अपराध भी नहीं है। इसीलिए स्त्री के साथ बलात्कार करने की बात आम तौर पर दिमाग में आती ही नहीं।

लेकिन यही आदिवासी समूह जब किसी विकसित यानी 'आधुनिक' समूह के संपर्क में आता है, तो उसे पता चलता है कि स्त्री-पुरुष के बीच बलात्कार नाम की घटना भी होती है। इस संपर्क के दौरान आदिवासी स्त्री के साथ बलात्कार कोई भी कर सकता है—दुकानदार, ठेकेदार, गृहस्वामी, पुलिस का कर्मचारी और यहाँ तक कि शहरी रिक्शावाला भी। यहाँ बलात्कार का वर्ग चरित्र पूरी तरह उजागर हो जाता है। आदिवासी स्त्री एक कमजोर जमात की है। बलात्कार के पीछे पूरी शहरी सभ्यता का तंत्र है। दोनों का संबंध एक असमान संबंध है। असमानता की इस पृष्ठभूमि में बलात्कार एक स्वाभाविक घटना बन जाती है। बलात्कारी के पास वह तर्क भी होता है, जो माइक टाइसन ने अपने बचाव में दिया है। टाइसन का कहना है कि जिस स्त्री के साथ बलात्कार का उस पर आरोप लगाया गया है, वह खुद उसके साथ सोना चाहती थी। आदिवासी स्त्री के बारे में शहरी बाबू सोचता है कि उसके लिए शरीर की पवित्रता का कोई अर्थ नहीं है, अतः वह बलात्कार का बुरा नहीं

मानेगी—शायद वह इसका आनंद ही ले। अनुभवी आदिवासी स्त्री अक्सर कम प्रतिवाद करती है या खून का यह घूँट चुपचाप पी कर रह जाती है, तो इसलिए नहीं कि उसने इस अतिक्रमण का बहुत बुरा नहीं माना है, बल्कि इसलिए कि वह या उसका समुदाय बलात्कारी का कर भी क्या सकता है। एक दौर था, जब ऐसी किसी घटना के बाद आदिवासी पुरुष अपने तीर-कमान ले कर बलात्कारी के विरुद्ध जमा हो जाते थे (अब भी कहीं-कहीं जमा हो जाते हैं)। लेकिन यह वह दौर था जब आदिवासी जीवन की आर्थिक स्वायत्तता काफी कुछ बची हुई थी। अब उसका अर्थतंत्र शहरी जीवन से जुड़ गया है (ग्लोबलाइजेशन!) अतः उसका गुस्सा भी नपुंसक हो गया है। अब आदिवासी पुरुष अपनी बलात्कृत पत्नी की ही हत्या कर अपनी भड़ास निकाल सकता है (गोविन्द निहलानी की फिल्म 'आक्रोश')।

याद कीजिए, आदिवासी समाज अपने अंदर बलात्कार से इसलिए भी बचा हुआ है कि वहाँ समाज अभी नष्ट नहीं हुआ है। जहाँ किसी भी प्रकार का समाज है, वहाँ तरह-तरह के अन्याय तो हो सकते हैं, लेकिन बलात्कार की संभावना कम हो जाती है। समाज अन्याय को समाप्त करने की गारंटी नहीं है, लेकिन इस बात की गारंटी जरूर है कि जो भी न्याय और अन्याय होंगे, वे एक प्रणाली के तहत होंगे—उनका एक स्वीकृत तरीका होगा। समाज भरसक उस तरीके की रक्षा करता है। कोई भी समाज बलात्कार की अनुमति नहीं दे सकता, न बलात्कारी को माफ कर सकता है। यह सामाजिकता का एक गंभीर अतिक्रमण है। इसीलिए जहाँ समाज जाग्रत है, जहाँ वह नाराज हो जाये तो आपका जीना दूभर कर सकता है, वहाँ बलात्कार कठिन है। वहाँ यह तो हो सकता है कि किसी एक व्यक्ति या वर्ग को बहुत-सी स्त्रियों का भोग करने की सुविधा को संस्थात्मक रूप दे दिया जाये, लेकिन यह वह बलात्कार नहीं है जिसकी यहाँ चर्चा की जा रही है। जब हम किसी अन्याय को संस्थागत रूप में स्वीकार कर लेते हैं, तब जो कुछ होता है, वह किसी की इच्छा के विपरीत नहीं होता। हाँ, अगर कोई औरत महसूस करे कि यह व्यवस्था ही गलत है और इसका प्रतिवाद करे, फिर भी उसे अपवाद होने की छूट न मिले, तो यह जरूर बलात्कार होगा।

वस्तुतः ऐसे विद्रोहों से ही समाज विकसित होते हैं। लेकिन आधुनिक युग की मुश्किल यह है कि जब समाज बहुत विकसित हो जाते हैं, तो वे विघटित होने लगते हैं। सामाजिक नियंत्रण का स्थान राज्य ले लेता है। तब बलात्कार एक असामाजिक घटना न हो कर एक तकनीकी अपराध हो जाता है, जिसे सिद्ध करने के लिए ढेर सारे साक्ष्यों की ही नहीं, अति चतुर एवं प्रशिक्षित तर्कों की भी जरूरत होती है। बलात्कार के प्रति यह अतिशय तकनीकी दृष्टिकोण अंततः बलात्कार को ही प्रोत्साहित करता है। बलात्कारी अब जानता है कि वह क्या-क्या कह कर बच या कर कर सकता है।

बच्चियों के साथ बलात्कार को इसी संदर्भ में देखना चाहिए। लोग सवाल करते हैं कि दो या चार साल की बच्ची के साथ बलात्कारी कौन-सा सुख पा सकता है। लेकिन यह एक और भ्रांति है। बलात्कारी को यौन सुख चाहिए ही नहीं। वह यौन सुख के लिए नहीं भटक रहा है। वह तो सिर्फ अपनी भड़ास निकालना चाहता है और अपनी ताकत का प्रदर्शन करना चाहता है। जहाँ तक उसकी ताकत जा सकती है, उसकी लोलुप निगाहें भी जायेंगी। इस दृष्टि से बच्चियाँ सबसे आसान शिकार होती हैं। एक वर्ग के रूप में वे एकदम कमजोर और निरुपाय होती हैं। उन्हें कोई भी अपना शिकार बना सकता है। बच्चियों के साथ जो बलात्कार कर रहे हैं, वे स्पष्टतः सबसे कायर अपराधी हैं।

जबरदस्ती की सजा

> *क्या यह विचित्र बात नहीं है कि आधुनिक दंड विधान प्रतिशोध के बजाय सुधार को अधिकाधिक महत्त्व दे रहा है, पर भारत में ऐसे लोगों की संख्या बढ़ती जा रही है जिन्हें तभी चैन मिलेगा जब बलात्कारी फाँसी के फंदे की ओर जाते हुए दिखाई दे?*

समय-समय पर यह माँग उठती रहती है कि केंद्रीय सरकार संसद में एक ऐसा विधेयक पेश करे, जिसमें बलात्कार के लिए मृत्यु दंड का प्रावधान हो। स्पष्ट है कि इस विषय पर पत्र-पत्रिकाओं में जो भी बहस हुई है, उसने सरकार को और खासकर गृह मंत्री लालकृष्ण आडवाणी को बिलकुल प्रभावित नहीं किया है। जिनका झुकाव फासीवाद की तरफ होता है, वे जनमत की परवाह नहीं करते। बौद्धिक और विचारशील लोगों की बातें तो उन्हें जहर की तरह लगती हैं। उन्हें यह बताने से कोई फायदा नहीं कि दुनिया के किसी भी सभ्य देश में बलात्कार की सजा मृत्यु दंड नहीं है—उन देशों में भी नहीं, जहाँ बलात्कार की समस्या हमारी तुलना में ज्यादा भयावह है। जहाँ तक देश के अन्य राजनीतिक दलों का सवाल है, वे इस असभ्य विधेयक का विरोध कर व्यर्थ ही स्त्री-विरोधी होने का आरोप क्यों आमंत्रित करना चाहेंगे? इसलिए ज्यादा संभावना यही है कि जब यह विधेयक संसद में पेश किया जायेगा, तो इसे लगभग सर्वसम्मति से मंजूरी मिल जायेगी।

इस सिलसिले में जिस दूसरे कानून की याद आती है, वह है इस्लाम में व्यभिचारी को दंड देने का कानून। यह दंड अपराधी को पत्थरों से मार-मार कर मौत के घाट पहुँचाने का है। संभवतः काफी समय तक इस कानून पर अमल रुका रहा। तब मुस्लिम समाज भी आधुनिकीकरण के दौर से गुजर रहा था। लेकिन जैसे ही कई मुस्लिम देशों में धार्मिक कट्टरतावाद की लहर आयी, पुराने कानून पुनर्जीवित होने लगे। जब पाकिस्तान आजाद हुआ, वहाँ भी वही दंड संहिता लागू थी जो भारत में, क्योंकि यह ब्रिटिश शासन की साझा विरासत थी। उसके पहले भारत के मुगल राजा बलात्कारी को संगसार करने के इस कानून को लागू नहीं करते थे। इस संदर्भ

में इस तथ्य का शायद कोई महत्व नहीं है कि उनमें से ज्यादातर स्वयं व्यभिचारी और चार से ज्यादा शादियाँ करनेवाले थे। मूल बात यह है कि यह कानून मध्ययुगीन लोगों को भी मध्ययुगीन लगता था। इसीलिए जब ब्रिटिश शासकों ने अपना दंड विधान लागू किया, तो उसका विरोध नहीं हुआ। लेकिन पाकिस्तान में जब आधुनिक लोकतांत्रिक शासन का अंत और धार्मिक कठमुल्लापन का उदय हुआ, तो शरीयत को फिर से लागू करने की प्रक्रिया शुरू हुई। व्यभिचारियों को संगसार कर मारने की घटनाएँ प्रकाश में आने लगीं।

हिंदुओं की शरीयत मनुस्मृति है। मनुस्मृति में बलात्कार की सजा मृत्यु दंड है। वह भी कानून के समक्ष विचार होने के बाद मृत्यु दंड नहीं, तत्काल मृत्यु दंड। मनुस्मृति के अध्याय 8 के 364वें श्लोक में कहा गया है : योऽकामां दूषयेत्कन्यां स सद्यो वधमर्हहति। सकायां दूषयं स्तुल्यो न न वधं प्राप्नुयान्नरः। अर्थात जो मनुष्य किसी कन्या से बलात्कार से मैथुन करे, वह उसी समय मार देने योग्य है। जो कन्या की जाति का हो और कन्या की इच्छा से करे, तो उसे नहीं मारना चाहिए। भाजपा की सरकार इतनी नरमी बरतने जा रही है कि उसके विधेयक में बलात्कारी के लिए तत्काल मृत्यु दंड की व्यवस्था नहीं है। यह कानून बाकायदा न्यायालय द्वारा विचार किये जाने के बाद लागू होगा। इस तरह एक प्राचीन दंड व्यवस्था एक आधुनिक न्याय व्यवस्था द्वारा कार्यान्वित करायी जायेगी। ध्यान देने की बात है कि पर स्त्री गमन के लिए मनुस्मृति में भी शरीयत जैसी ही व्यवस्था है : परस्त्रीगामी पुरुष को राजा तपे हुए लोहे की शैया पर सुला कर ऊपर से कड़ी रखवा दे, जिससे वह पापी भस्म हो जाये। (मनुस्मृति, 8/372)। आज बलात्कारी को सजा-ए-मौत देने का विधान किया जा रहा है, तो कल व्यभिचारी के लिए भी ऐसी ही किसी सजा की तजवीज की जायेगी। जो लोग भाजपा को मनुवादी पार्टी कहते हैं, वे सही साबित हो रहे हैं।

ध्यान देने की बात यह है कि कठोरतम सजा का प्रावधान एक यौन अपराध के लिए किया जा रहा है—उन अपराधों के लिए नहीं जो सामाजिक या आर्थिक अपराध हैं। यदि बलात्कारी को मौत की सजा दी जा सकती है, तो खाद्य पदार्थों में मिलावट करनेवालों या जाली दवाएँ बनानेवालों के लिए ऐसी ही सजा क्यों नहीं दी जा सकती? भ्रष्टाचार राजकोष के गबन का दूसरा नाम है। राजकोष सार्वजनिक कोष यानी जनता का धन है। जनता के धन का गबन करनेवाले को साधारण चोर की श्रेणी में नहीं रखा जा सकता। साधारण चोरी करनेवाला एक व्यक्ति को चूना लगाता है, राजकोष का गबन करनेवाला भारत की एक अरब जनता को चूना लगाता है। ऐसे व्यक्ति को कठोरतम सजा क्यों नहीं मिलनी चाहिए? जिस कलक्टर के क्षेत्र में एक भी व्यक्ति भूखा मर जाये, उसे क्यों न फाँसी पर लटका दिया जाये? जिन डाक्टरों की लापरवाही से रोगी की मृत्यु हो जाये, वे कठोरतम सजा के भागी क्यों न हों? स्पष्ट है कि भारत के लिए नया दंड विधान बनाते समय गृह मंत्री की नजर

कहाँ टिकी हुई है। स्त्री का सम्मान सबसे पहले सुरक्षणीय है, बाकी चीजें प्रतीक्षा कर सकती हैं। हो सकता है, इसके पीछे गृह मंत्री की कोई निजी ग्रंथि हो। निजी ग्रंथि पीछे देखू मानसिकता के साथ मिल कर भयानक उत्पात मचा सकती है।

विडंबना यह है कि भाजपा के वैचारिक नेता को स्त्री के सम्मान की सिर्फ एक ही संदर्भ में चिंता है और वह संदर्भ है बलात्कार का। लेकिन ऐसा लगता है कि आडवाणी ने बलात्कार के उस रूप पर जरा भी विचार नहीं किया है जिसे संस्थाबद्ध बलात्कार कहा जा सकता है। यह रूप वेश्यावृत्ति का है। वेश्याएँ वे अभागी मानवियाँ हैं, जिनके साथ रोज बलात्कार होता है। जिस दिन बलात्कार नहीं होता, वे मायूस हो जाती हैं, क्योंकि उनकी दिहाड़ी मारी जाती है। कोई स्त्री वेश्या क्यों बनती है? संभव है कुछ स्त्रियाँ बेहतर रहन-सहन की उम्मीद में इस पेशे में आती हों, लेकिन उनकी संख्या दाल में नमक के बराबर भी नहीं है। ज्यादातर वेश्याएँ इस पेशे में स्वयं नहीं आती हैं, लायी जाती हैं। इस काम के लिए बाकायदा गिरोह बने हुए हैं, जो पुलिस की मिली भगत से अगवा की गयी अथवा मुसीबत में डाल दी गयी लड़कियों को वेश्यालयों तक पहुँचाते हैं। कोई भी लड़की एक ही रात में वेश्या बनने के लिए सहमत नहीं हो जाती। कई-कई दिनों तक भूखा और कैद रख कर उसका मनोबल तोड़ा जाता है। हर ऐसी लड़की शुरू में प्रतिवाद और विद्रोह करती है, फिर राज्य और समाज की ओर से कोई वैकल्पिक व्यवस्था न होने के कारण इस घृणित पेशे को अपनी नियति के रूप में स्वीकार कर लेती है। इसके बाद उसके साथ रोज जो होता है, उसे बलात्कार इसलिए नहीं कहते, क्योंकि उस पर पैसे दे कर खरीदी गयी सहमति की छाप होती है। क्या केंद्रीय गृह मंत्रालय ने ऐसा कोई सर्वेक्षण कराया है, जिससे पता चले कि कितनी स्त्रियाँ इस नीच पेशे से निकल कर स्वतंत्र और सम्मानपूर्ण जीवन बिताना चाहती हैं? भारत में साल भर में जितने बलात्कार होते हैं, उससे कहीं ज्यादा बलात्कार हर रात हमारे सुपरिचित वेश्यालयों में हो रहे हैं। लेकिन यह गृह मंत्री के लिए विचार योग्य विषय नहीं है। क्या इसलिए कि प्राचीन हिंदू व्यवस्था में गणिकाओं को सामाजिक और कानूनी मान्यता मिली हुई थी? क्या इसलिए कि आज की बाजार-प्रधान व्यवस्था हर पुरुष को दास और हर स्त्री को वेश्या बनाना चाहती है? प्राचीनता और आधुनिकता का कैसा अद्भुत संगम है!

यह दिलचस्प है कि अब ऐसे लोगों की संख्या बढ़ रही है जो हर अपराध की सामाजिक और मनोवैज्ञानिक पृष्ठभूमि जानने-समझने की कोशिश करते हैं तथा हर अपराधी को एक बीमार आदमी मानते हैं, लेकिन बलात्कार के अपराध पर परंपरागत रवैया ही दृढ़ होता जा रहा है। आज किसी डकैत या खूनी का मनोविज्ञान समझने की कोशिश करते हुए लोग पाये जायेंगे और जेलों को सुधारगृह बनाने का अभियान तक चल रहा है, लेकिन बलात्कारी को यह सहज मानवीय रियायत देने के लिए कोई तैयार नहीं है। क्या इसका कारण पुरुषों का आपसी यौन द्वेष है—वे

स्त्रियों की निगाह में ऊपर उठना चाहते हैं कि देखो, तुम्हारे शील की रक्षा के लिए हमने कितना कठोर कानून बना दिया है? विडंबना यह है कि अब भी अदालती प्रक्रिया आम तौर पर ऐसी है कि बलात्कारी के छूट जाने की संभावना ही ज्यादा होती है। इसका एक कारण पुरुष वर्ग का वर्ग स्वार्थ भी है। बलात्कार पुरुष ही करता है और अदालतों पर भी पुरुषों का ही कब्जा है। जिस पुलिस का काम बलात्कारी को सजा दिलाना है, वह स्वयं मौका पाते ही बलात्कार करते हुए पायी जाती है। वस्तुतः बलात्कारों की बढ़ती हुई संख्या इस बात के लिए काफी होनी चाहिए कि उसका समाजशास्त्रीय अध्ययन किया जाये। जड़ों के बारे में विचार न कर पत्तों को सजा देने के अत्युत्साह में अनेक ऐसे प्रश्न दब गये हैं जो हमारी सभ्यता की बुनियादों पर पुनर्विचार करने की माँग करते हैं। यह अकारण नहीं है कि आदिवासी समाजों में बलात्कार कम होते हैं और जब होते हैं, तब न तो कोई स्त्री आत्महत्या करती है और न ही यह मान लिया जाता है कि उसका सर्वस्व लुट गया। इसका मतलब यह नहीं है कि बलात्कार को वहाँ सामाजिक स्वीकृति मिली हुई है। ऐसी स्वीकृति किसी भी सभ्य मानव समूह में नहीं हो सकती। लेकिन बलात्कार को अन्य अपराधों की तरह ही एक अपराध माना जाता है और उसके लिए सामान्य दंड तथा प्रायश्चित्त का ही विधान है।

इतनी बड़ी संख्या में वेश्याओं के सुलभ होने के बावजूद, जहाँ बलात्कार के लिए किसी किस्म का प्रयास नहीं करना होता—सिर्फ कुछ द्रव्य देना होता है, बलात्कार क्यों होते हैं? क्योंकि बलात्कारी अपनी ताकत के बल पर यौन सुख हासिल करना चाहता है। यह प्रलोभन उसे इसलिए होता है क्योंकि वह पाता है कि सब ओर ताकत की पूजा हो रही है। ताकतवर लोग दूसरों की जिंदगी के साथ तरह-तरह से खेल रहे हैं। ताकत के इस्तेमाल का कोई नीतिशास्त्र नहीं है। इसलिए बलात्कारी सोचता है कि मैं अपनी ताकत का इस्तेमाल कर रहा हूँ, तो क्या गलत कर रहा हूँ। यह वसुंधरा वीरों के भोगने के लिए है। अतः वह बलात्कार को अपनी वीरता मानता है। ताकत का या हिंसा का यह इस्तेमाल शर्म या ग्लानि की बात बने, इसके लिए ताकत के सभी संबंधों को बदलना होगा। उन्हें मानवीय संबंध बनाना होगा। यह प्रक्रिया राज्य से ले कर परिवार तक सभी स्तरों पर चलनी चाहिए। तभी बलात्कार को एक असामान्य घटना बनाया जा सकता है। सिर्फ उग्र कानून मनुष्य को मानवीय नहीं बना सकते।

स्पष्टतः ताकत का कोई एक रूप नहीं है। ताकत की संस्कृति को खत्म करने में दमन की संस्कृति को खत्म करना भी निहित है। मनुष्य की यौनिकता की स्वाभाविक अभिव्यक्तियों को नहीं रोकना चाहिए। सामाजिक दमन जितना ज्यादा होगा, आत्म-नियंत्रण उतना ही कठिन होता जायेगा। बेगानापन बलात्कार को प्रोत्साहित करने का अचूक नुस्खा है। मनुष्य के स्वभाव में चोरी अब भी बनी हुई हैं, क्योंकि निजी संपत्ति की

अधिकता ने सबको एक-दूसरे से बेगाना बना रखा है। इसी तरह शरीर को भी निजी संपत्ति मान कर चलना गलत और अप्राकृतिक है। शरीरवाद का यह नया आतंक व्यक्तिवाद की ही एक परिणति है। सभ्यता का जैसे-जैसे विकास होगा, हर व्यक्ति विशिष्ट होता जायेगा। पर उसके साथ ही आत्मीय पारस्परिक संपर्क भी बढ़ना चाहिए, नहीं तो अजनबीपन की दीवारें ऊँची होती जायेंगी। मानव जीवन के सभी क्षेत्रों में सामूहिकता, खुलेपन और एक-दूसरे के सहज स्पर्श के भलेपन का वर्चस्व होगा और स्त्री-पुरुषों के व्यक्तित्व का समग्र प्रस्फुटन हो सकेगा, तो स्नेह, समानता और निकटता का आम वातावरण बनेगा। इस वातावरण में बलात्कार एक विरल घटना में परिणत हो सकता है। आज की विडंबना यह है कि एक ओर बलात्कार की सजा कठोरतर की जा रही है, दूसरी ओर बलात्कार को संभव बनोनवाली स्थितियों का योजनाबद्ध विस्तार हो रहा है। उदारीकरण की सारी प्रक्रिया कामुकता की उच्छृंखल अभिव्यक्तियों पर टिकी हुई है। स्पष्ट है कि बड़े बलात्कारियों ने छोटे बलात्कारियों के खिलाफ मोर्चा खोल रखा है। अदालत की ओर ले जाया जाता हुआ बलात्कारी वह अभिशप्त आदमी है, जिसकी पीठ पर पूरी सभ्यता का कूबड़ है।

श्रृंगार और सत्ता

स्त्रीत्व का एक आयाम सुंदर दिखने की कामना है। सौंदर्य प्रतियोगिताएँ इसी कामना की आड़ में स्त्री का आखेट करती हैं। लेकिन जब राज्य यह तय करने लगता है कि स्त्री को कैसा या कितना दिखना चाहिए, तब वह क्या कर रहा होता है?

सुंदरता का एक नियम यह है कि योग्यता की तरह उसमें भी प्रतिद्वंद्विता चलती रहती है। हर स्त्री यह कोशिश करती है कि वह उससे ज्यादा सुंदर दिखे जितनी वह वास्तव में है। इसका एक मुख्य कारण यह है कि सुंदरता सिर्फ शरीर की संरचना में नहीं होती, बल्कि उसकी साज-सज्जा और प्रस्तुतीकरण में भी होती है। एक समय में दर्जी अपनी दुकान के विज्ञापन में यह कहते थे कि भगवान ने आपको मैन बनाया, हम आपको जेंटलमैन बनाते हैं। बहुत-सी स्त्रियों को भगवान सुंदर बना कर भेजता है, लेकिन वे अपनी सांस्कृतिक कमियों की वजह से अपने प्राकृतिक सौंदर्य के साथ न्याय नहीं कर पातीं और लद्धड़ बनी रहती हैं। इसके विपरीत, प्रकृति के कारखाने से कुछ कम सौंदर्य दे कर भेजी गयी स्त्रियाँ अपने कौशल और उद्योग से सुंदरी के रूप में जानी जाती हैं। यानी सुंदर होना और सुंदर दिखना—इनके बीच एक खाई है जिसे पाटा जा सकता है। सौंदर्य उद्योग इसी सच्चाई पर टिका हुआ है। चूँकि सौंदर्य का कोई ऐसा बिंदु नहीं है जिससे आगे जाने की जरूरत या संभावना न हो, इसलिए सुंदरता का संघर्ष बराबर बना रहता है। दूसरी ओर, शरीर भी हमेशा एक जैसा तो रहता नहीं, इसलिए थोड़े-थोड़े अंतराल के बाद सुंदर बनने की कोशिश का एक नया अध्याय खोलते रहना पड़ता है।

सुंदर होने या दिखने की यह प्रतिद्वंद्विता अपने आपसे होती है—शमशेर बहादुर सिंह के शब्दों में, काल तुमसे होड़ है मेरी—तो इसका कारण यह है कि यह प्रतिद्वंद्विता समाज में भी चलती रहती है। ऐसा सौंदर्य किस काम का, जो दीवारों में कैद रहे। इस मायने में हर युवा स्त्री दूसरी युवा स्त्री की प्रतिद्वंद्वी होती है। सभ्यता के उस विकसित दौर की कल्पना की जा सकती है जब प्रत्येक व्यक्ति अपने व्यक्तित्व के

आधार पर सम्मानित होगा—धन, पद या शरीर के रंग या रूप के आधार पर नहीं और इनमें स्त्रियाँ भी शामिल होंगी। लेकिन तब भी स्त्री के सौंदर्य की महिमा कम नहीं होगी, क्योंकि इसकी एक जैविक भूमिका है। स्त्री से प्रकृति मानव सृष्टि को आगे बढ़ाने का काम लेती है, इसलिए सौंदर्य वह उपकरण है जिससे स्त्री पुरुष के लिए काम्य है। काम्य बनी रह कर ही स्त्री यह आशा कर सकती है कि वह पुरुष को प्रजनन के लिए आकर्षित और आमंत्रित कर सकेगी। सतत काम्य बने रहने का बोझ निश्चय ही एक असह्य बोझ है, लेकिन प्रकृति के काम करने के अपने तरीके हैं जिनमें हम ज्यादा हस्तक्षेप नहीं कर सकते। इसलिए सुंदरता की यह प्रतिद्वंद्विता, जो अपने आपसे भी होती है और दूसरों से भी, एक प्राकृतिक प्रतिद्वंद्विता है जो हमारी जीवन प्रणाली में इतनी गहराई में अनुस्यूत है कि अनेक बार तो हमें उसका अनुभव भी नहीं होता और हम उससे परिचालित होते रहते हैं।

क्या आधुनिक सौंदर्य प्रतियोगिताएँ इसी प्राकृतिक माँग की पूर्ति करती हैं? एक तरह से हाँ और एक तरह से नहीं। हाँ इसलिए कि स्त्रियों में यह बुनियादी झुकाव होता ही नहीं, तो इन प्रतियोगिताओं में भाग लेने कोई आता ही नहीं। यह भी नहीं कहा जा सकता कि सौंदर्य का इस्तेमाल उद्योग या व्यवसाय की तरह करने की प्रवृत्ति नयी है। पता नहीं किस तर्क से वेश्यावृत्ति को सबसे पुराना व्यवसाय कहा जाता है, लेकिन यह तथ्य है कि सौंदर्य तथा स्त्रीत्व के अन्य आकर्षणों का उपयोग प्रेम तथा विवाह से इतर उद्देश्यों के लिए भी किया जाता रहा है। यह जरूर है कि आधुनिक युग के पूर्व इसे अच्छी निगाह से नहीं देखा जाता था। सुंदरता की प्रतिद्वंद्विता मौन रह कर ही की जाती थी। लज्जा को सौंदर्य का आभूषण माना जाता था। (हे लाज भरे सौंदर्य बता दो मौन बने रहते हो क्यों)। आधुनिक सौंदर्य प्रतियोगिताओं ने जो मौन था, उसे मुखर बना दिया है। जो एक प्राकृतिक संवेग था, उसे एक व्यावसायिक घटना में बदल दिया है। इस तरह आधुनिक व्यावसायिक बोध ने सुंदरता को जीवन की एक घटना या प्रक्रिया न रहने दे कर उसका एक स्वतंत्र रूप विकसित किया है, जिसका संबंध विज्ञापन की दुनिया से है, जो व्यावसायिक उत्पादों को बेचने में सहायक है, जिससे राजनीतिक लक्ष्य भी हासिल किये जा सकते हैं और, सबसे बढ़ कर, जिसका उपयोग एक ऐसी संस्कृति विकसित करने में किया जाता है जिसमें स्त्री का शरीर उसके व्यक्तित्व पर हावी हो जाता है। मार्क्स ने कहा नहीं था, तो उन्हें कहना चाहिए था कि पूँजीवाद पुरुषों को दास बनाता है और स्त्रियों को वेश्याएँ।

इसीलिए जब से सौंदर्य प्रतियोगिता शुरू हुई है, तभी से उसका विरोध भी हो रहा है। सिर्फ नारीवादी महिलाएँ और उनके संगठन ही सौंदर्य प्रतियोगिताओं का विरोध नहीं करते, प्रगतिशील और समझदार पुरुष भी उनकी आलोचना करते हैं। साम्यवादी व्यवस्थाओं में सौंदर्य प्रतियोगिताएँ नहीं होती थीं। इसके बावजूद सौंदर्य

प्रतियोगिताओं की दुनिया लगातार ग्लैमरमयी होती जा रही है, तो इसका श्रेय टेलीविजन और मीडिया की नयी शैली को है जो आधुनिक जीवन के सभी पक्षों को बिना किसी आलोचनात्मक विवेक के प्रक्षेपित और प्रचारित करता है। मीडिया की बदलती हुई भूमिका को देखते हुए इसे आश्चर्यजनक नहीं कहा जा सकता।

तो क्या सौंदर्य प्रतियोगिताओं के आयोजन पर रोक लगा दी जानी चाहिए? यह माँग काफी समय से की जाती रही है। निश्चय ही यह एक जटिल मामला है। हर मामले में राज्य की दखलंदाजी ठीक नहीं है। राज्य अगर आज सौंदर्य प्रतियोगिता पर रोक लगाता है, तो कल वाद-विवाद प्रतियोगिता पर भी रोक लगा सकता है। आज सौंदर्य प्रतियोगिता को रोका जाता है, तो कल स्त्रियों से कहा जा सकता है कि वे घूँघट किये बिना घर से बाहर न निकलें या ऐसी पोशाक न पहनें जो उनके चेहरे के अलावा उनके शरीर का कोई और भाग प्रदर्शित करता हो। इसके बाद उनसे कहा जायेगा कि वे शाम के बाद घर से न निकलें। इसलिए सर्वश्रेष्ठ तो यही है कि सांस्कृतिक स्तर पर ही ऐसा दबाव पैदा किया जाये कि सौंदर्य प्रतियोगिताओं का आयोजन बंद हो जाये और स्त्रियाँ इन प्रतियोगिताओं में हिस्सा लेना अपनी शान के खिलाफ समझें। लेकिन जाहिर है, यह एक लंबी प्रक्रिया है। वस्तुतः इसका संबंध समाज के अर्थशास्त्र से ले कर उसका मनोविज्ञान तक बदलने से है।

इसलिए सौंदर्य प्रतियोगिताओं के फूहड़ आयोजन को रोकने के लिए मध्यावधि में कानून का सहारा लिया जा सकता है। राज्य कह सकता है कि इस तरह के आयोजनों से समाज में अपसंस्कृति फैलती है और स्त्रियों की अवमानना होती है, इसलिए सामाजिक हित में इन पर रोक लगायी जाती है। इस संदर्भ में यह सवाल उठाना उचित नहीं है कि हम भारतीयों को ऐश्वर्य राय या सुष्मिता सेन पर गर्व है या नहीं। किसी भी तरह की सफलता राष्ट्रीय गौरव का कारण होती है, लेकिन क्या हम उस प्रक्रिया पर भी गर्व कर सकते हैं जिससे छन कर कोई स्थानीय सुंदरी विश्व सुंदरी बनती है? क्या सुंदरता कोई ऐसी चीज है, जिसकी साधना को ही जीवन का लक्ष्य बना लिया जाये और जिंदगी के दूसरे पहलुओं को भुला दिया जाये? क्या स्त्री की एकमात्र पहचान यही रह जानी चाहिए कि वही कितनी सुंदर है?

लेकिन इसके साथ ही, देखने की चीज यह भी है कि जो राज्य सौंदर्य प्रतियोगिताओं पर रोक लगाता है, उसका चरित्र क्या है। यदि वह पुरुष और स्त्री के व्यक्तित्व का सम्मान करता है, उनकी स्वतंत्रताओं को बाधित नहीं करता बल्कि उनका विस्तार करता है, न्याय और समानता के मूल्यों को बढ़ावा देता है, स्त्री के मनुष्य बनने के संघर्ष में उसका सहायक होता है, तो वह इस तरह की रोक लगा सकता है। इसके विपरीत, जो राज्य कट्टरपंथ को बढ़ावा देता है, पुरुषवादी मूल्यों का पक्ष लेता है और स्त्रियों के व्यक्तित्व के दमन में विश्वास करता है, उसे इस तरह का कानून बनाने का कोई अधिकार नहीं है।

वस्तुतः स्त्री की देह शुरू से ही राजनीति का शिकार होती रही है। धर्म और समाज उसी पर अपने अध्याय पर अध्याय लिखते आये हैं। इस दृष्टि से आधुनिक युग को स्त्री की मुक्ति का समय कहा जा सकता है। आज स्त्री जितनी स्वतंत्र है, उतनी स्वतंत्र वह इतिहास में कभी नहीं थी। लेकिन उसकी इस स्वतंत्रता का लाभ उठा कर व्यावसायिक संस्थान उसे फिर से वस्तु के रूप में बदलने का प्रयास कर रहे हैं। सौंदर्य प्रतियोगिता इसी विराट तंत्र का एक महत्वपूर्ण उपकरण है। लेकिन इससे बचने का रास्ता वह नहीं है जो हमें मध्य युग में ले जाता है। स्त्री का एकमात्र स्वीकार्य रूप गृहिणी का है और नारी मुक्ति आंदोलन परिवार के विघटन का कारण है, ऐसा माननेवाले लोग जब सौंदर्य प्रतियोगिताओं पर रोक लगाते हैं, तब शक होता है कि कहीं यह स्त्री को फिर से घर की चहारदीवारी में भेजने के षड्यंत्र का हिस्सा तो नहीं है।

मातृत्व की सरहदों पर

मातृत्व का भविष्य पहली बार अंधकार में नजर आता है, क्योंकि परख नली में अब बहुत कुछ संभव है। लेकिन इसे ले कर स्त्रियों में उत्साह की लहर क्यों नहीं है?

स्त्री मुक्ति की बहस जब अपने शीर्ष पर थी यानी 60 के दशक में, तब शुलामिथ फायरस्टोन नाम की एक अमेरिकी मार्क्सवादी लेखिका ने एक रोमांचक किताब लिखी थी—द डाइलेक्टिक्स ऑफ सेक्स। यह किताब न केवल मार्क्सवाद से एक आंतरिक जिरह थी, बल्कि स्त्री मुक्ति को असंभव ऊँचाइयों तक ले जाती थी। फायरस्टोन का कहना था कि एक वर्ग के रूप में मार्क्सवाद ने स्त्री की मुक्ति का कोई शास्त्र पेश नहीं किया है। उनका एक दिलचस्प तर्क यह था कि एक परम बराबर समाज में भी स्त्री और पुरुष के बीच एक बुनियादी और भारी-भरकम विषमता बनी रहेगी यानी स्त्री नौ महीने तक गर्भ का भार ढोयेगी और पुरुष मुक्त रहेगा। फायरस्टोन का कहना था कि स्त्री की वास्तविक और अंतिम मुक्ति तभी होगी जब सभ्यता के उपकरण प्रकृति के इस बुनियादी अन्याय को दूर कर देंगे यानी भ्रूण गर्भ के बाहर विकसित होगा और स्त्री इस दायित्व से मुक्त हो जायेगी।

गर्भाशय को स्त्री का शत्रु मानने की यह दृष्टि एक तरह से पश्चिम की उपभोक्तावादी संस्कृति की चरम वितृष्णा कही जा सकती है और दूसरी तरह से एक क्रांतिकारी पेशकश भी। लेकिन दोनों ही स्तरों पर यह है समता को एक अत्यंत स्थूल मूल्य बनाने की जिद ही। यह स्थूलता समता को एकरूपता में बदल डालने की ख्वाहिश से पैदा होती है। पुरुष चूँकि समाज का वर्चस्वशाली वर्ग है, इसलिए जो-जो उसके पास है, वह सब स्त्री के पास होना चाहिए। पुरुष जैसे-जैसे आचरण करता है, उस-उस आचरण की स्त्री को छूट होनी चाहिए। सभ्यता और संस्कृति के दायरे के बाहर जब यह माँग जैविक सीमाएँ छूने लगती हैं, तब पता चलता है कि यह कितनी अप्राकृतिक इच्छा है। जाहिर है इसकी अंतिम परिणति यही हो सकती

है कि गर्भाशय ही क्यों, अन्य मामलों में भी स्त्री का शरीर पुरुष शरीर की तरह हो। जीवविज्ञान के क्षेत्र में जितनी आश्चर्यजनक रफ्तार से प्रगति हो रही है, उसे देखते हुए यह शायद असंभव भी न रह जाये। लेकिन सवाल यह है कि क्या यह वांछित भी होगा?

तर्क से शायद इस पहेली को हल नहीं किया जा सकता। यदि किसी स्त्री को यह अच्छा लगता है कि वह पुरुष की तरह जिये, तो उसे क्यों रोका जाना चाहिए? इसी तरह यदि कोई पुरुष स्त्री बनना चाहता है, तो इस पर प्रतिबंध क्यों होना चाहिए? यह सिर्फ कौतुक भी हो सकता है, एक सुचिंतित चुनाव भी और पुरुष प्रधान समाज में स्त्री की समता के अधिकार का प्रतिष्ठापन भी। लेकिन यह तर्क जीवन व्यवस्था में वस्तुतः कितनी मदद करता है या उसे वस्तुतः कितना समुन्नत करता है, इसका परीक्षण तभी हो सकेगा, जब यह सुविधा बड़े पैमाने पर उपलब्ध हो।

टेस्ट ट्यूब शिशु ने फायरस्टोन की इच्छा के एक अंश को तो व्यावहारिक बना दिया है। अब यह संभव है कि कोई स्त्री अगर गर्भ के झंझट से दूर रहना चाहे, तो वह किसी अन्य स्त्री की कोख किराये पर ले सकती है और अपना सिंचित डिंब उसमें पल्लवित कर सकती है। इस तरह जो संतान होगी, वह पलेगी तो पराए गर्भ में, लेकिन वस्तुतः उस स्त्री की ही होगी जिसका डिंब है। पश्चिमी देशों में अनेक लोगों के पास अपार दौलत है। उनमें महिलाएँ भी हैं। फिर वे इस सुविधा का लाभ क्यों नहीं उठा रही हैं? क्यों इस सुविधा का उपयोग सिर्फ उन स्त्रियों तक सीमित है, जो शारीरिक कारणों से गर्भ धारण का बोझ नहीं उठा सकतीं? जो स्त्रियाँ किसी और की कोख किराये पर लेने में आर्थिक दृष्टि से सक्षम हैं, फिर भी माँ बनने की शारीरिक असुविधाओं से गुजरना पसंद कर रही हैं, क्या वे परंपरागत रूढ़िग्रस्त नैतिकता के दुश्चक्र में फँसी हुई हैं? स्कैंडनेवियाई देशों में ऐसी माँओं की संख्या लगातार बढ़ती जा रही है (वहीं क्यों, प्रायः सभी देशों में, लेकिन वहाँ ज्यादा, क्योंकि वहाँ की राज्य व्यवस्था संतान पालन के आर्थिक पक्ष की देखभाल करना अपनी जिम्मेदारी मानती है), जो अपने पति या प्रेमी के साथ नहीं रहतीं। उनका मनोविज्ञान क्या है? स्त्री का जीवन वैसे ही कम कष्टमय नहीं, तिस पर संतान पालन की कठिन जिम्मेदारी। निश्चय ही यह उनकी स्वतंत्रता और सुखोपभोग में बाधा बनता होगा। फिर उन्होंने आगे की सोच कर समय रहते गर्भपात क्यों नहीं करा लिया? जाहिर है, वे मजबूरी में माँ नहीं बनी हैं : माँ इसलिए बनी हैं, क्योंकि यह उन्हें पसंद है। दूसरे शब्दों में, मातृत्व एक सहज जैविक इच्छा है, जिसका अतिक्रमण एक अपवाद ही हो सकता है।

माँ वैसे तो पूरी सृष्टि में एक अनोखा प्राणी है, क्योंकि वह जीवन व्यवस्था के एक निर्णायक पहलू का केंद्र है, लेकिन मानव जगत में यह विशिष्टता और बढ़ जाती है, क्योंकि मनुष्य का बचपन सभी प्राणियों में सबसे बड़ा होता है। माँ केवल

बच्चे को जन्म ही नहीं देती, लंबे समय तक उसका पालन-पोषण भी करती है। इस तरह मानव जगत की माँ सिर्फ एक जैविक भूमिका नहीं अदा करती, बल्कि एक सांस्कृतिक कार्य भी संपन्न करती है। इसीलिए जननी और माँ में भेद किया गया है। जननी वह है जो जन्म देती है : माँ वह है जो पालन-पोषण करती है। इस दृष्टि से विकसित समाजों में माँ की भूमिका कम होती जा रही है। चूँकि उसके निजी और व्यावसायिक जीवन की माँगें बढ़ती जा रही हैं, इसलिए माँ के रूप में काम करने के लिए उसे पहले जितना वक्त नहीं मिलता। कुछ जिम्मेदारियाँ पिता बाँट रहा है, कुछ सामाजिक संस्थाएँ (जैसे क्रेच) और कुछ व्यावसायिक कर्मचारी (जैसे बेबी सिटर)। लेकिन यह सिर्फ वक्त की तंगी का ही मामला नहीं है। आर्थिक स्वतंत्रता ने स्त्री को व्यक्ति भी बनाया है और अब उसका अपना एक जीवन भी होने लगा है। जिन अकेले रहनेवाली माँओं की ऊपर चर्चा की गयी है, वे भी परंपरागत माँएँ नहीं हैं : उनका अपना एक विस्तृत निजी जीवन होता है और संतान के लिए वे भी सीमित समय ही निकाल पाती हैं। शायद इसीलिए माँ (और बाप) के प्रति संतान की कृतज्ञता भी कम होती जा रही है और दुनिया भर में बूढ़े लोग एक सामाजिक समस्या बनते जा रहे हैं।

तो क्या हम घूम-फिर कर उसी व्यवस्था की तरफ बढ़ रहे हैं, जो अन्य प्राणियों के जीवन में पायी जाती है? यानी माँ की मुख्य भूमिका जननी की ही है? बाकी जो कुछ है या था, वह एक सांस्कृतिक मजबूरी या आरोपण है? चूँकि स्त्री का जीवन परिवार तक सीमित था, इसलिए माँ की बृहत्तर भूमिका उस पर एक तरह से जबरदस्ती आरोपित कर दी गयी थी? या, मौजूदा जीवन ही एक अप्राकृतिक जीवन है, क्योंकि यह स्त्री को भी उसी अनावश्यक संघर्ष और आपाधापी में झोंक रहा है, जिसने पुरुष को काम, पैसा, उपभोग और सेक्स के दुश्चक्र में फँसा कर उसके सहज आंतरिक जीवन को तहस-नहस कर दिया है? मातृत्व का संवेग तो प्राकृतिक है और उससे अभी तक मुक्ति नहीं पायी जा सकी है, लेकिन मातृत्व का कितना विस्तार या उस पर कितनी जिम्मेदारी आरोपित करना वांछित है? स्पष्टतः सभ्यता के ये ऐसे सवाल हैं, जिनका कोई तात्कालिक उत्तर नहीं हो सकता : सभ्यता के चढ़ाव-उतार के बीच से ही संतुलन का कोई बिंदु उभर सकता है। वैसे यह आधुनिक सभ्यता का भी कोई अंतिम रूप नहीं है कि इसकी जीवन शैलियों को शाश्वत मान कर चला जाये।

गांधी का काम संघर्ष

महात्मा गांधी के अंतःसंघर्ष का एक आयाम ब्रह्मचर्य का उनका व्रत था। अपने इस व्रत की परीक्षा के लिए उन्होंने दूसरों के साथ ज्यादती भी की। लेकिन कोई सत्यशोधी निराधार लोकापवाद से क्यों डरे?

महात्मा गांधी के विशेषज्ञों से एक छोटा-सा सवाल है। कृपया यह बतायें कि ये पंक्तियाँ गाँधी जी ने 'हरिजन' में कब लिखी थीं :

1. उस जीवंत बल को जिसे हम ईश्वर कहते हैं...जानने का उपाय यह है कि हम उस नियम को जानें और उसका अनुगमन करें जिससे हमें अपने अंदर ईश्वर की उपस्थिति का बोध होता है। लेकिन यह स्वतः स्पष्ट है कि ईश्वरीय नियम को जानने के लिए कठिन परिश्रम करना पड़ता है। इस नियम को, एक शब्द में, ब्रह्मचर्य कहा जा सकता है।

2. ब्रह्मचर्य क्या है? यह ऐसी जीवन पद्धति है जो हमें ब्रह्म से मिलाती है। इसमें प्रजनन क्रिया पर पूरा नियंत्रण सम्मिलित है। यह नियंत्रण मनसा, वाचा, कर्मणा होना चाहिए। यदि मन पर नियंत्रण न हो तो वाणी और कर्म पर नियंत्रण पाने का कोई मूल्य नहीं है।...उस ऊर्ध्वगामी वीर्य की सृजनात्मक शक्ति को कौन माप सकता है जिसकी मात्र एक बूँद मानव जीवन की सृष्टि करने में समर्थ है?

3. कितनी भी सुंदर स्त्री हो, पर वह उस व्यक्ति को आकर्षित नहीं कर पायेगी जिसमें कामवासना है ही नहीं। यह बात स्त्री पर भी लागू होती है।...मेरी धारणा है कि इस देश की सच्ची सेवा करने के लिए ब्रह्मचर्य का पालन आवश्यक है।

चूँकि गांधी जी का लिखा हुआ साहित्य अपरिमित है और मैं नहीं चाहता कि गांधी के किसी विशेषज्ञ को कष्ट हो, इसलिए निवेदन है कि पहला उद्धरण गांधी जी के उस लेख से है जो 22 जून 1947 के 'हरिजन' में छपा था, दूसरा उद्धरण 8 जून 1947 के 'हरिजन' में छपे उनके लेख से है और तीसरा उद्धरण 15 जून 1947 के 'हरिजन' में छपे उनके लेख से। जून 1947 भारत के लिए एक ऐतिहासिक महीना है, क्योंकि इसी महीने में वायसराय माउंटबेटन ने भारत को 15 अगस्त से

आजाद करने की घोषणा की थी। इस घोषणा में देश का विभाजन भी शामिल था। इतने पुराने देश का टूटना दर्द-रहित नहीं हो सकता था। इसका प्रमाण हिंदू-मुसलमान दंगे दे रहे थे, जो 15 अगस्त के बाद भी जारी रहे।

यह सब देख कर गांधी जी पर क्या गुजर रही होगी? उन्होंने घोषणा की थी कि मेरी लाश पर ही देश विभाजन होगा। लेकिन उनकी कांग्रेस ने उनसे पूछे बगैर ही विभाजन को स्वीकार कर लिया था। गांधी जी ने जब विभाजन को कभी स्वीकार नहीं करने की बात की थी, तब उन्हें नेहरू, पटेल, आजाद, कृपालानी आदि का भरोसा था। उनका खयाल था कि देश की जनता भी विभाजन का अनुमोदन नहीं करेगी। लेकिन रातों-रात पासा पलट गया। गांधी जी की सेना ने उन्हें त्याग दिया। जनता ने भी मजबूती से यह नहीं कहा कि हम नेताओं द्वारा थोपे जा रहे इस विभाजन को नहीं मानते। अभी तक शायद ही कोई लड़ाई रही हो, जिसमें गांधी जी ने अपने को हारा हुआ अनुभव किया हो। लेकिन भारत विभाजन उनकी संपूर्ण पराजय थी। उनके जीवन भर की तपस्या बेकार साबित हुई। गांधी जी इसके पहले इतने अशांत कभी नहीं हुए थे। किसी साधारण नेता के लिए दूसरों को कसूरवार ठहराना आसान होता है। पर गांधी जी सबसे पहले अपनी कमी देखते थे।

जिसे अंग्रेजी में मूर्खतावश 'सेक्स के प्रयोग' कहा जाता है और हिंदी की एक प्रबुद्ध लेखिका ने 'ब्रह्मचर्य प्रयोग' कह कर उदारता दिखायी है, उसकी जरूरत इस समय और बढ़ गयी थी। गांधी जी ने यह 'प्रयोग' पहले भी किया होगा, पर जब उन्हें अपनी पूरी जिंदगी की साधना विफल होती दिखायी दे रही थी, तो उनके लिए यह अनिवार्य था कि वे अपने भीतर और गहरे जायें। गांधी जी ने संभवतः अन्य सभी मनोविकारों पर नियंत्रण प्राप्त कर लिया था, पर सभी इच्छाओं में कामेच्छा शायद सबसे ज्यादा जबरदस्त होती है। गांधी जी ने सब कुछ छोड़ दिया था, वे निःस्व हो गये थे। फिर भी उन्हें लगता था कि एक जगह कुछ कमी रह गयी है। इसके पहले वे अपनी 'आत्मकथा' में यह कबूल कर चुके थे कि उनके मन से काम भाव गया नहीं है। 1906 में उन्होंने ब्रह्मचर्य का व्रत ले लिया था और 1927-29 में, यानी बीसेक वर्ष बाद, जब उनकी उम्र 57 वर्ष से ज्यादा थी, उन्होंने सारी दुनिया को बताया, 'मेरे लिए तो कायिक ब्रह्मचर्य का पालन भी बड़ा कठिन सिद्ध हुआ है। आज मैं कह सकता हूँ कि मैं स्वयं को काफी सुरक्षित अनुभव करता हूँ, लेकिन मुझे अपने विचारों पर पूर्ण अधिकार प्राप्त करना है, जो बड़ा आवश्यक है। ऐसा नहीं है कि मेरे अंदर इच्छा अथवा प्रयास की कमी है, पर मैं अब तक यह नहीं जान पाया हूँ कि अवांछनीय विचार जाने कहाँ से आ कर हम पर चढ़ाई कर देते हैं।'

यानी, शरीर के स्तर पर काम से मुक्त होने में गांधी जी सफल हो गये थे—हालाँकि 'बहुत कठिनाई' से। राजमोहन गांधी ने अपने दादा की जो जीवनी लिखी

है, उसमें गांधी जी के इस आत्मस्वीकार का उल्लेख है कि ब्रह्मचर्य का व्रत लेने के बाद दो स्त्रियों को देख कर उनमें वासना जगी थी। इनमें से एक स्त्री का तो अनुमान भी लगा लिया गया है, पर दूसरी स्त्री के बारे में कोई संकेत उपलब्ध नहीं है। स्पष्टतः गांधी जी को पता था कि वे मानसिक स्तर पर, जहाँ से काम का स्फुरण होता है, काम से मुक्त नहीं हो पाये हैं। लेकिन किसी भी विकार के आगे समर्पण करना उन्हें स्वीकार नहीं था। इसीलिए 'आत्मकथा' में वे लिखते हैं, 'मुझे इसमें संदेह नहीं है कि अवांछनीय विचारों को निवारित करने का भी कोई उपाय अवश्य है, पर यह प्रत्येक व्यक्ति को स्वयं ढूँढ़ना पड़ता है।' मृत्यु के क्षण तक गांधी जी शायद इस उपाय की तलाश करते रहे। लेकिन यह पता कैसे चले कि वे 'अवांछनीय विचारों' से मुक्त होने के लिए जो प्रयास कर रहे हैं, वे सफल हो रहे हैं या नहीं? इसके लिए अपने को परीक्षा में डालना जरूरी था। यह परीक्षा स्त्री सहयोगी के बिना असंभव थी। गांधी जी अगर स्त्री होते तो उन्हें पुरुष सहयोगी की जरूरत होती।

अगर कोई दूसरा नेता अपनी परीक्षा के नाम पर किसी निर्वस्त्र युवती के साथ सोता, तो स्खलन से उसका बचना शायद असंभव होता। पर गांधी जी न तो इस बिंदु तक पहुँचे न ही बहुत ज्यादा विचलित हुए। यह गांधी जी का सौभाग्य था कि न केवल उन स्त्रियों ने, जो निर्वस्त्र अवस्था में गांधी जी से लिपट कर सोती थीं, उन पर पूरा विश्वास किया, बल्कि उनमें से किसी भी स्त्री ने यह शिकायत नहीं की कि गांधी जी ने उनके साथ अनुचित कार्य किया। यह उनके लिए आनंद और गर्व की बात थी कि उन्हें गांधी जी का इतना नजदीकी सान्निध्य प्राप्त हुआ। यह सच है कि रात में गांधी जी का शरीर कई बार कंपन का शिकार हो जाता था। इसी से पता चलता है कि वे क्षण उनके लिए बेहद मुश्किल क्षण रहे होंगे। उनकी आत्मा निस्संग होने का संघर्ष कर रही थी, पर उनका हाड़-मांस का शरीर अपने जैविक धर्म से विच्छिन्न होने के लिए पूरी तरह तैयार नहीं था। लेकिन इस प्रसंग में जिस कंपन की चर्चा की जाती है, वह शायद सिर्फ काम-तनाव का परिणाम नहीं था। वह मन और शरीर के संघर्ष की अभिव्यक्ति थी। मानो इस संघर्ष को प्रशमित करने के लिए ही पास में लेटी वस्त्रहीन स्त्री उन्हें अपनी बाँहों में समेट लेती थी—जैसे कोई माँ या बहन अपने तनावग्रस्त बेटे या भाई पर अपने वात्सल्य का आँचल फैला रही हो। हम और आप शायद कल्पना भी नहीं कर सकते कि वे कितने वीरतापूर्ण, करुण और स्नेहसिक्त क्षण होते होंगे : अब तक के ज्ञात इतिहास का सबसे बड़ा आदमी किसी बच्चे की तरह चाँद माँगता हुआ (असंभव की कामना करता हुआ) और उसकी पुजारिनों में एक लगभग कुछ नहीं समझती हुई (या इलाही ये माजरा क्या है) और फिर भी उस यातनाग्रस्त महापुरुष को अपने निपट अस्तित्व से आश्वस्त करती हुई! ट्रेजेडी के इससे सुंदर क्षण और क्या हो सकते हैं!

यह न तो कोई यौन प्रयोग था और न ही ब्रह्मचर्य प्रयोग। एक तपस्वी, जिसने

एक-एक कर जीवन के सभी साधारण रस छोड़ दिये थे, ताकि वह 'अपनी हस्ती को बिलकुल मिटा सके', क्योंकि उसके अनुसार दूसरों की सेवा करनेवाले व्यक्ति का अपना कोई वजूद रह ही नहीं जाना चाहिए, अपने द्वारा निर्धारित अग्नि-परीक्षा से गुजर रहा था। इस अग्नि-परीक्षा के दौरान उस पर क्या बीतती थी, इसका कोई रिकार्ड हमारे पास नहीं है। उस युवती को कैसे अनुभव हुए, यह गाँधी जी जरूर जानना चाहते थे। इसलिए प्रत्येक ऐसी सहभागी से वे अगले दिन पूछते थे : 'तुम्हारे अंदर कोई एंद्रिय भावना तो नहीं जगी?' सत्य-साधक को पता था कि यदि वह स्वयं काम का शिकार हो गया, तो इसकी तरंग उसकी सहभागी तक जरूर जायेगी। स्त्री जिस चीज को दूर से पहचान लेती है, वह इतनी नजदीकी से क्यों नहीं देख पाती?

लेकिन क्यों? यह सब किसलिए? क्योंकि, गांधी जी बहुत सोच-सोच कर इस निष्कर्ष पर पहुँचे थे कि उनके भीतर कामुकता के कण बचे रह गये थे, तभी तो उनके साथियों ने, उनके देश के लोगों ने उनकी बात ठुकरा दी और देश विभाजन को स्वीकार कर लिया था। इतना ही नहीं, वे एक-दूसरे की सामूहिक हत्या भी कर रहे थे। उनका मानना था कि यदि मैं ब्रह्मचर्य पर पूरी विजय पा जाऊँ, तो मैं जिन्ना को इसमें (पाकिस्तान बनने में) परास्त कर दूँगा।

अब आप समझ सकते हैं कि जब देश आजाद होने की आशाओं, विभाजित होने की पीड़ाओं और सांप्रदायिक हिंसा की यातनाओं से गुजर रहा था, तो महात्मा गांधी जैसा आदमी, जिसने तब तक सार्वजनिक जीवन में कम से कम 48 वर्ष बिताये थे, 76 वर्ष की उम्र में क्यों अपनी साप्ताहिक पत्रिका में ब्रह्मचर्य की महत्ता पर लेख पर लेख लिख रहा था और अपने भीतर की कामुकता से संघर्ष कर रहा था। उसने यों ही नहीं कहा था कि 'मेरा जीवन ही मेरा संदेश है।'

इस पूरे प्रसंग से दो चीजों का पता चलता है। एक, काम की भूमिका के बारे में गांधी जी शायद बहुत भोले थे। शास्त्रों की शिक्षाओं पर गहरा विश्वास करते हुए वे अंत तक यह मानते रहे कि काम पर विजय पाने के बाद मनुष्य में अपार शक्ति आ जाती है। विज्ञान ने अभी तक इसकी पुष्टि नहीं की है। पर क्या जीवन के सारे रहस्य अनावृत्त हो चुके हैं? हो सकता है, यह सच भी हो। पर जब गांधी जैसा आदमी इसे चरितार्थ नहीं कर सका, तो हम इस पर यकीन कैसे करें? दो, ऐसा लगता है कि गांधी जी में, टॉलस्टॉय की तरह ही, काम की आँधी बहा करती थी। आँधी जितनी बड़ी हो, घर के दरवाजे उतने ही मजबूत करने पड़ते हैं। शायद इसीलिए उन्होंने 37 वर्ष की उम्र में, जब अनेक लोग विवाह करते हैं, ब्रह्मचर्य का संकल्प ले लिया था। मनोवैज्ञानिकों के अनुसार व्रत या संकल्प लेने का मतलब है अपने आप पर भरोसा न होना।

गांधी जी के इस संकल्प से उनकी पत्नी सहमत थीं या नहीं, यह जानना उनके लिए जरूरी नहीं था। गांधी जी के लिए यह इतना गूढ़ और इतने महत्व का

मामला था कि इस बारे में अनेक व्यक्तियों से बातचीत करने के बाद वे इस नतीजे पर पहुँचे थे कि इस रास्ते पर मुझे अकेले ही चलना होगा। समाज और दुनिया के बारे में वे पूरी तरह लोकतांत्रिक थे—किसी के साथ किसी भी तरह की हिंसा नहीं कर सकते थे। पर अपने मामले में और उन व्यक्तियों के मामले में, जिन्हें वे अपना समझते थे, वे पूरी तरह तानाशाह थे। वे जिसे अपने लिए ठीक मानते थे, उसे ही अपनी पत्नी, बच्चों और साथियों के लिए भी ठीक समझते थे और अपने साथ ही उन पर लागू भी करते थे। जो स्थूल दृष्टि से देखता है, वही कह सकता है कि उन्होंने अपने लोगों के साथ अन्याय किया—पत्नी को गहने पहनने से रोका, उस पर ब्रह्मचर्य थोप दिया, बच्चों को सामान्य स्कूलों में पढ़ने के लिए नहीं भेजा, आश्रमवासियों को संत की तरह रहने के लिए विवश किया और यहाँ तक कि एक लड़की और एक सुहागिन के बाल भी कटवा दिये। कहा जा सकता है कि यह सब एक महान प्रयोगशील व्यक्ति के साथ रहने की अनिवार्य शर्तें थीं। जो सूर्य के निकट जायेगा, उसे पिघलने और भाप बनने के लिए प्रस्तुत रहना होगा, क्योंकि सूर्य स्वयं एक तरह की भाप है। जो ग्लेशियर पर नंगे बदन सोयेगा, वह ठंड की शिकायत नहीं कर सकता। गांधी जी अगर इतने ही बुरे थे, तो कस्तूरबा उनका परित्याग कर सकती थीं तथा हरिलाल की तरह उनकी दूसरी संतानें भी उनसे नाता तोड़ सकती थीं। गांधी जी ने किसी सहयोगी को बाध्य नहीं किया कि वह उनके साथ आये—यह उसका अपना स्वतंत्र चुनाव था। लेकिन गांधी जी से यह माँग करना अनैतिक है कि जिस चीज को वे अपने लिए और दूसरों के लिए बुरा मानते हैं, उससे वे खुद तो दूर रहें, पर दूसरों को दूर रखने की कोशिश न करें, खास तौर से जब वे उन्हें अपना माता-पिता, पथ-प्रदर्शक और नेता मानते हों। बापू बनना आसान नहीं है।

और, गांधी के नजदीक आनेवाली स्त्रियों में गांधी के और नजदीक जाने की स्पर्धा? दुनिया की कौन-सी स्त्री है, जो ऐसे आदमी पर फिदा न हो जाये, जिसकी कोई निजी इच्छा नहीं रह गयी हो। इससे भी पता चलता है कि स्त्रियाँ गांधी जी को अपना प्रताड़क नहीं, हितैषी ही मानती थीं।

व्यवस्था

फूलन और फूलन देवी

मल्लाह परिवार की साधारण-सी लड़की फूलन को समाज का संचालन करनेवाले लोगों ने गैरमामूली औरत में बदल दिया। कायरता की तुलना में प्रति-हिंसा हमेशा बेहतर होती है। लेकिन इस प्रति-हिंसा का महिमान्वयन करनेवाले और फिल्म बना कर उसका व्यवसाय करनेवालों ने इस प्रतीक के साथ कैसा सलूक किया?

शायद ही कोई ऐसी मौत हो, जिस पर आँसू न बहाये जा सकें। फिर फूलन देवी की तो हत्या हुई है और वह कोई साधारण स्त्री नहीं थी। पुरुषवादी नैतिकता मानती है कि स्त्री के हाथ में आभूषण ही शोभा देते हैं, हथियार नहीं। इसका तर्क यह है कि स्त्री एक जैविक संपत्ति है—जैसे मैना होती है, कुत्ता होता है या बकरी होती है। इन्हें यह अधिकार नहीं है कि ये अपनी नियति का फैसला कर सकें। फैसला करने के लिए शक्ति चाहिए और कुछ समुदायों तथा मिथकों में स्त्री को भले ही शक्ति या शक्ति का प्रतीक माना जाता रहा हो, पर हाड़-मांस की औरत को शक्तिहीन बनाये रखने में ही पुरुष को अपनी सुरक्षा महसूस होती है। ऋषिवर वात्स्यायन ने विवाह के तीन प्रकारों की चर्चा की है : गांधर्व, पैशाच और राक्षस। इनमें, उनके अनुसार, गांधर्व विवाह ही सर्वश्रेष्ठ है—क्योंकि यह सुख का कारण और प्रेम पर आधारित होता है। लेकिन स्त्री को यह स्वतंत्रता शायद कुछ समय तक ही मिली—अब तक के अधिकांश समय में स्त्री का विवाह तय करते समय उसकी सहमति लेना भी आवश्यक नहीं रहा है। फूलन भी ऐसे ही सांस्कृतिक परिवेश में पैदा हुई थी—शक्ल-सूरत से सामान्य, आर्थिक हैसियत से कमजोर और जाति से मल्लाह। लेकिन उसके साथ सिर्फ उतना ही नहीं हुआ जितना इस स्थिति की लड़की के साथ आम तौर पर होता है। उसके शरीर और उसकी आत्मा को इतनी बार कुचला गया और उसे यह बता कर कुचला गया कि वह इसी लायक है—कि वह एक सामान्य स्त्री के रूप में विकसित हो ही नहीं सकती थी। फूलन की किस्मत की लकीरें उन पुरुषों ने अपने हाथ से लिखी थीं जिनके लिए वह एक खिलौना थी।

ऐसी हर स्त्री फूलन देवी नहीं हो जाती यह फूलन का दुस्सहास था कि वह फूलन देवी बन गयी। जो लोग यह प्रचारित करना अपना समाज नैतिक कर्तव्य मानते हैं कि वह एक बहादुर और क्रांतिकारी महिला थी, वे फूलन के साथ भी अन्याय करते हैं और भारतीय समाज के साथ भी। भारत की पिछड़ी हुई राजनीति ने उसे बहुत मौका दिया कि वह अपने नये मिथक के अनुसार बन कर दिखाये। फूलन को लोक सभा के लिए दो-दो बार चुना गया। उस पर एक प्रसिद्ध फिल्म बनी। संवाददाता उससे इंटरव्यू लेने के लिए बेकरार रहते थे। लेकिन वह इस मिट्टी की बनी ही नहीं थी कि सामाजिक परिवर्तन का कार्य भार अपने कंधों पर ले सके। वह जादू की एक छोटी-सी पुड़िया थी, जो बेहमई हत्याकांड करने के बाद खाली हो गयी। प्रतिशोध ले चुकने के बाद मानो उसके जीवन में कुछ और नहीं रह गया; उसके बाद उसने कोई महत्वपूर्ण काम नहीं किया। प्रतिशोध उस संस्कृति का हिस्सा है, जिसमें फूलन पली-बढ़ी और जहाँ उसके स्त्रीत्व के साथ खेला गया।

फूलन पर सबसे ज्यादा अत्याचार उसकी यौनिकता के साथ हुआ। उसे अपनी इच्छा के अनुसार जीने की स्वतंत्रता और सुविधा नहीं दी गयी। जब वह किशोरी थी, अपने बूढ़े पति और उसकी दूसरी अधेड़ पत्नी के दुर्व्यवहारों से परेशान हो कर अपने मायके लौट आयी। उसने अपना यह संकल्प सार्वजनिक किया कि अब वह अपनी देह नुचवाने और मन को घायल कराने ससुराल नहीं जायेगी। यह भारत में एक स्वाभाविक घटना है—ऐसी लड़कियों में से कुछ पुनर्विवाह कर लेती हैं, ज्यादातर यों ही जीवन काट देती हैं। फूलन को इनमें से एक भी विकल्प नहीं दिया गया। अत्याचारी ससुराल का बहिष्कार करनेवाली लड़की का दर्द नहीं देखा जाता—उसे दिलफेंक माना जाता है और उसके मायके के प्रेमियों की खोज की जाती है। इसी धूर्त विश्वास से बल पा कर उसके गाँव के सरपंच के बेटे और उसके मित्र फूलन को सहज उपलब्ध मान बैठे, पर फूलन की दृढ़ता के कारण उन्हें बलात्कार पर उतरना पड़ा। हमारे समाज की यौन नैतिकता से फूलन का यह दूसरा साक्षात्कार था। बलात्कारियों को सजा न मिले, इसलिए फूलन को डकैत घोषित कर दिया गया और अपने कब्जे में पा कर पुलिसवालों ने उसे विवस्त्र कर इतना धुना कि उसने और अधिक यंत्रणा से बचने के लिए अपने को अपराधी कबूल लिया। अब फूलन के लिए हमारी कानून और न्याय व्यवस्था का चरित्र भी अपरिचित नहीं रह गया था। खाते-पीते परिवारों की लड़कियों को मृदुता के आवरण में और निर्धन परिवार की लड़कियों को उनके साथ जोर-जबरदस्ती कर हमारा समाज कितनी जल्द वयस्क बना देता है!

डकैत गिरोहों के लोग अपने संगठन में नयी भरती कैसे करते हैं? वे अपने आसपास के समाज पर निगाह रखते हैं और उचित पात्रों की तलाश करते हैं। पुलिस की गिरफ्त में पड़ने के बाद, जाहिर है, फूलन 'नो मैन्स लैंड' हो गयी थी। इसलिए

उसकी उचित जगह वह प्रति-समाज ही है, जो कोई भी समाज निरंतर पैदा करता रहता है। फूलन का भविष्य अब डकैतों के बीच ही था। पर वहाँ भी उसे न्याय नहीं मिला। अपने अपहरणकारी गिरोह के साहसी नेता विक्रम मल्लाह से उसे अनुराग हो गया—पहली बार उसे एक ऐसा व्यक्ति मिला था, जो सिर्फ उसका शरीर नहीं, उसे भी चाहता था। विक्रम ने फूलन को बंदूक चलाना सिखाया और अपने जुल्मी पति से बदला लेने में उसकी सहायता की। पर वह ज्यादा दिनों तक जिंदा नहीं रहा। फूलन पर किसका अधिकार है—इसका फैसला करने के लिए विक्रम ने अपने गिरोह के ऊँची जाति के नेता बाबू गुज्जर की हत्या की थी। इसकी कीमत उसे अपनी जान दे कर चुकानी पड़ी—उसके गिरोह के ऊँची जाति के दो सदस्यों ने यह निर्णय किया कि फूलन पर एकाधिकार कायम कर उसने अपनी जातिगत हैसियत से बाहर का काम किया है और गिरोह की नैतिकता को तोड़ा है। फूलन को भी सजा देना जरूरी था। पर वह स्त्री थी, इसलिए उसकी जान लेने में कोई फायदा नहीं था। उसे पुरुष मनोरंजन का पात्र बनाया जा सकता था। अतः उसे बेहमई लाया गया, उसके कपड़े उतरवा लिये गये और ठाकुरों के एक दल ने बार-बार उसके साथ बलात्कार किया। अश्लीलता और हिंसा की यह बर्बरता तीन हफ्ते तक चलती रही। न समाज ने कुछ किया, न कानून ने। वहशी लोगों ने एक सीधी-सादी युवती को वहशी बना दिया। फूलन कोई साधारण महिला होती, तो वह या तो एक हाथ से दूसरे हाथ में ले जायी जाती रहती या किसी सस्ते वेश्यालय में जमा कर दी जाती। फूलन ने किसी अनिच्छित व्यक्ति के सामने आत्मसमर्पण नहीं किया, संभोग के लिए उसके साथ बार-बार बलात्कार होता था—यह बताता है कि वह अपनी यौन अस्मिता को महत्वहीन नहीं मानती थी। यही फूलन की विशिष्टता थी।

फूलन की दूसरी विशिष्टता यह थी कि उसने स्त्रीत्व की चालू परिभाषाओं को स्वीकार नहीं किया। हथियार उठाना औरतों का काम नहीं है—इसकी कायल नहीं थी वह। उसके अनुभवों ने उसे समझा दिया था कि उसके आसपास जो समाज है, उसमें हिंसा से ही सभी कुछ का फैसला होता है। हिंसा सिर्फ क्रांति की दाई नहीं है, वह प्रतिक्रियावाद की रखैल भी है। फूलन के सामने यदि अहिंसक प्रतिकार के विकल्प होते, तो क्या पता बेहमई हत्याकांड नहीं होता। पर सम्मानपूर्वक जिंदा रहने के लिए फूलन के सामने एक ही विकल्प छोड़ा गया था—अपना अलग गिरोह बनाना। उसने यही किया और अपने प्रेमी के हत्यारों से प्रतिशोध लेने के लिए बेहमई के 22 लोगों को गाजर-मूली की तरह काट दिया। कोई भी डकैत गिरोह अपना आतंक स्थापित करके ही काम कर सकता है। राजसत्ता के समक्ष अपने गिरोह के साथ लेकिन फूलन का आत्मसमर्पण बताता है कि डकैती और हत्या में उसे कोई खास रस नहीं मिल रहा था। फिर स्त्री के लिए समाज में रहना जितना कठिन है, समाज से बाहर रहना उससे भी ज्यादा कठिन है। इसलिए एक मुश्किल जीवन से

निजात पाने के लिए वह आत्मसमर्पण के लिए सहमत हो गयी होगी, यह अनुमान निराधार नहीं होना चाहिए। लेकिन वाह री हमारी न्यायिक व्यवस्था! ग्यारह साल तक जेल में रहने के बाद भी उस पर चल रहे मुकदमों का निपटारा नहीं हो सका। अगले आठ सालों में जब वह दो-दो बार सांसद चुनी गयी और अंततः अपने घर के दरवाजे पर ढेर कर दी गयी, तब तक ये मुकदमे लंबित ही रहे। ऐसे सुस्त और अन्यायी समाज को फूलन पर कोई प्रतिकूल टिप्पणी करने का नैतिक अधिकार नहीं है।

फूलन पर फिल्म बनी—यह पीड़ा को व्यवसाय बनाने की घटना थी। उस पर फ्रांसीसी भाषा में किताब लिखी गयी, यह साहित्य का नया अर्थशास्त्र है। मुलायम सिंह यादव ने उसकी जाति और उसके उत्पीड़न को अपने राजनीतिक लाभ के लिए भुनाया, यह मौजूदा राजनीति पर एक दुखद टिप्पणी है। फूलन की हत्या के बाद अखबार और टीवी कई दिनों तक उससे संबंधित खबरें और तस्वीरें छापते रहे, यह सनसनी की वास्तविक घटनाओं की बनिस्बत एक कृत्रिम सनसनी की तलाश थी। इस पूरी गहमागहमी के बीच इस पर नहीं के बराबर विचार या विचार-विमर्श हुआ कि फूलन ने जो जिंदगी जी, वह हमारे समाज की किन रुग्णताओं का बयान करता हैं।

फूलन पढ़ी-लिखी नहीं थी। वह दर्द का अनुभव कर सकती थी, पर उसका पूरा अर्थ न ठीक से समझती थी और न ठीक से समझा पायी। पर उसके छोटे-से शरीर पर हादसों के इतने गहरे निशान थे कि वह नीची मानी जानेवाली जातियों और उनकी औरतों के साथ होनेवाले नीच सलूक का राष्ट्रीय प्रतीक हो गयी, जैसे बाबरी मस्जिद की खाली जगह हमारे सांप्रदायिक वहशीपन का स्मारक है। पीड़ा के प्रतीक पूजा के लिए नहीं होते—यह संकल्प करने के लिए होते हैं कि अब हम किसी भी औरत को फूलन नहीं बनने देंगे। सांसद हो कर भी फूलन ने इस दिशा में कोई ठोस काम नहीं किया, इससे हमारी जिम्मेदारी कम नहीं हो जाती। फूलन की जिंदगी को भूल जाना और उसकी हत्या में इतनी दिलचस्पी दिखाना यही साबित करता है कि हम इस जिम्मेदारी को महसूस करने में कितना पीछे हैं।

स्त्री की जाति

> ***भारत में जाति वर्ग का भी प्रतिनिधित्व करती रही है और भारतीय स्त्रियाँ वर्गों में विभाजित हैं, तो किसी आधार पर यह कहा जा सकता है कि स्त्री की जाति नहीं होती?***

हिंदी के एक अदम्य संपादक मानते हैं कि स्त्री की कोई जाति नहीं होती। समाजवादी नेता राममनोहर लोहिया भी ऐसा ही मानते थे। इसलिए जिन वर्गों को विशेष अवसर मिलने चाहिए, उनकी सूची में वे दलितों, पिछड़ी जातियों और मुसलमानों के साथ स्त्रियों को भी रखते थे। यानी, सभी जातियों की स्त्रियों को। यह दिलचस्प है कि ऊँची जातियों की स्त्रियों को भौतिक सुख-सुविधाएँ ज्यादा हैं, पर पैर पसारने के लिए उन्हें जो चादर दी गयी है, उसका आकार छोटा है। दूसरी ओर, नीची जातियों की स्त्रियों को स्वतंत्रता ज्यादा है, पर इस स्वतंत्रता का उपयोग करने के लिए जो भौतिक और सांस्कृतिक संसाधन चाहिए, वे निहायत ही नाकाफी हैं। इस तरह, दोनों में से किसी भी समूह की स्त्रियों के बारे में यह नहीं कहा जा सकता कि वे दमन का शिकार नहीं हैं। यह भी नहीं कहा जा सकता कि एक प्रकार का दमन दूसरे प्रकार के दमन से कम बुरा है। निःसंदेह स्त्रीवाद का विकास भी इसी दिशा में हो रहा है। 'सार्वभौमिक बहनापा' ही आज का नारा है। स्मरणीय है कि फ्रांसीसी क्रांति के व्यापक लक्ष्यों को जिन तीन शब्दों से पहचाना जाता है, उनमें एक 'भ्रातृत्व' भी है। यानी, स्त्री उस क्रांति में नहीं थी—या थी, तो एक वर्ग के रूप में नहीं थी। नहीं तो 'भ्रातृत्व' का नारा लगानेवाले एक क्षण हिचक कर यह जरूर सोचते कि इसमें स्त्रियाँ कहाँ आती हैं। या, जैसे भाषा की आदत के दबाव में 'मानव' में 'मानवी' का शुमार होता आया है और 'मनुष्य एक सामाजिक प्राणी है' कहने से यह ध्वनित नहीं होता कि 'स्त्री एक असामाजिक प्राणी है,' उसी तरह फ्रांसीसी क्रांति के नायक जब 'भाई-चारे' की बात कर रहे थे, तो उनके दिमाग में स्त्रियाँ भी थीं? आखिर 'स्वतंत्रता' और 'समानता' की जरूरत पुरुषों से कहीं ज्यादा स्त्रियों को थी। यदि यह मान लिया जाये कि फ्रांस के क्रांतिकारियों

को स्त्रियों की कोई खास चिंता नहीं थी, तो इतिहास का पहिया एक पूरा चक्र घूम चुका है। यह खेद की बात है कि आज के 'बहनापे' में भाइयों के लिए जगह दिखाई नहीं देती। पुरुषों से उदार होने की माँग का मतलब यह नहीं है कि स्त्रियाँ अनुदार होने की सोचने लग जायें।

एक स्तर पर सभी स्त्रियाँ एक हैं और उनके हितों में समानता है, यह विचार क्रांतिकारी है। बस इससे 'ट्रेड यूनियन' की बू आती है। असलियत यह है कि सामूहिक संघर्ष के साथ-साथ हर स्त्री को अपनी लड़ाई खुद भी लड़नी होती है। प्रश्न उठ सकता है कि अपनी पीड़ा का अंदाजा होने के बावजूद कितनी स्त्रियों ने यह व्यक्तिगत संघर्ष किया? इसी का समानांतर प्रश्न यह है कि कितने पुरुषों ने यह संघर्ष किया? शायद अन्य चीजों की तरह संघर्ष का भी एक अर्थशास्त्र होता है। जब तक भौतिक परिस्थितियों की अनुकूलता नहीं होती, मूल्यों का संघर्ष सभी नहीं कर सकते। मीरा एक ही हुई, जब कि हमारे ज्यादातर राजपूत राजा और सामंत ऐसे थे कि उन्हें गार्हस्थिक सुख का कोई हक नहीं था। दूसरा उदाहरण जाति प्रथा से संघर्ष का है। यह संघर्ष तभी से शुरू हो गया होगा, जब से मानव समाज की इस सबसे कुत्सित व्यवस्था का आरंभ हुआ होगा। इस प्रथा के विरुद्ध कई बड़े संघर्ष हुए, लेकिन कोई भी संघर्ष सफल नहीं हुआ। क्यों? क्योंकि भारत मुख्यतः गाँवों का देश बना रहा, जहाँ सभी समूहों में आर्थिक अंतरनिर्भरता होती है और उनके संबंधों में परिवर्तन के आर्थिक आधार मौजूद नहीं होते। इसलिए कोई विद्रोह करके जाता तो कहाँ जाता? आज स्थितियाँ बदल रही हैं, मुद्रा का चलन पिछली शताब्दियों की तुलना में बेहिसाब रफ्तार से बढ़ा है (श्रम का मूल्य जब अनाज के रूप में मिलता है, तब वह श्रमिक को बाँधता है; अनाज के बदले जब कागज के नोट दिये जाते हैं, तब वह स्वतंत्र करता है) और औद्योगिक तथा व्यापारिक क्षेत्रों में इतने लोग लगे हुए हैं कि नयी गुलामियाँ भले ही मजबूत होती जायें, पर पुरानी गुलामियों के लिए कोई जगह नहीं रही। इसका मतलब यह नहीं है कि हमारा सर्वहारा वर्ग सामाजिक मामलों में ज्यादा उदार या प्रगतिशील है। लेकिन ऐसी स्थितियाँ जरूर बन रही हैं कि उसके सदस्य चाहें तो उदार और प्रगतिशील हो सकते हैं। उनकी शिखा, जो अब सिर से अदृश्य हो रही है और दिमाग के भीतर तेजी से पनप रही है, किसी सामंत या भूपति की मुट्ठी में नहीं है। यही बात उन स्त्रियों के बारे में कही जा सकती है जिन्होंने आर्थिक स्वाधीनता नामक सेब का स्वाद चख लिया है और जो पति नामक प्राणी से अपनी गरिमा की रक्षा करने की स्थिति में हैं। जाहिर है, स्वतंत्रता सिर्फ एक मानसिक अवस्था नहीं है—एक भौतिक व्यवस्था भी है।

लेकिन इससे यह निष्कर्ष निकालना ठीक नहीं है कि स्त्री जाति और धर्म से निरपेक्ष होती है। जाति प्रथा की विशेषता ही यही है कि हर व्यक्ति की कोई न कोई जाति होती है। किसी जाति में हुए बिना आप हिंदू हो ही नहीं सकते। इसलिए

हिंदू स्त्री भी जाति प्रथा का उतना ही शिकार रही है जितना हिंदू पुरुष। सच तो यह है कि स्त्री के सामान्य रूप से होनेवाले दमन का जाति प्रथा से कोई सीधा संबंध नहीं है। यह जरूर है कि जाति प्रथा का निर्माण जिस सामाजिक मनोविज्ञान से होता है, वह स्त्री का मित्र हो ही नहीं सकता। जन्म के आधार पर हैसियत तय कर विषमता को सामाजिक प्रबंध का स्थायी अंग बना देना स्त्री-पुरुष के बीच भी विषमता ही पैदा कर सकता है। इसी मनोविज्ञान से पुरुष को यह शक्ति मिलती है कि वह स्त्री को उप-मानव मान कर चलता रहे। इस स्तर पर ब्राह्मणी भी उतनी ही दमित है जितनी शूद्रा। अवश्य इसमें व्यक्तिगत विभिन्नताएँ हो सकती हैं। इस जाति व्यवस्था में रहते हुए भी अनेक पुरुष स्त्रियों के प्रति उदार रहे हैं। इसी तरह, अपने विकसित व्यक्तित्व के बल पर अनेक स्त्रियों ने अपनी 'जन्म-सिद्ध' स्वाधीनता का काफी इस्तेमाल किया। इस सिलसिले में उन्नीसवीं शताब्दी की रुकमा बाई का जिक्र किया जा सकता है, जिसने अठारह-उन्नीस वर्ष की उम्र में अपने अपात्र पति के साथ रहने से इनकार कर दिया था।

हाँ, जाति प्रथा का खमियाजा स्त्री को जरूर भुगतना पड़ा है। यहाँ हम कह सकते हैं कि स्त्री की भी जाति होती है। यह याद दिलाने के लिए एक व्यापक परिघटना का जिक्र करना काफी होगा। अभी हाल तक ऊँची जातियों के पुरुष नीची, खासकर दलित, जातियों की स्त्रियों के साथ सोना अपना जायज अधिकार मानते थे। प्रेमचंद ने 'गोदान' में ऐसे कई प्रसंगों का वर्णन किया है। युवा ग्वालिन झुनिया, जो गोबर को दिल दे चुकी है, उसे अपने कष्टों के बारे में बताती है : 'बरसों से दूध ले कर बाजार जाती हूँ। एक-से-एक बाबू, महाजन, ठाकुर, वकील, अमले, अफसर अपना रसियापन दिखा कर मुझे फँसा लेना चाहते हैं। कोई छाती पर हाथ धर कर कहता है, झुनिया, तरसा मत; कोई मुझे रसीली, नसीली चितवन से घूरता है, मानो मारे प्रेम के बेहोश हो गया है, कोई रुपया दिखाता है, कोई गहने।' एक दिन तो एक पंडित जी ने उससे जबरदस्ती करने के लिए किवाड़ ही बंद कर लिए और कहा, 'आज तो तुम यहाँ से न जाने पाओगी, झूनी रानी। रोज-रोज कलेजे पर छुरी चला कर भाग जाती हो, आज मेरे हाथ से न बचोगी।' झुनिया यादव-कन्या थी और उसके शरीर से खेलने की इच्छा रखनेवाले सभी उच्च्व जातियों के थे। झुनिया बहादुर थी, इसलिए वह अपने को बचाती रही। लेकिन दूसरी अनेक स्त्रियों को अपनी जाति का दंड देह-दान के माध्यम से भोगना पड़ता था। देश के अनेक हिस्सों में यह सामंती व्यवहार अभी भी जारी है। फर्क यह है कि पहले यह बात सामान्य मानी जाती थी, अब नीची जातियों के स्त्री-पुरुष इस जुल्म के खिलाफ अकसर खड़े हो जाते हैं। ग्रामीण इलाकों में सामाजिक अशांति का यह भी एक बड़ा कारण है। जागरण के इस समय में हिंसा का सहारा लिये बिना शोषण करना कठिन है। आर्थिक दबाव या प्रलोभन भी हिंसा का ही एक अन्य रूप है तथा स्त्रियों का दिल जीतने के बजाय

उनका शरीर पाने का आधुनिक नुस्खा है।

यह भी लक्ष्य करने की बात है कि भारतीय समाज में बढ़ते हुए बलात्कार का शिकार किन जातियों की महिलाएँ होती हैं। यह प्रतिपादित करना गलत है कि बलात्कार इसलिए हो रहे हैं कि स्त्रियाँ अपनी वेश-भूषा और शृंगार से पुरुषों को लुभा रही हैं। अगर बलात्कार का मूल सिद्धांत यही होता, तो फिल्म तारिकाओं, विमान परिचारिकाओं, फैशन परेड में शामिल होनेवाली युवतियों और मिस वर्ल्डों के साथ खूब बलात्कार होने चाहिए थे। लेकिन बलात्कार होता है दलित और आदिवासी लड़कियों के साथ, खेतों में काम करनेवाली भूमिहीन महिलाओं के साथ, घरेलू नौकरानियों के साथ और रेलवे स्टेशनों तथा बस अड्डों के आसपास मँडरानेवाली भिखारिनों के साथ। इनमें से ज्यादातर स्त्रियाँ जाति व्यवस्था के पायदान में सबसे नीचे होती हैं। इस आधार पर एक सामान्य सूत्र यह बनाया जा सकता है कि ब्राह्मण, क्षत्रिय या बनिये की पत्नी, बेटी या बहन अप्सरा हो, तब भी उसके साथ बलात्कार की आशंका कम है और शूद्र या दलित की पत्नी, बेटी या बहन साधारण शक्ल-सूरत की हो, अधेड़ हो, तब भी उसके साथ बलात्कार की आशंका ज्यादा है। इस सिलसिले में सामान्य वर्ग की वेश्याओं के जाति-चरित्र पर भी गौर किया जाना चाहिए। इनकी बढ़ती हुई संख्या के बीच किसी ब्राह्मणी या ठकुरानी को खोज पाना आसान नहीं होगा, लेकिन नीची जाति की महिलाएँ हर कोठे पर आठ-दस मिल जायेंगी। वास्तविकता यही है कि वेश्यागमन भी एक तरह का बलात्कार ही है। प्रत्यक्ष बलात्कार में आप सीधे आक्रमण करते हैं, लेकिन सभी पुरुषों में यह अनैतिक साहस नहीं पाया जाता। उन्हीं काम-पिपासुओं के लिए गुंडे और शोहदे मुसीबतजदा औरतों को और औरतों को मुसीबतजदा बना कर उन्हें वेश्या के रूप में ढालते हैं। इस प्रकिया में इन महिलाओं के साथ हफ्तों या महीनों हिंसा करनी पड़ती है, क्योंकि कौन-सी औरत रोटियों के लिए अपनी बेटियों का सौदा करना चाहेगी? इसलिए एक मोटे अर्थ में ही यह कहा जा सकता है कि स्त्री की कोई जाति नहीं होती—वह अपने आपमें एक जाति है। लेकिन जब हम जंगल के बजाय पेड़ों पर ध्यान देने लगते हैं, तो हमें दिखाई देने लगता है कि स्त्रियों में भी जाति विभाजन है और सवर्ण स्त्रियों की सहानुभूति, आम तौर पर, निम्न वर्ण की स्त्रियों के साथ नहीं होती।

निम्न वर्ग के पुरुष और स्त्रियाँ इस—बहुत अदृश्य नहीं—चुभन को खूब जानते हैं, इसीलिए विधायिका में स्त्रियों को एक-तिहाई आरक्षण देने का प्रस्ताव जब भी आता है, तो वे यह माँग करना नहीं भूलते कि इस आरक्षण का अधिकतर लाभ मेम साहबें उठा ले जायेंगी, अतः इसमें हमारा हिस्सा अलग कर दो। सुषमा स्वराज और उमा भारती में यही फर्क है। सुषमा के लिए सभी स्त्रियाँ स्त्रियाँ हैं, उमा के लिए कुछ स्त्रियाँ दूसरियों से ज्यादा स्त्रियाँ हैं।

क्या इसका कारण सिर्फ जाति व्यवस्था है? यह मानने के लिए आदमी का

मूर्ख होना जरूरी है। सर्वोच्च न्यायालय जैसी संरक्षणवादी संस्था तक यह कह चुकी है कि जाति और वर्ग में काफी समानता है। आखिर कुछ तो कारण होगा कि ऊँची जातियाँ, सामान्यतः, खाते-पीते वर्ग की रही हैं और शंबूक, एकलव्य तथा शबरी की संतानें सामान्यतः गरीब, हालाँकि बहुत-से ब्राह्मण कृष्ण मिलन के पूर्व के सुदामा जैसी स्थिति में भी रहे हैं। वैसे आधुनिक युग के पूर्व दुनिया भर में जन-गरीबी रही थी, क्योंकि दौलत पैदा करने की कुंजी आधुनिक विज्ञान और टेक्नोलॉजी ने ही आविष्कृत की है। ऐसी स्थिति में गरीबी का भार, भारत में, नीची जातियों को ही ढोना पड़ा, क्योंकि वे सामाजिक रूप से हीन बना कर रखे गये थे। स्त्री चूँकि डबल दलित थी, इसलिए उसकी हैसियत समाज में भी और परिवार में भी कमजोर बनी रही। पर आज की बहुत-सी स्त्रियाँ अपनी माताओं और दादियों की तुलना में ज्यादा स्वाधीन क्यों हैं? इसका उत्तर इस प्रतिप्रश्न में है कि पिछड़ी जातियाँ पिछले दो दशकों में अचानक क्यों महत्वपूर्ण हो उठी हैं या दलित वाणी इस मात्रा में क्यों सुनाई पड़ने लगी है! क्योंकि, इनके एक हिस्से के पास पहली बार धन आया है। जाति के वर्गीय स्वरूप को आत्मसात किये बगैर जो हर जगह ब्राह्मण और गैर-ब्राह्मण देखने की बुरी आदत के शिकार होते जा रहे हैं, उन्हें प्रेम से और विनम्रतापूर्वक यह समझाने की जरूरत है कि समतामूलक समाज का मतलब सिर्फ जातिविहीन समाज नहीं होता, वर्गविहीन समाज भी होता है। जरा वर्गीय एकता का सवाल छेड़ कर देखिए, स्त्रियों की जातीय एकता की दीवार में कितनी दरारें दिखाई देने लगती हैं।

देह की इबारतें

शास्त्रों में कहा गया है, नदियों का उद्गम और स्त्रियों की जाति, ये नहीं देखते। लेकिन जब जाति समाज की संरचना में घुल-मिल चुकी हो तो स्त्री ही जाति के असर से कैसे मुक्त रह सकती है?

कहाँ से शुरू करें? चलिए सुभद्राकुमारी चौहान से शुरू करते हैं। वे सवर्ण थीं। यहाँ, और इसके बाद भी, सवर्ण से आशय ब्राह्मण, क्षत्रिय और वैश्य की व्यापक कोटियों में आनेवाली किसी भी जाति का सदस्य होने से है। महादेवी वर्मा सवर्ण थीं। सुमित्रा कुमार सिन्हा सवर्ण थीं। विद्यापति कोकिल सवर्ण थीं। उषा देवी मित्र सवर्ण थीं। कृष्णा सोबती सवर्ण हैं। ममता कालिया सवर्ण हैं। मृदुला गर्ग, चित्रा मुद्गल, शिवानी, कमल कुमार, अर्चना वर्मा, प्रभा दीक्षित, चंद्रकांता, राजी सेठ, नासिरा शर्मा, गीतांजलि श्री, नमिता सिंह, अलका सरावगी, अनामिका, जया जादवानी, लवलीन, नीलिमा सिन्हा, ऋता शुक्ल, मृदुला सिन्हा, सुधा अरोड़ा, दूर्वा सहाय, सुनीता, निर्मला गर्ग, रेखा अवस्थी, निर्मला जैन, क्षमा शर्मा, रेखा, कात्यायनी, मृणाल पांडे, मधु कांकरिया, प्रभा खेतान, मन्नू भंडारी, गगन गिल, तेजी ग्रोवर—ये सभी और अज्ञान तथा विस्मृति के कारण जिन महिला लेखकों और कवियों के नाम छूट गये हैं, वे सभी सवर्ण हैं। राजनीति के क्षेत्र में इंदिरा गांधी सवर्ण थीं, सुचेता कृपालानी सवर्ण थीं, जयललिता सवर्ण हैं। संगीत के क्षेत्र में मंगेशकर बहनें, शुभा मुद्गल आदि तथा चित्रकला के क्षेत्र में अर्पिता सिंह, अर्पणा कौर आदि सवर्ण हैं। कुछ अन्य क्षेत्रों का नाम लीजिए और आप पायेंगे कि इनमें भी सवर्णों की भरमार है। मंडल आयोग की या दलित जातियों के लोग इक्का-दुक्का ही मिलेंगे—जैसे राष्ट्रपति के. आर. नारायणन। लेकिन वे एक विशेष स्थिति की देन हैं, जैसे राबड़ी देवी एक खास परिस्थिति की देन हैं। दो साल पहले दिल्ली के एक पत्रकार ने यह पता लगाने की कोशिश की कि पत्रकारिता के इस शीर्ष केंद्र में दलित पत्रकारों की संख्या क्या है : उसे एक भी दलित पत्रकार नहीं मिला। जब दलित पुरुष ही पत्रकारिता में नहीं था, तो दलित स्त्री की तो कल्पना

भी नहीं की जा सकती थी। जिन अखबारों में स्त्रियों की समस्याओं के लिए हर सप्ताह एक पूरा पन्ना छपता है, कृपया उस पन्ने पर लिखनेवाली स्त्रियों की जाति का पता लगाइए : उनमें शत प्रतिशत नहीं तो 95 प्रतिशत स्त्रियाँ सवर्ण होंगी।

क्या इसके बाद भी यह सवाल उठाया जा सकता है कि स्त्री की जाति होती है या नहीं ? अगर जाति नहीं होती, तो क्या कारण है कि साहित्य अकादमी द्वारा प्रकाशित 'हू'ज हू इन इंडियन राइटर्स–1999' (दो खंड) में एक भी गैर-सवर्ण हिंदी लेखिका का नाम नहीं है? स्त्रियों और दलितों की प्रिय पत्रिका 'हंस' ने अपने 15 वर्षों के गौरवपूर्ण इतिहास में क्या किसी गैर-सवर्ण स्त्री लेखक को खोज निकाला है? स्त्रियाँ सवर्ण चाहिए और पुरुष दलित–अगर कोई गैर-सवर्ण संपादक भी यही मानता है, तो इसका कुछ संबंध उपलभ्यता की सीमाओं से भी होना चाहिए। यह तो नहीं कहा जा सकता कि 'हंस' के संपादक ने किसी गैर-सवर्ण स्त्री को लेखक के रूप में उभरने से रोका होगा। सच तो यह है कि ऐसी स्त्रियाँ कम, बहुत कम हैं, क्योंकि उनकी जाति से जुड़ी परिस्थितियाँ उन्हें विचारक, लेखक, कवि आदि बनने नहीं देतीं। हाँ, उपन्यासों और कहानियों के विषय के रूप में वे प्रेमचंद के जमाने में भी खूब आती थीं और नयी कहानी आंदोलन का ज्वार थमने के बाद भी खूब आने लगीं। भारत में गैर-सवर्ण स्त्री अभी भी विषय है : वह विचारक नहीं बन पायी है। अभी तो कायदे से उसके घर के पुरुषों को भी साहित्य में प्रवेश के ज्यादा अवसर नहीं हैं। इसके बाद ही तो उनकी बारी आयेगी। फिर भी हमारे स्त्री-दलितवादी विचारक घोषित करते हैं कि स्त्री की कोई जाति नहीं होती। भारत के बाहर नहीं होती, पर भारत में होती है। विदेशी वाक्यों का अनुवाद कर भारतीय स्थितियों के मर्म को नहीं समझा जा सकता।

वस्तुतः भारत में नारीवाद का सामाजिक प्रसार इसीलिए अवरुद्ध है कि यह विचार अभी तक मुख्यतः सवर्ण स्त्रियों तक ही सीमित है। शायद ही कोई सवर्ण स्त्री-नेता, जो जनवादी महिला संघ जैसी संस्थाओं से संबद्ध हो या सहेली और जागोरी जैसे संगठनों से, ऐसी होगी जिसके घर में कोई गैर-सवर्ण स्त्री घरेलू नौकरानी के रूप में अपनी सेवाएँ न देती हो। लेकिन ये नेताएँ जब अपने संगठन की बैठक करती हैं या किसी जुलूस या प्रदर्शन में भाग लेने निकलती हैं, तो वे अपनी इन अभिशप्त बहनों को अपने साथ कभी नहीं ले जातीं–क्योंकि मामला सिर्फ जाति का नहीं है, जाति के साथ वर्ग भी जुड़ा रहता है। निम्न मानी जानेवाली जाति की स्त्री प्रायः निर्धन भी होती है। ऐसी स्त्री को शबाना आजमी या वृंदा करात या रेखा अवस्थी अपने साथ चिपकाये कहाँ-कहाँ जा सकती हैं? मैत्रेयी पुष्पा ने 'मूल प्रश्न' के जनवरी-मार्च 2001 अंक में इस विडंबना पर प्रकाश डालते हुए लिखा है : 'उच्च वर्ग की आधुनिकाओं, रानी-महारानियों, तुम्हारे कौशल का लोहा मानते हैं हम कि वे सिंहासन हथिया लिये जो मैली, धूसरित, अशिक्षित, बेजुबान औरतों की पीठ पर

टिके हैं। झुके हुओं को और भी तोड़ रहे हैं। समकालीन भारत की उपलब्धि ऐसी ही गजगामिनियाँ, शहजादियाँ हैं जो आजाद भारत की स्त्री का प्रतिनिधित्व देश-विदेश में कर रही हैं।'

जटिल सवालों को भोली और उधार की निगाहों से देखने पर ही यह निष्कर्ष निकाला जा सकता है कि वेश्यावृत्ति के पेशे में स्त्री देह की चलती है, जाति और धर्म को कौन पूछता है? यह सिर्फ ग्राहकीय दृष्टि से सही है। उसे तो पैसा देना है और जो सुख प्रेम और दोस्ती के संश्लिष्ट संबंध में मिलता है, उसे बिना कोई भावनात्मक विनिमय के प्राप्त करना है। ग्राहक को वेश्या से मतलब होता है, वेश्या व्यवसाय के समाजशास्त्र से नहीं। लेकिन सभी समाजशास्त्रीय अध्ययन एक ही तथ्य की ओर इशारा करते हैं : प्रत्येक देह का एक सामाजिक इतिहास होता है। एशिया में स्त्रियों की खरीद-फरोख्त पर एक सर्वेक्षण-आधारित अध्ययन पिछले साल ही आया है। पुस्तक का नाम है 'सेक्स स्लेव्स' और अध्ययनकर्ता हैं लुइस ब्राउन। भारत के बारे में वे क्या कहती हैं, यह 'स्त्री-की-जाति-नहीं-वादियों' को जरूर पढ़ना चाहिए : 'भारत में वेश्यागामिता की शिकार स्त्रियों की बहुत बड़ी संख्या दलित—या अस्पृश्य—जातियों और जनजाति समूहों से आती है। ये स्त्रियाँ शोषण की तिहरी मार झेलती हैं : वे गरीब होती हैं, अस्पृश्य मानी जाती हैं और मादा हैं। कुछ के लिए इन तीन भयावह लाभहीनताओं का संगत तबाह करनेवाला होता है। कलकत्ता के एक वेश्यालय में मेरी मुलाकात एक युवा वेश्या से हुई, जो अस्पृश्य जाति की थी। वह करीब पंद्रह की लगती थी, पर उसका कहना था कि वह उन्नीस वर्ष की है। वह दुबली-सी, तबाह लड़की थी। उसके शरीर पर पश्चिमी ढंग की बेढंगी-सी ड्रेस थी। उसे देखते ही लगता था कि जिंदगी ने उसे निचोड़ कर रख दिया है। उसकी कहानी यह रही :

'मेरा गाँव पश्चिम बंगाल में यहाँ से काफी दूर है। मेरा परिवार बहुत, बहुत गरीब है। हमारे परिवार में चार बच्चे थे। मेरे पिता की मृत्यु हो चुकी है और मेरी माँ मेरा, मेरी बहन और मेरे भाइयों का पेट भरने में असमर्थ थी। हमारे पास कोई कायदे का घर नहीं था और हम हमेशा भूखे रहते थे। गाँव का हर आदमी हमारा तिरस्कार करता था, क्योंकि हम गरीब और नीची जाति के हैं।

'जब मैं तेरह साल की थी, हमारे गाँव के कुछ लड़के मुझे गाँव से कुछ दूर खेत में ले गये और उनमें से प्रत्येक ने मेरे साथ बलात्कार किया। वे पाँच थे और सभी ऊँची जातियों के थे। रोते-रोते मैं गाँव में वापस आयी। लड़कों ने कह दिया कि मैं तो अपनी मर्जी से उनके साथ गयी थी। गाँव की पंचायत ने फैसला किया कि मैं चरित्रहीन हूँ, मेरी कोई इज्जत नहीं है और मुझे उन लड़कों के बारे में झूठी बातें नहीं फैलानी चाहिए। पंचों ने मेरी माँ से कहा कि मेरे रहने से गाँव पर बुरा असर पड़ेगा, इसलिए मुझे गाँव से बाहर भेज देना चाहिए। लेकिन कोई भी मुझसे

शादी करने के लिए तैयार नहीं था और मेरी माँ दहेज भी नहीं दे सकती थी। इसलिए वह मुझे यहाँ ले आयी। मैं और कहीं जा भी नहीं सकती थी।'

लेकिन यह सत्य का एक पहलू है। जाति न केवल देह पर हस्ताक्षर करती है, बल्कि दिमाग और तौर-तरीकों में भी दखल देती है और इस तरह आदमी का बाजार-मूल्य निश्चित करती है। महानगरों के गरीब वेश्यालयों में चले जाइये—वहाँ आपको नीची जातियों की, अल्पसंख्यकों की, नेपाल की गरीब जातियों की दीन-हीन, खस्ताहाल स्त्रियों की भारी संख्या मिलेगी, जो मुख्यतः सर्वहारा और निम्न-मध्य वर्ग के पुरुषों की काम-पूर्ति के लिए एक संगठित तंत्र द्वारा वहाँ लायी गयी हैं। दूसरा वर्ग उन शिक्षित, गोरी, स्वस्थ और अंग्रेजी बोलने तथा आधुनिक तौर-तरीकों में निपुण युवतियों और स्त्रियों का है, जिनके पास टेलीफोन है, सजा हुआ फ्लैट है, जो एक दिन में एक या दो से ज्यादा ग्राहक नहीं लेतीं और जिनकी फीस चुकाना विदेशी पर्यटकों और मालदार भारतीयों के लिए ही संभव है। पूर्वी एशिया में ये 'कंफोर्ट गर्ल' कहलाती हैं और भारत में काल गर्ल। लुइस ब्राउन ने बताया है कि इस वर्ग की वेश्याओं में अब खाते-पीते घरों और ऊँची जातियों की लड़कियाँ भी शामिल हो रही हैं—कम मेहनत और अच्छी कीमत से लुब्ध हो कर। देह व्यवसाय में लगी स्त्रियों के बीच काम कर रही इस जाति प्रथा के बारे में क्या खयाल है? एक को एक रात में पाँच-सात-आठ आदमियों को निपटाने से मिलता है दो-ढाई सौ रुपया और दूसरी को किसी शौकीन धन-पिशाच के साथ महँगे होटल में खाने, अच्छी शराब पीने और बंद कमरे में थोड़ी देर की संगत के लिए मिलता है कम से कम एक हजार रुपया और ग्राहक दिलफेंक या खर्चीला या सामान्य से भिन्न काम-रुचियोंवाला हुआ तो चार-पाँच से दस हजार तक। विषमताग्रस्त समाज में कोई भी क्रिया विषमतामुक्त नहीं हो सकती। मंडल बहस का मर्म ही यही था कि भारत में विषमता का मुख्य आधार जाति है, जो वर्ग में भी प्रकट होती है। फिर स्त्रियों की किस वर्गीय एकता की बात की जाती है? क्या इंदिरा गांधी ने या बेनजीर भुट्टो ने अपने-अपने मुल्क की गरीब, मार खायी हुई औरतों की कभी फिक्र की?

इसके बावजूद, यह सच है कि स्त्री की कोई जाति नहीं होती, जैसे पुरुष की कोई जाति नहीं होती। प्रकृति किसी को ब्राह्मण या चमार नहीं पैदा करती। ये सब सामाजिक आरोपण हैं। शोषण और विषमता के औजार हैं। लेकिन हम अपनी मूर्खतावश गुलामी और विषमता के उन तमगों या जंजीरों को छोड़ने के लिए तैयार नहीं हैं। एक समय यह कहा जाता था कि सर्वहारा की न कोई जाति होती है न धर्म न देश। इसी आधार पर दुनिया के मजदूरों को एक होने की प्रेरणा दी जाती थी। यह स्थापना गलत नहीं है। पर जो लोग इस स्थापना को मानते थे, उन्होंने पहले तो यह साबित किया कि सर्वहारा का देश होता है—रूस और चीन में तनातनी शुरू हुई तो आज तक खत्म नहीं हो पायी है। फिर भारत के सांप्रदायिक दंगों ने

साबित किया कि सर्वहारा हिंदू और मुसलमान भी होता है। एक ही काम के लिए पुरुष मजदूर को ज्यादा वेतन और स्त्री मजदूर को कम वेतन—इससे पता चलता है कि सर्वहारा नर-मादा भी होता है। यही हाल स्त्री का समझिए। अस्तित्व के बुनियादी स्तर पर सभी स्त्रियाँ एक हैं, लेकिन आर्थिक स्थिति, जाति, रंग आदि के कारण स्त्रियों के कई वर्ग हो जाते हैं। ये वर्ग नहीं होने चाहिए, एक अच्छे समाज में ये नहीं होंगे, पर आज तो हैं और स्त्री-पुरुष की समानता का कोई भी संघर्ष स्वयं स्त्रियों के बीच और पुरुषों के बीच समानता की माँग के बगैर अधूरा संघर्ष रहेगा।

ज्ञान आदमी को स्वाधीन करता है, तो धन भी आदमी को स्वाधीन करता है। दरिद्रता से बड़ा कोई दुख नहीं है। स्त्री को कमाने के अवसरों और संपत्ति से वंचित रखा गया, तभी उस पर पुरुष की हुकूमत चल पायी। पर स्त्री की तुलना पण्य या संपत्ति से करना अवास्तविक और अशोभन है। स्त्री खुद अपने आचरण से बताती रही है कि वह संपत्ति नहीं है। स्त्रियाँ साध्वी क्यों बनती थीं? वे अपने पति का कामानुशासन क्यों तोड़ती रही हैं? लोक गीतों में अपने किस रोष को उन्होंने व्यक्त किया है? सीता ने लक्ष्मण रेखा से बाहर पैर रख कर क्या अपनी स्वतंत्र मति का परिचय नहीं दिया? रत्नावली ने तुलसीदास को किस बल पर लौटा दिया? रजिया ने एक गुलाम से शादी क्यों की? भक्त अंडाल अपनी किस ताकत से महावीर की तरह निर्वस्त्र रहती थीं? मीरा क्यों पग घुँघरू बाँध कर नाचती थीं? कथा और इतिहास, दोनों में स्त्री बार-बार स्वतंत्रता की अपनी इच्छा को व्यक्त करती रही है। ऐसी स्थिति में, जो लोग बार-बार स्त्री पराधीनता के गीत गाते रहते हैं और स्त्री संघर्ष की नजीरें खोज-खोज कर पेश नहीं करते, वे स्त्रियों का भला नहीं कर रहे हैं। अब स्त्रियों को शोक गीत की नहीं, प्रयाण गीत की जरूरत है।

उसके और नाम के बीच

जाति प्रथा नहीं रहेगी, तो क्या स्त्री की गुलामी क्या खत्म हो जायेगी? दूसरे समाजों का अनुभव बताता है, ऐसा नहीं होता। हाँ, समानता का एक दरवाजा जरूर खुल जायेगा।

जटिल स्थितियों को सपाट बना कर कैसे प्रस्तुत किया जा सकता है, यह देखना हो तो दलित और स्त्री लेखन का एक हिस्सा इसमें काफी मदद कर सकता है। उदाहरण के लिए, इस गुत्थी को लीजिए कि अगर वधू का सरनेम वर से भिन्न हो, तो वधू को ही पति का सरनेम क्यों स्वीकार करना पड़ता है। क्या यह उस तरह की घटना नहीं है जैसे कुत्ते का मालिक कुत्ते के गले में अपने नाम का पट्टा लगा देता है, ताकि कुत्ते के स्वामित्व के बारे में किसी को भ्रम न हो और कुत्ता भी अपनी हैसियत न भूल सके? स्त्री की पराधीनता का इससे बड़ा दस्तावेजी प्रमाण क्या हो सकता है कि उसका नाम तक उसका अपना नहीं होता—रमा शुक्ल को रामशंकर त्रिपाठी से विवाह करने के बाद रमा त्रिपाठी बन जाना होता है? ऐसा क्यों नहीं होता कि रामशंकर त्रिपाठी रमा शुक्ल से विवाह करने के बाद रामशंकर शुक्ल कहलाने लगें?

इस सरनेम परिवर्तन का जो अर्थ स्पष्ट है, वह गलत नहीं है। लेकिन इसके और भी कई अर्थ हैं और उन पर विचार किये बिना मामले को पूरी तरह डिसमिस नहीं किया जा सकता। पहली बात तो यह है कि सरनेम होना ही नहीं चाहिए। भारत में यह जाति व्यवस्था को मजबूत करता है। दुख की बात यह है कि जो लोग इस पर आपत्ति करते हैं कि पत्नी पति का सरनेम लगाये, और साल के ग्यारह महीने जाति व्यवस्था के लिए नयी-नयी गालियाँ ईजाद करते रहते हैं, उन्होंने भी यह अभियान नहीं छेड़ा है कि जाति सूचक चिह्नों को खत्म किया जाये। बाभन बाभन रहता है और कायथ कायथ; दोनों जब मंच पर आते हैं तो उनके बीच इस विषय पर पूर्ण सहमति होती है कि जाति व्यवस्था ने ही भारत का सत्यानाश किया है।

पत्नी पति का सरनेम लगाये, यह स्थिति इस समस्या को सुलझाने के लिए

पैदा होती है कि (1) एक ही जाति में तरह-तरह के सरनेम हैं और (2) जब पति तथा पत्नी, दोनों का सरनेम अलग-अलग हो, तो उनकी संतान का सरनेम क्या हो। भारत में जाति प्रथा ही नहीं है, उपजाति प्रथा भी है—यह तथ्य हम अकसर भूल जाते हैं। ब्राह्मणों में शर्मा, वाजपेयी, द्विवेदी, त्रिपाठी, शुक्ल आदि लगभग एक दर्जन सरनेम होते हैं। इनकी सामाजिक हैसियत में भी तरतमता है। यही स्थिति क्षत्रियों, वैश्यों, शूद्रों और दलितों की भी है। विद्यार्थियों को पढ़ाया जाता है कि भारत में चार जातियाँ हैं। लेकिन व्यवहार में वे हजारों उपजातियों में बँटी हुई हैं और हर जाति के भीतर छोटे-बड़े की स्थिति है। यह स्वाभाविक ही है, क्योंकि जिस समाज में सामाजिक विषमता को मान्यता मिल जाती है, वहाँ विषमता के स्तर पर स्तर बनते जाते हैं। हम इस बात को समझेंगे, तभी महसूस कर सकेंगे कि दलितों में पूरी एकता क्यों नहीं हो पा रही है। अगर चमार भंगी को अपने से छोटा समझेगा, तो उनके बीच शादी-ब्याह नहीं हो सकता और खान-पान में भी बंदिशें लगायी जा सकती हैं। इसका नतीजा यह होगा कि दलितों का कोई संगठन बनेगा, तो भंगी यह देखेगा कि उसकी तथा उसके समतुल्य जातियों के व्यक्तियों को कितना स्थान मिला है और उनसे ऊपर की जातियों को कितना स्थान मिला है। दलित भी अपनी सामाजिक हैसियत के अनुसार अलग-अलग सरनेम अपना रहे हैं।

अब मान लीजिए कि रामशंकर त्रिपाठी का विवाह रमा शुक्ल से हो गया। ध्यान देने की बात यह है कि दोनों ही ब्राह्मण जाति के हैं। तीन साल बाद एक प्यारी-सी बच्ची उनकी गोद में आती है। उसका नामकरण कैसे हो? मान लीजिए, उसके नाम का पूर्वार्ध प्रिया है। लेकिन राशन कार्ड में और प्राथमिक विद्यालय के प्रवेश पत्र में सिर्फ 'प्रिया' नहीं लिखा जा सकता। वैसे आधुनिक समय के पहले सरनेम होते ही नहीं थे; या, बहुत कम लोग सरनेम का प्रयोग करते थे। राम रामचंद्र ही थे, रामचंद्र सिंह नहीं। तुलसी भी तुलसीदास ही थे, तुलसीदास शुक्ल नहीं। जहाँ तक मेरी जानकारी है, महिलाओं के सरनेम तो होते ही नहीं थे। झाँसी की रानी को हम लक्ष्मीबाई के नाम से ही जानते हैं। सरनेम की प्रथा हमारे यहाँ यूरोप से आयी है। जब भारत में अंग्रेजी सत्ता स्थापित हो गयी, तो सरकारी कागजात में किसी भी भारतीय का नाम दर्ज करते समय उससे उसका सरनेम पूछा जाता था। फलतः सभी जातियों-उपजातियों के व्यक्तियों ने अपना-अपना सरनेम लगाना शुरू कर दिया। जहाँ सरनेम बनाने की समस्या थी, वहाँ पेशे के आधार पर (जैसे दाँतवाला, लोहावाला, वकील, डॉक्टर), गाँव के आधार पर (जैसे सुजानपुरिया, बरनाला, तलवंडी, टोहड़ा आदि) तथा अन्य आधारों पर सरनेमों की सृष्टि की गयी। मोहनदास करमचंद गांधी का परिवार गांधी इसलिए कहलाता था कि उनके वंश के लोग किसी समय गंध (इत्र) का व्यवसाय करते थे। इस तरह, एक समय ऐसा आया जब लगभग हर भारतीय का कोई न कोई सरनेम हो गया। अतः रामशंकर त्रिपाठी और रमा

शुक्ल की बिटिया प्रिया भी सिर्फ 'प्रिया' कैसे रह सकती है? उसे या तो 'प्रिया त्रिपाठी' बनना होगा या 'प्रिया शुक्ल'।

अच्छा होता कि बच्चों की सामाजिक पहचान उनकी माँ के नाम पर होती, जैसे अर्जुन कौंतेय (कुंती का पुत्र) कहलाते थे और कर्ण राधेय (क्योंकि राधा नाम की स्त्री ने कर्ण का पालन-पोषण किया था)। कथाकार गीतांजलि श्री पहले गीतांजलि पांडेय थीं। बाद में उन्होंने अपना सरनेम बदल कर अपनी माँ के नाम के आधार पर गीतांजलि श्री कर लिया। मातृसत्तात्मक समुदायों में ऐसा ही होता है। पितृसत्तात्मक समुदाय पिता के नाम से चलते हैं। सो नयनतारा पंडित विवाह के बाद नयनतारा सहगल कहलाने लगीं और इंदिरा नेहरू को इंदिरा गांधी कहा गया—हालाँकि इंदिरा ने कुछ स्वाभिमान दिखाया और मतदाता सूची में अपने को इंदिरा नेहरू गांधी लिखाया। लेकिन इस समन्वय की भी सीमा है, क्योंकि उनके बेटे राजीव नेहरू गांधी या संजय नेहरू गांधी नहीं, बल्कि राजीव गांधी और संजय गांधी बने। यहाँ तक कि इटली से आयी सोनिया को राजीव से विवाह करने के बाद सोनिया गांधी बनना पड़ा। यानी वंश इंदिरा गांधी का नहीं, फीरोज गांधी का चल रहा है—यद्यपि फीरोज अपनी मृत्यु के काफी पहले ही इंदिरा गांधी से अलग हो चुके थे। हाँ, श्रीमती प्रियंका गांधी को प्रियंका वडेरा बनना पड़ा है और अब वे वडेरा वंश को आगे ले जाने का निमित बनेंगी।

अब कल्पना कीजिए कि रामशंकर और रमा जिस समाज में रहते हैं, वह मातृसत्तात्मक है। इस व्यवस्था में रामशंकर त्रिपाठी को रमा शुक्ल के परिवार में जा कर रहना होगा। इसका नतीजा यह होगा कि वे रामशंकर शुक्ल कहलाएँगे। अगर रमा शुक्ल का रमा त्रिपाठी कहलाना गलत है, तो रामशंकर त्रिपाठी का रामशंकर शुक्ल कहलाना क्या उचित होगा? क्या तब पुरुष अपनी पत्नी की जाति का पट्टा लगा कर नहीं घूमेगा?

यहाँ यह सुझाव दिया जा सकता है कि रमा शुक्ल अब अपने को रमा शुक्ल-त्रिपाठी लिखें और रामशंकर त्रिपाठी अपने को रामशंकर त्रिपाठी-शुक्ल। इस तरह दोनों के सरनेम दोनों अपना लेंगे तथा पति-पत्नी में बराबरी आ जायेगी। चलिए, यह प्रस्ताव मान लिया गया। तब उनकी बेटी प्रिया के साथ कौन-सा सरनेम लगाया जायेगा? त्रिपाठी-शुक्ल या शुक्ल-त्रिपाठी? इसका भी हल निकल आया, तो कठिन समस्या तब पैदा होगी जब प्रिया का विवाह, मान लीजिए, कमल शर्मा से हो जाये। प्रिया और कमल की संतान का सरनेम क्या होगा? रंजना शुक्ल-त्रिपाठी-शर्मा? इस तरह तो दो-तीन पीढ़ियों के बाद दुम धड़ से कई गुना लंबी हो जायेगी। जाहिर है, यह कोई समाधान नहीं है।

एक संक्रमणकालीन और अस्थायी समाधान यह हो सकता है कि सरनेम लिखने की प्रथा ही खत्म की जाये। नाम देख कर यह पता लगाना मुश्किल हो जाये कि

आदमी किस जाति का है। कुछ लोग ऐसा करने भी लगे हैं, हालाँकि सिर्फ इसी से यह साबित नहीं होता कि जाति प्रथा को उन्होंने पीछे छोड़ दिया है। सरनेम न लिखने और जाति प्रथा को बनाये रखने में पाखंड का कुछ तत्व है। पर इससे सतही तौर पर तो यह साबित होगा ही कि सभी मनुष्य समान हैं। तब प्रिया सिर्फ प्रिया कही जायेगी। पर यह स्थायी समाधान नहीं है। यह तो जाति व्यवस्था को खत्म करने में ही है।

क्या अब यह कहा जा सकता है कि सरनेम से स्त्री-पुरुष के बीच विषमता नहीं आती, विषमता आती है उनकी पारिवारिक और सामाजिक स्थिति से, जिसके निर्णय में उनकी आर्थिक स्थिति का महत्वपूर्ण योगदान है। जातियाँ खत्म हो जाने के बाद भी स्त्री समाज में विषमता बनी रहेगी, क्योंकि यह वर्ग का भी मामला है। भारत की समस्या यह है कि यहाँ जाति वर्ग के साथ गहन रूप से जुड़ी हुई है। अतः यह भविष्यवाणी की जा सकती है कि जाति भी तभी टूटेगी जब वर्ग खत्म नहीं होंगे, तो वर्गों के बीच आज जैसी भयावह विषमता नहीं रह जायेगी।

जाति प्रथा नहीं रहेगी, तो स्त्री की गुलामी क्या खत्म हो जायेगी? नहीं। हिंदुस्तान के बाहर के समाजों में जाति प्रथा नहीं है, लेकिन स्त्री की स्थिति कमोबेश हमारे यहाँ की तरह ही है। हाँ, जाति प्रथा जब तक कायम है, यह स्त्रियों में सामाजिक विषमता का एक महत्वपूर्ण स्रोत बनी रहेगी। जाति प्रथा के कारण वरण का दायरा सीमित हो जाता है। ब्राह्मण परिवार की युवती ब्राह्मण परिवार के युवक से ही विवाह कर सकती है। इस कारण विवाह योग्य वरों के लिए लड़कियों के परिवारवालों के बीच प्रतिद्वंद्विता चलती है। दहेज का बाजार तेज होता जाता है। संपन्न घर में ब्याहे जाने पर लड़की यह अनुभव करती है कि बिना शानदार दहेज के उसका विवाह इस परिवार में नहीं हो सकता था; यानी उसका अपना कोई मूल्य नहीं है। यह स्त्री में आत्म-हीनता की भावना को मजबूत करता है। जाति प्रथा न रहने पर विवाह का दायरा विस्तृत हो जायेगा और स्त्री तथा पुरुष, दोनों के गुणों की पूछ होगी। सबसे बड़ी बात यह है कि भगवान लोगों को जन्म से ही ऊँचा-नीचा बना कर भेजता है, यह भ्रांति दूर हो सकेगी और समानता के मूल्यों को प्रोत्साहन मिलेगा। स्त्री की आजादी का संघर्ष वस्तुतः समानता के लिए संघर्ष का ही एक हिस्सा—महत्वपूर्ण हिस्सा—है।

माधवी की मुश्किलें

दब्बू स्त्रियों के निर्माण में लगा कोई समाज माधवी जैसी प्रखर और स्वाभिमानी लड़कियों को कैसे सहन कर सकता है? सह भी ले, तो अंग्रेजी न जानना इनमें से बहुतों के पैर की जंजीर बन जाता है, जो सामंतवाद का ही एक और चेहरा है।

क्या आप माधवी को जानते हैं? आप पूछेंगे—कौन माधवी, तो यह एक उचित प्रतिप्रश्न होगा। मेरी समस्या यह है कि मैं माधवी की बजाय मालती या मानिनी कहता, तब भी मेरा प्रश्न उतना ही अपर्याप्त होता। कारण, आप जिस माधवी को जानते हों, जरूरी नहीं कि उसका नाम माधवी ही हो। उसका नाम कल्पना, देवयानी या यामिनी कुछ भी हो सकता है। आपका मन होगा तो आप अपनी माधवी के बारे में बताइएगा। मैं उस माधवी के बारे में लिखता हूँ जिसे थोड़ा-बहुत जानने के बाद अपने देश और समाज पर मेरी शर्मिंदगी कुछ और बढ़ गयी है।

तो, माधवी सत्ताईस-अट्ठाईस साल की, दुबलेपन के निजी सौंदर्य में पगी स्त्री है। पर वह सत्ताईस-अट्ठाईस की लगती नहीं है। उसने अपनी गृहस्थी बसा ली होती, तो वह शायद कुछ भरी-पूरी लगती। तब उसके चेहरे पर तृप्ति की एक अपनी आभा भी होती। अभी वह कुछ खोयी हुई-सी; कुछ असंतुष्ट, कुछ आक्रोश में और कुछ जिद्दी लगती है। कपड़े वह सलीके से पहनती है, पर जो महँगी पोशाक को ही सुंदर पोशाक मानने के आदी हैं, उन्हें जरूर निराशा हो सकती है। उनमें जो शोहदा किस्म के व्यक्ति हैं, उनकी जीभ माधवी को इस हालत में देख कर लपलपा सकती है। इस विस्तृत होते जाते वर्ग की नातिगुप्त मान्यता यह प्रतीत होती है कि जो संपन्न नहीं है, वह बिकाऊ है और उसकी कीमत भी ज्यादा नहीं होनी चाहिए। जो अपनी कीमत ज्यादा करके लगाने का हुनर जानते हैं, उन्हें संपन्न होने के लिए अधिक प्रतीक्षा नहीं करनी होती। जिनसे मानवीयता छोड़ते नहीं बना, वे माधवी पर नजर डाल कर, मूड हुआ तो, उदास हो सकते हैं। उनकी यह उदासी सिर्फ माधवी के लिए नहीं होगी, अपनी इस असमर्थता के एहसास के कारण भी होगी कि मैं इतनी

संभावनाशील लड़की के लिए कुछ कर नहीं पा रहा हूँ। हाँ, उम्र के तीसरे दशक पर दस्तक देती माधवी लड़की ही लगती है, क्योंकि उसके पूरे व्यक्तित्व में कुछ ऐसा है जो बताता रहता है कि अनुकूल परिस्थितियाँ मिली होतीं, तो युवती बने उसे कई वर्ष बीत चुके होते। फिर भी शुरू में युवती ही लिखा गया, तो इसीलिए कि कोई लड़की ही दिखती रह जाये, तो इससे उम्र का बढ़ना स्थगित नहीं हो जाता। समृद्ध परिवारों की युवतियाँ लड़की जैसी दिखने के लिए शारीरिक परिचर्या पर लगातार मुद्रा और समय खर्च करती रहती हैं और पहने जानेवाले वस्त्रों के साथ भी प्रयोग करती रहती हैं, फिर भी पूरी सफलता सभी के हाथ नहीं लगती। दुखों, दुर्घटनाओं, कष्टों, असुविधाओं, कृपाओं और मनचाहा जीवन जीने के कठिन संघर्षों से जिसे दस-पंद्रह साल तक गुजरना पड़े, उसे दिखाई देने के एक ही मुकाम पर ठहरे रहने के लिए कुछ भी नहीं करना पड़ता। काल ही यह सख्त जिम्मेदारी अपने हाथ में ले लेता है।

लेकिन माधवी की वास्तविक पहचान वह नहीं है जिसके खुरदरे हस्ताक्षर उसके सामान्यवर्गीय गात पर अंकित हैं। यह सब तो उस राह के प्रतिबिंब भर हैं जिस पर उसे नंगे पैर चलना पड़ा है। कह सकते हैं कि वास्तव में अखिल भारतीय राह तो यही है, जिस पर चलने से बने हुए छाले पचहत्तर प्रतिशत नागरिकों के पैरों में देखे जा सकते हैं। गरीबी रेखा से नीचे का जीवन बसर करनेवालों की संख्या भले ही कम हो रही हो (यहाँ इस विवाद में पड़ने का उपयुक्त अवसर नहीं है कि यह कम होना सरकारी प्रचार है या इसका जीवन स्तर के मानवीय मानदंडों से भी कुछ संबंध है), पर लोगों के चेहरों पर वह आह्लाद नहीं तो संतुष्टि अब कम ही दिखाई पड़ती है, जिसे लॉर्ड क्लाइव ने अपने समय के भारत में व्यापक पैमाने पर देखा होगा। इस दृष्टि से माधवी की कहानी उन असंख्य युवतियों की कहानी हो सकती है जिनकी पीड़ा के बारे में गांधी जी बराबर सोचते रहते थे। लेकिन माधवी की कहानी में कुछ और भी है, जो इस मात्रा में और इस प्रांजलता के साथ सभी जगह नहीं मिलता।

जो लोग एक पीड़ित और दूसरे पीड़ित में फर्क करते हैं—जैसा कि कुछ समय से दंगा या भूकंप-ग्रस्त क्षेत्रों के तबाह व्यक्तियों के साथ होने लगा है—उनसे बढ़ कर पाजी कौन होगा? लेकिन माधवी की वेदना से भीगी और स्वाभिमान से चमकती आँखों के भीतर निहित बहुत-से पन्नों को पढ़ने और उससे ज्यादा पन्नों तक न पहुँच पाने के बाद एक अन्य प्रकार के विचलन का अनुभव न करने की स्थिति को व्यक्त करने के लिए ही 'क्रूरता' जैसा शब्द बनाने की जरूरत पड़ी होगी।

जो चीज माधवी की ओर तुरंत आकर्षित करती है, वह यह है कि उसकी व्यावहारिक बुद्धि अत्यंत प्रखर है। वह किसी भी चीज या घटना के तर्क को आत्मसात करने में उतना ही समय लगाती है जितना समय पलकों को एक बार झपकने में

लगता है। इसका एक कारण तो यह है कि जब से उसने स्थितियों की जासूसी करना शुरू किया है, जिसे लोक भाषा में होश सँभालना कहते हैं, वैसे ही लोग बार-बार नाम और रूप बदल कर आते रहे हैं और वैसी ही स्थितियाँ नयी-नयी पृष्ठभूमियों के साथ प्रकट होती रही हैं। इसका अर्थ यदि यह लगाया जाता है कि उसने बार-बार मनुष्यता का काला क्षुद्र चेहरा ही देखा है, तो बात ठीक से कही नहीं जा सकी। उसने छोटे, मझले और बड़े आकार के देवपुरुष भी देखे हैं। नहीं देखे होते, तो वह अपने अपनाये हुए इस हृदयहीन शहर में इतना बड़ा अरसा कैसे गुजार पाती और अपने साथ-साथ अपने पेंशनयाफ्ता वृद्ध पिता और तीन छोटे भाइयों की समय-बेसमय सहायता कैसे कर पाती? दुख हमारी अन्य क्षमताओं को कितना माँजता है, यह पता नहीं, पर हमारी बुद्धि को कुशाग्र जरूर बना देता है—खास तौर से जब उससे मुलाकात कम उम्र से ही शुरू हो जाये। बेशक ये व्याख्याएँ पूरी तरह सही नहीं हैं, क्योंकि दुख और अभाव में बहुतों को अपनी धार खोते यानी भोथरा होते हुए भी देखा गया है। ऐसा लगता है कि दुख आपके साथ क्या करेगा, यह दुख से ज्यादा आप पर निर्भर है। निश्चय ही माधवी शुरू से ही बुद्धिशील होगी—परिस्थितियों ने सिर्फ उस पर धार चढ़ाने का काम किया होगा।

माधवी इसलिए भी अपने वर्ग में अलग दिखाई देती है कि उसने अपनी अब तक की जिंदगी के किसी भी पड़ाव को अपना भाग्य नहीं मान लिया। पंद्रह-सोलह वर्ष की उम्र में ही उसकी माँ का असमय देहांत हो गया था और पिता की बीमारी से, जिसके परिणामस्वरूप उन्हें समय से पहले ही सरकारी नौकरी से अवकाश ग्रहण कर लेना पड़ा, पूरा परिवार छिन्न-भिन्न होने के कगार पर पहुँच गया था। लेकिन उसने आँसुओं के रेले को पलकों के बहुत भीतर तक धकेल दिया, ताकि वे उसकी राह को धुँधला न कर सकें, और दिन में पढ़ाई और बाकी समय तरह-तरह के काम और नौकरियाँ करते हुए अपनी पढ़ाई का खर्च तो निकाला ही, अपने भाइयों को भी इस हीन भावना से ग्रस्त नहीं होने दिया कि स्कूल की गहमागहमी, यूनिफॉर्म की चुस्ती और होम वर्क के तनाव उनके लिए नहीं हैं। विश्वविद्यालय की पढ़ाई के लिए किसी कॉलेज में नाम लिखाने के विचार की जगह तो उसकी कल्पना में भी नहीं थी, क्योंकि कॉलेज के घंटे वे ही घंटे होते हैं जिनमें नौकरी की जाती है। सो माधवी ने तरह-तरह के काम करते हुए पत्राचार पाठ्यक्रम से अपनी पढ़ाई जारी रखी। आज उसके पास समाजशास्त्र से एम.ए. का प्रमाण पत्र है, जिसे वह कभी बहुत हसरत से देखती है, कभी तकलीफ से। तकलीफ की बात यह ठहरी कि उसने एम. ए. की यह डिग्री हिंदी माध्यम से परीक्षा देकर पायी थी।

माधवी कुशाग्रबुद्धि है, जिम्मेदारी की भावना उसमें कूट-कूट कर भरी हुई है, जो काम करती है उसमें अपने को पूरी तरह होम कर देती है, डीटीसी में चलने के बावजूद समय की पाबंद है, उसकी प्रत्युत्पन्नमति गजब की है, अभिव्यक्ति क्षमता

तो और भी गजब की है—संक्षेप में, आदमी इस उम्र तक अपने को जितना सजा-सँवार सकता है, उसमें माधवी ने जरा भी कोताही नहीं की है और साथ ही अपने परिनिष्ठित मूल्यों के साथ कोई छोटा-सा भी समझौता नहीं किया है। सामान्य तौर-तरीकों के अनुसार, उसका जीवन अभी तक व्यवस्थित हो जाना चाहिए था। डिग्री, योग्यता, लगन और भरपूर आत्मविश्वास के बावजूद लेकिन वह एक स्वयंसेवी संगठन में तीन-चार हजार रुपये महीने की फटीचर-सी नौकरी कर रही है। वर्तमान काल का यह वाक्य सिर्फ अगले एक महीने तक वैध है, क्योंकि उसे चार हफ्तों में दूसरी नौकरी खोजने के लिए कह दिया गया है।

क्यों? क्योंकि उसकी सारी अच्छाइयों के दूध में एक छोटा-सा कीड़ा नीचे से ऊपर तक तैरता रहता है। यह कीड़ा स्वाभिमान का है। वह सभी प्रकार के त्याग कर सकती है, पर स्वाभिमान को शील की तरह बचाये रखने के लिए वह अपने आपसे पूरी तरह प्रतिबद्ध है। स्वाभिमान को घर पर छोड़ कर दफ्तर जाने की शर्त उसने मान ली होती, तो संभव था कि वह आज चार-पाँच हजार की साड़ी पहनती और अपनी कार चलाते हुए दफ्तर पहुँचती और विश्व बैंक, यूनिसेफ, ऐक्शन एड जैसी संस्थाओं के देदीप्यमान कार्यालयों और सेमिनार कक्षों की गरिमापूर्ण रौनक बढ़ाती। माधवी की सबसे बड़ी कमी यह है कि वह झूठ, कपट और अन्याय का सहारा नहीं लेती और यह सब जिनके स्वभाव का अंग बन चुका है, उन्हें माफ करने का अवसरवाद नहीं दिखाती। इसीलिए उसे मिलनेवाली नौकरियों की जीवन-प्रत्याशा कम होती जाती है।

अब असली बात पर आया जाये जिसे तुरुप के पत्ते की तरह उपसंहार के लिए बचा कर रखा गया है। माधवी की सबसे बड़ी मुश्किल यह है कि वह अंग्रेजी नहीं जानती। अंग्रेजी नहीं जानती यानी अंग्रेजी बिलकुल नहीं जानती। ऐसा नहीं है कि उसे अंग्रेजी से बैर है। दरअसल, ऐसी परिस्थितियाँ ही नहीं थीं, जिनमें वह 'सॉरी' और 'थैंक्यू' से आगे बढ़ सकती। फिर उसे अपनी हिंदी पर नाज भी है, अतः वह 'खेद है', 'शुक्रिया' और 'क्षण भर रुकें' (वन मोमेंट प्लीज) का प्रयोग ही पसंद करती है। कभी उसका सपना रहा होगा कि हिंदी का उसका अनुराग उसे वहाँ तक ले जायेगा जहाँ तक जाना उसकी क्षमताओं के लिए स्वाभाविक है। आज का उसका निष्कर्ष यह है कि हिंदी माध्यम से उसका पढ़ना एक बहुत भारी पत्थर है, जो उसे पानी में निर्बंध तैरने नहीं देता—सतह पर भी टिकने नहीं देता, नदी की तलहटी में ले जा कर दबाये रखता है।

एक अंग्रेजी न जानने भर से व्यक्ति के अन्य सभी गुण जिस शहर में दो कौड़ी के करार दिये जाते हैं, क्या उसे सभ्य स्थानों की सूची में रखा जा सकता है? जिस देश के सभी शहरों में ऐसा होता हो, क्या उस देश को सभ्य देशों की सूची में रखा जा सकता है? गुलामी के दौर में सीखी हुई दूर देशों की एक भाषा

ही स्वतंत्रता प्राप्त कर लेने के बाद अपनी स्वतंत्रता का सर्वोत्तम इस्तेमाल करने की एकमात्र भाषा बन जाये, तो इससे कई गुना बेहतर यह है कि भारत गूँगों का देश बन जाये। वाणी में ही लोकतंत्र नहीं होगा, तो विद्वान लोग बतायें कि और कहाँ होगा? तीन-चार प्रतिशत लोगों की वाचालता ने 95 प्रतिशत लोगों की भाषाओं को बोली बना कर रखा है, इस अपराध को भारतीय दंड विधान में अभी तक क्यों नहीं शामिल किया गया है? क्या इसलिए कि यह दंड विधान अंग्रेजी में लिखा गया है?

परिस्थितियों से संघर्ष करते-करते माधवी टूटी या बिखरी नहीं है—बस थोड़ा-सा थक गयी है। वह अब अपने परिवार के पास अल्मोड़ा लौट जाना चाहती है, जहाँ अंग्रेजी का दंश पहुँच जरूर गया है, पर अभी फैल नहीं पाया है। इसके सभी मित्र और शुभचिंतक उसके इस फैसले से दुखी से ज्यादा लज्जित हैं। लज्जा की बात यह है कि इतने संपन्न अवसर-बहुल और इतनी गतिविधियोंवाले शहर दिल्ली में उसके लिए एक छोटी-सी शालीन जगह निकालने में वे असमर्थ हैं। अपनी इस छोटी-सी पराजय से जो बड़ा सबक वे सीख सकते हैं, वह यही है कि यह मामला एक माधवी का नहीं है, अनगिनत माधवियों और माधवों का है, जिनके लिए उचित जगहें पैदा करने के लिए हमें विश्वकर्मा बनना होगा—बहुत कुछ तोड़ कर नया शहर और नया देश बनाने के लिए।

मर्दों की खातिर

स्वतंत्र स्त्री का ही कोई स्वतंत्र व्यक्तित्व हो सकता है। गुजरात की हिंसा में स्त्रियों की भूमिका का संदेश यही है कि पुरुष को प्रसन्न रखने की मजबूरी उन्हें पुरुष जैसा बना सकती है।

गुजरात की घटनाओं के इस पहलू ने सभी को विचलित किया है कि अनेक मामलों में स्वयं स्त्रियों ने स्त्रियों के साथ दुराचार और हिंसा करने के लिए अपने साथ के पुरुषों को प्रेरित किया। यह इस नवीन चेतना के सर्वथा विपरीत आचरण है, जिसके अनुसार दलितों की तरह स्त्रियाँ भी एक अभिन्न समुदाय हैं और विश्वव्यापी बहनापा ही आज की दुनिया को सभी त्राणों से मुक्ति दिला सकता है। स्त्री आंदोलन और नारीवाद, दोनों की प्रत्याशाओं को झुठलाते हुए गुजरात के संपन्न मध्य वर्ग की स्त्रियों में से बहुते ने दिखा दिया कि वे अपने टुच्चेपन में अपने परिवार के पुरुष या पुरुषवादी सदस्यों से कम नहीं हैं। उनके इस आचरण से यह भ्रम भी टूटता है कि पुरुष की तुलना में स्त्री स्वभाव से ही ज्यादा ममतालु और स्नेहमयी होती है। अपनी जैविक भूमिकाओं के कारण वह ज्यादा जीवन पक्षीय होती होगी, पर सामाजिक जीवन जिस तरह पुरुषों को एक खास ढाँचे में ढालता है, वैसे ही एक खास काट की स्त्रियाँ भी बनाता है।

गुजरात की सांप्रदायिक हिंसा के इस पहलू को समझने की कोशिश की जाये, तो कुछ बुनियादी सच्चाइयों की ओर हमारा ध्यान जा सकता है। इस प्रसंग में सबसे पहले तो हमें अपने दो प्राचीन महाकाव्यों की याद करनी चाहिए। क्या यह कैकेयी नहीं थी, जिसने सीता के वन गमन और उर्मिला के 14 साल लंबे विरह की पृष्ठभूमि तैयार की थी? अर्जुन द्वारा जीत कर लायी गयी द्रौपदी को अपने पाँचों बेटों में बाँटने की 'गलती' क्या कुंती ने नहीं की थी, जिसके बाद द्रौपदी का जीवन अचानक और अनायास अनैतिक हो गया? जब द्रौपदी का वस्त्र हरण किया जा रहा था, क्या राज दरबार के किसी कोने में राज परिवार की कुलीन महिलाएँ नहीं बैठी थीं?

इन कहानियों को याद करने का उद्देश्य यह साबित करना नहीं है कि 'हमारे

यहाँ' तो सब कुछ पहले से ही मौजूद है। इस प्रस्ताव की जितनी खिल्ली उड़ायी जाये, कम है। क्योंकि, जो सार्वभौमिक या सार्वकालिक होता है, उसका भी एक स्थानीय या समकालीन संस्करण होता है। आमों की मूलभूत एकता के बीच हर आम की अपनी एक शख्सियत भी होती है—और कुछ नहीं तो उसकी आकृति ही अपने समकालीनों से भिन्न होगी। यह भिन्नता आगे जा कर विपरीतता या प्रतिकूलता में बदल जाती है तब हमें एकता और टकराव के दृश्य एक साथ दिखाई पड़ सकते हैं।

फ्रेडरिक एंजेल्स ने बहुत पहले 'प्रकृति की द्वंद्वात्मकता' की पहचान कर ली थी। इस द्वंद्वात्मकता की हमारी समझ अब और ज्यादा विकसित है, क्योंकि इस बीच हजारों नये तथ्य सामने आये हैं। यह द्वांत्मकता जीव जगत में भी काम करती है, यह बताने का सुख चार्ल्स डारविन को मिला था। कार्ल मार्क्स ने बताया कि जीव की जो प्रजाति जितनी ज्यादा विकसित होती है, उसका द्वंद्ववाद उतना ही गहरा, उतना ही उग्र और उतना ही जटिल होता है। लेकिन वर्ग संघर्ष की उनकी अवधारणा में स्त्री बनाम स्त्री के द्वंद्व को पूरी तरह उजागर नहीं किया गया था। दरअसल, स्त्री की स्थिति बहुत ही विचित्र है। जैविक तथा ऐतिहासिक परिस्थितियों के कारण वह न तो वर्ग बन पायी न समुदाय, न जाति—हालाँकि तीनों ही स्तरों पर किसी न किसी समूह की सदस्यता उसके लिए अनिवार्य बना दी गयी। किसी भी अस्वतंत्र व्यक्ति की अस्मिता उसके अपने हाथ में कैसे हो सकती है?

यही वजह है कि सवर्ण स्त्री और दलित स्त्री, हिंदू स्त्री और मुसलमान स्त्री, संपन्न की स्त्री और गरीब की स्त्री, डी. आइ. जी. की स्त्री और कांस्टेबल की स्त्री आदि अगणित द्वंद्वात्मक विभाजन दिखाई पड़ते रहते हैं। यह विभाजन स्त्रियों की अभिरुचियों, स्वार्थों, सहानुभूतियों तथा शत्रुताओं को भी शक्लित करता है। इंदिरा गांधी भी विधवा थीं और मेनका गांधी भी, लेकिन एक अनुभवी विधवा को एक युवा विधवा से कोई हमदर्दी नहीं हुई, क्योंकि पहली विधवा के स्वार्थ ज्यादा प्रबल थे। इंदिरा ने मेनका को घर से निकाल दिया। अब सोनिया गांधी भी विधवा हैं, लेकिन उनके और मेनका के बीच अपरिचय ही के नहीं, कई और भी विंध्याचल हैं।

यह जरूर कहा जा सकता है कि गुजरात की हिंसा के दौरान स्त्रियों के एक छोटे-से वर्ग ने जिस प्रकार की स्त्री-विरोधी क्रूरताएँ दिखायीं, उनकी कुछ झलक भारत विभाजन के दिनों में दिखाई पड़ी होगी। पर अपने विस्तार और संदर्भ में ये बिलकुल नयी घटनाएँ हैं। इनका संबंध स्त्रीत्व (अगर ऐसी कोई चीज होती है) से नहीं, बल्कि उस समकालीन भारतीय संस्कृति से है जो पुरुषों और स्त्रियों, दोनों को अनैतिक लालसाओं का शिकार और क्षुद्र बना रही है। समाज के नियंता वर्ग ने भाँति-भाँति से यह स्पष्ट कर दिया है कि क्षुद्र—बल्कि उससे भी आगे, नीच—बने बगैर वे चीजें

नहीं मिल सकतीं जो सफलता के समकालीन प्रमाण और चिह्न हैं। सो, 'उम्दा जीवन' (क्या आपको रघुवीर सहाय के 'दिनमान' की याद आ गयी—'उम्दा जीवन दास विचार'? धन्यवाद।) की प्रबल इच्छा रखनेवाले लोग सभी नैतिक दबावों और माँगों से मुक्त होने की कोशिश करते हैं—और, ऐसी कोशिशें कब विफल हुई हैं? चूँकि पति और पत्नी के जीवन में अंतर्विरोध के साथ-साथ एक बुनियादी एकता भी होती है (अन्यथा उनका साथ रहना असंभव हो जाये; यह दूसरी बात है कि अधिकतर मामलों में अंतर्विरोध पति पैदा करते हैं तथा एकता की साधना पत्नियों के जिम्मे आती है) इसलिए स्त्रियाँ वे काम स्वतःस्फूर्त भाव से करती दिखाई देती हैं जिनकी उम्मीद उनके पति उनसे करते हैं। इस व्याख्या का अर्थ कृपया यह न लगाया जाये कि स्त्री स्वयं क्रूर नहीं होती या नहीं हो सकती। संभावना के स्तर पर, मनुष्य जाति के किसी भी एक सदस्य की विशेषता उसके किसी भी अन्य सदस्य में पायी जा सकती है। लेकिन एक प्रवृत्ति के तौर पर कोई चीज दिखाई पड़े, तो मानना चाहिए कि वह एक सामाजिक परिघटना बन चुकी है।

क्या इसके बाद भी यह कहना होगा कि गुजरात की समस्या सिर्फ सांप्रदायिकता की समस्या नहीं है? हाँ, इसके साथ यह अनिवार्य रूप से जोड़ा जाये कि सांप्रदायिकता का कीड़ा किसी तालाब में अकेले नहीं रह सकता—अपने को जीवित और स्वस्थ-सानंद रखने के लिए उसे अन्य कीड़े भी चाहिए!

सुंदर की सुंदरताएँ

शहर की औरतें संसद तथा विधान सभाओं में स्त्रियों के लिए आरक्षण का संघर्ष कर रही हैं। लेकिन सत्ता के मौजूदा ढाँचे को चुनौती देने की असली लड़ाई तो पंचायतों में लड़ी जा रही है। यह कहानी ऐसी ही एक वीर युवती की है।

मधुबनी की स्त्रियों को सुंदर होने का वरदान मिला हुआ है। लेकिन मेघनी के जन जागृति केंद्र में मेरे सामने जो युवती खड़ी थी, वह तो साक्षात परी ही थी। सुंदरता और संतुलन की आभा उसके पोर-पोर से फूट रही थी। शुरू में मैंने सोचा कि वह जन जागृति केंद्र चलानेवाले मेरे मित्र रंजन भारती की पत्नी होगी। रंजन मेरे पुराने मित्र हैं, लेकिन उनकी सामाजिक सक्रियता से ही मेरा परिचय था। झंझारपुर आने का एक प्रयोजन यह भी था कि उनके और परिवार के साथ चार-पाँच दिन ग्रामीण वातावरण में बिता सकूँगा। शहर में रहनेवाले हम लेखक और पत्रकार बहुत संवेदनशील हुए तो गाँवों की बात भर कर सकते हैं—गाँव में रह पाना हमारे लिए बहुत मुश्किल होता है। अपनी इस जड़ता को झकझोरने का निश्चय कर मुझे ताजगी का अनुभव हो रहा था।

रंजन भारती ने उस युवती का परिचय दिया, तो उसमें मेरी दिलचस्पी और बढ़ गयी। वह मेघनी गाँव की नवनिर्वाचित मुखिया थी। बिहार में 1978 के बाद पिछले साल अप्रैल में पंचायत चुनाव हुए थे और वह तीन उम्मीदवारों को परास्त कर मुखिया बनी थी। जब मुझे बताया गया कि वह अनुसूचित जाति की है, तो मेरी खुशी एकदम दुगुनी हो गयी। रंजन ने अंग्रेजी में कहा, 'वे दिन बीते ज्यादा अरसा नहीं हुआ है जब अनुसूचित जातियों की स्त्रियाँ अपने इलाके के सवर्ण पुरुषों की सामूहिक संपत्ति समझी जाती थीं। अब हवा बदल रही है। इस लड़की ने तो यहाँ तूफान मचा रखा है। यह न किसी से डरती है न कोई अन्याय बरदाश्त करती है।' मंगला, जो अभी तक काफी गंभीर थी और आँखें तनिक झुकाये हुए शिष्टाचारवश खड़ी थी, के पतले होठों पर अब एक उतनी ही पतली मुस्कान खेल रही थी। वह

शायद समझ गयी थी कि उसकी प्रशंसा की जा रही है। जाहिर था कि यह गुणगान पहली बार नहीं हो रहा था।

लेकिन बिहार का जो राजनीतिक और सामाजिक माहौल है, उसमें यह अनुभवविहीन युवती साल भर में ऐसा क्या जादू कर सकती है? यह प्रश्न मेरे चेहरे से उतर कर मेरी जुबान पर आया ही था कि मित्र रिकॉर्ड की तरह बोल उठा, 'सबसे पहले तो इसका जीत कर आना ही जादू से कम नहीं था।' फिर उसने मंगला से कहा, 'जरा अपना सिर दिखाना इन्हें!'

ऐसा लगता है कि अब तक मंगला को इस प्रदर्शन की आदत-सी पड़ चुकी थी। उसने अपने लंबे-घने-काले बालों को जगह-जगह से हटा कर जो दिखाया, वह स्टिचिंग के दाग थे—चार-पाँच और काफी लंबे-लंबे। 'मतलब?' इस बार वही बोली—अपनी स्मित को लगभग आधा इंच फैलाते हुए, 'बाबू साहब लोगों ने मेरे सिर का कचूमर बना दिया। मेरे हाथ की उँगलियाँ भी घुर दीं। उन्हें इस बात का बहुत गुस्सा था कि मैंने मुखिया का परचा क्यों भरा!'

रंजन ने मेरी तरफ से पूछा, 'मारते समय वे क्या कह रहे थे?'

मंगला ने इस तरह बताया, जैसे यह घटना किसी और के साथ हुई हो, 'वे बार-बार कह रहे थे, इस नागिन का सिर कुचल दो। इसका दिमाग फिर गया है। मेरी उँगलियाँ वे पहले ही मरोड़-मरोड़ कर घायल कर चुके थे। कहते थे, इसी हाथ से इसने परचा भरा है। इसकी सजा इसे तुरंत नहीं दी गयी, तो सारी चमारिनें हमारे सिर पर बैठ कर मूतने लगेंगी। सिर से खून बहने लगा, तो मैं बेहोश हो गयी।'

'उसके बाद क्या हुआ?' मेरा प्रश्न स्पष्टतः अहमकाना था, क्योंकि उसके बाद उस छोटे-से कमरे में हम तीनों के बीच एक बड़ी-सी चुप्पी आ बैठी। मित्र ने हाथ से इशारा किया कि बाद में बताऊँगा।

किस्सा यह था कि मेघनी के मुखिया पद के लिए जब एक बाबू साहब की घूँघटशुदा पत्नी ने परचा भरा, तो गाँव की 'नीची' जातियों में सनसनी फैल गयी। इस बार मुखिया का पद किसी भी वर्ग के लिए आरक्षित नहीं था—स्त्रियों के लिए भी नहीं। लेकिन घूँघटवाली की जीत का मतलब था बाबू साहब का और भी मजबूत 'राज', क्योंकि उन्होंने अपना परचा बगल के गाँव से भरा था। इस 'राज' का स्वाद अनेक गरीब स्त्रियों को दिन-दहाड़े मिल चुका था। मंगला अनुसूचित जाति की है, पर बचपन से ही जहीन रही है। उसने कक्षा दस तक की पढ़ाई भी की थी, पर इम्तहान में नहीं बैठ पायी, क्योंकि तब तक उसकी शादी कर दी गयी थी। उसे बार-बार इस गलीज अनुभव से गुजरना पड़ा था कि गाँव की सबसे सुंदर और होशियार लड़की होने के बावजूद उसे हेय दृष्टि से देखा जाता है। जब उसमें यह चेतना आयी कि वह 'नीची' जाति की है, इसलिए अपने तमाम सौंदर्य और

बुद्धि-कुशाग्रता के बावजूद उसकी हैसियत वही बनी रहेगी जो उसकी जाति के अन्य लोगों की है, तभी से उसके हृदय में एक स्थायी खरोंच बन गयी। पंचायती राज के माध्यम से जब लोकतंत्र ने उसके सामंती गाँव में दस्तक दी तो उसके हृदय की यह खरोंच ही उसे उम्मीदवारी का परचा भरवाने के लिए जिला मुख्यालय तक ले गयी।

उसके अगले ही दिन, शाम को, जब वह अपनी दो सालों में पहली बार 'गुमशुदा' बकरी को खोजते हुए गाँव की सीमा से जरा-सा बाहर निकल गयी, तो उस पर हमला हुआ। स्पष्ट था कि मेघनी गाँव के सवर्ण हरगिज नहीं चाहते थे कि वह चुनाव लड़े। लेकिन चोट हमेशा सुन्न नहीं करती, कभी-कभी आदमी को चैतन्य बना देती है।

मंगला अस्पताल से लौट कर आयी, तो वह घर नहीं जा कर सीधे स्वास्थ्य केंद्र के सामने अनशन पर बैठ गयी। उसने अपने मैले-कुचैले और खून-सने कपड़े भी नहीं बदले। उसका कहना था, जब तक सभी दलित और पिछड़ी जातियों के लोग उसे वोट देने का वादा नहीं करते, वह वहाँ से नहीं हटेगी। वह दो दिन तक नीबू-पानी पर रही। सिर पर और दाहिने हाथ में पट्टियाँ बँधी हुई थीं। सत्याग्रह रंग लाया। 40-50 लोगों ने वादा किया। उसने घोषणा की—इन्होंने लाठी चलायी है, तो मैं वोट चलाऊँगी। आज से इस गाँव में कोई अन्याय नहीं होगा। मंगला का पति एक सामाजिक संगठन (एनजीओ) में चपरासी है। उसने चट्टान की तरह पत्नी का साथ दिया।

इसके बाद मंगला ने एक कमाल का काम किया। मुखिया का चुनाव कैसे लड़ा जाये, इस पर जन जागृति केंद्र के कार्यालय में कई बैठकें हुईं। अंत में, मंगला ने घोषणा कर दी कि अगर सबने मिल कर उसे जिता दिया, तो वह अदालत में किसी के खिलाफ बयान नहीं देगी। आखिर उसे इसी गाँव में रहना है। लेकिन वह हार गयी, तो उस पर हमला करनेवाला हर आदमी जेल जायेगा। पुलिस उसके साथ है और वह चाहे जितने लोगों को नामजद कर सकती है।

मंगला का 'ट्रिक' काम कर गया। गाँव में पली-बढ़ी, महज दसवीं पास दलित युवती की सूझ-बूझ से प्रभावित हो कर मैं सोचने लगा कि अन्याय से लड़ने का एकमात्र तरीका हिंसा ही नहीं है।

इस बीच मंगला की काट निकालने के लिए बाबू साहब लोगों की कई गुप्त बैठकें हुईं। इस पर तो पहली बैठक में ही सहमति हो गयी थी कि उन्हें अपनी ओर से भी किसी दलित महिला को उम्मीदवार बनाना चाहिए, ताकि एस.सी. और बैकवर्ड वोट को बाँटा जा सके। वह महिला कौन हो? इस पर दो गुट बन गये। दोनों गुटों की एक-एक उम्मीदवार थी। अंत में तय हुआ कि दोनों से परचा भरवाया जाये

और मतदान के एक दिन पहले किसी एक को बैठा दिया जाये। इस तरह दो खेत मजदूरों की पत्नियों ने परचा भरा। लेकिन उन दो में से कौन बैठ जाये, इस पर अंत तक फैसला न हो सका। अंततः दोनों हार गयीं।

मुखिया के रूप में मंगला की लोकप्रियता का पता उसके गाँव में घुसते ही चलने लगा। सबके लिए उसके पास मुसकान थी, जैसे उसके लिए सभी के पास मुसकान थी। हाँ, सवर्ण पुरुषों और स्त्रियों की मुसकान पूर्णतः कपटरहित नहीं जान पड़ती थी। लेकिन मंगला के काम से प्रभावित होने से वे कैसे बच सकते थे! मुखिया पद सँभालने के बाद मंगला ने जो-जो किया, वह इस प्रकार है :

1. गाँव की सफाई और कूड़े की विदाई। (इस पर उसे यह ताना सुनने को मिला : एस.सी. को तो पहले सफाई की ही सूझेगी न!)

2. स्वास्थ्य केंद्र का स्वास्थ्य कर्मचारी नियमित नहीं आता था और दवाएँ बेच देता था। मंगला ने दो रजिस्टर बनाये—एक उसकी हाजिरी दर्ज करने के लिए और दूसरा यह हिसाब रखने के लिए कि कौन-सी दवा कितनी आयी और किस मरीज को दी गयी।

3. जन जागृति केंद्र की मदद से महिलाओं का घरेलू बैंक खोला गया। गाँव की सबसे बुजुर्ग महिला को उसे संचालित करने का दायित्व दिया गया। उसका खाता बगल के गाँव में स्थित डाक घर में खुलवाया गया। पाँच-छह महीने में ही 12 हजार रु. से ज्यादा इस खाते में जमा हो चुके हैं और दस-बारह परिवारों को ऋण दिया जा चुका है।

4. खेत मजदूरों को न्यूनतम मजदूरी, अन्य गाँवों की तरह, मेघनी में भी कभी नहीं मिली। इस पर उसने ग्राम पंचायत की ओर से कई बैठकें करवायीं। अंत में समझौता हुआ कि अभी जो मजदूरी मिल रही है, उसमें दस रु. की वृद्धि की जाये और मजदूर दो साल तक न्यूनतम मजदूरी की माँग न करें। (इस पर दो तरह की प्रतिक्रियाएँ हुईं। एक, यह तो अपने ही लोगों का पेट काट रही है। दो, न्यूनतम मजदूरी तो कभी मिलने से रही। चलो, इसने मजदूरी कुछ तो बढ़वा दी।)

विभिन्न योजनाओं के तहत राज्य सरकार से हाल ही में कुछ कोष आया था। लेकिन अभी तक उसका एक पैसा भी खर्च नहीं हुआ है। इसकी एक वजह तो यह है कि मंगला पंचायत को होनेवाली सारी आय और उसके द्वारा किये जानेवाले खर्च के नियम-कानून का बारीकी से अध्ययन कर रही है। इससे बी.डी. ओ. परेशान है। कारण, उसे ही सारी प्रक्रिया मंगला को समझानी पड़ती हैं। वह कई बार कह चुका है, 'तुम नयी-नयी चुन कर आयी हो। यह सब समझने के लिए पाँच साल का समय भी काफी नहीं है। मुझ पर भरोसा करो, सब कुछ मैं सँभाल लूँगा।' लेकिन मंगला पंचायत कोष के मामले में कोई जोखिम नहीं लेना चाहती।

उसे पता है कि मुखिया और सरपंच सबसे पहले और सबसे ज्यादा पैसे के मामले में ही बदनाम होते हैं। अतः वह एक पैसा भी नियमविरुद्ध खर्च नहीं करना चाहती। साथ ही, वह चाहती है कि पंचायत का पैसा सर्वसम्मति से खर्च किया जाये। इस बारे में विचार-विमर्श के लिए पंचायत की दो बैठकें हो चुकी हैं। कई मामलों में मतभेद है। मंगला की कोशिश है कि ये विवाद सद्भाव के वातावरण में दूर हो जायें।

विदा के समय, इस युवा मुखिया को नमस्कार करते हुए मैंने अनुभव किया, वास्तविक सुंदरता तो भीतर रहती है। अब मुझे वह एक सुंदर स्त्री नहीं, एक सुंदर मनुष्य लग रही थी।

न दैन्यं न पलायनम्

अर्जुन की दो प्रतिज्ञाएँ मशहूर हैं : न दैन्यं और न पलायन। पंचायती राज की संस्थाओं में चुनी हुई महिलाओं को इन दोनों स्थितियों के लिए विवश किया जा रहा है। पर नतीजा जो भी हो, उनका संघर्ष जारी है।

पंचायती राज के प्रयोग ने स्त्रियों और दलितों को सार्वजनिक जीवन में हिस्सेदारी का अभूतपूर्व अवसर दिया है या उन्हें एक और मोह भंग का शिकार बनाया है? साक्ष्य और तर्क दोनों तरफ हैं। महत्वपूर्ण यह है कि आप स्थिति को किस बिंदु से देख रहे हैं। अगर आपने उम्मीद लगा रखी थी कि पंचायती राज की संस्थाओं में महिलाओं को आरक्षण देने भर से उनके बीच से गाँव-गाँव में रजिया बेगम और झाँसी की रानी लक्ष्मीबाई पैदा होने लगेंगी, तो निवेदन है कि आपका यह आशावाद शुरू से ही आधारहीन था। लोकतंत्र में किसी भी प्रकार की क्रांति अचानक नहीं होती। यह घोड़ा धीरे-धीरे और चारों ओर देखते हुए चलता है। परिवर्तन की प्रक्रिया ही सघन और पुंजीभूत हो कर एक दिन क्रांति में बदल जाती है। क्या आप यकीन कर सकते हैं कि आज जिस इंग्लैंड में स्त्री हर प्रकार से स्वाधीन है, वहाँ सिर्फ 220 साल पहले एक जज ने यह फैसला दिया था, 'पति द्वारा पत्नी की पिटाई कानून-सम्मत है, बशर्ते उसकी छड़ी उसके अंगूठे से ज्यादा मोटी न हो।'

लोकतंत्र के बारे में एक बुनियादी सच्चाई यह है कि यह अवसर सभी को प्रदान करता है, लेकिन किसी को बाध्य नहीं करता कि वह इस अवसर का उपयोग भी करे। आजकल सशक्तीकरण की बड़ी धूम है। इस विचार को विभिन्न स्तरों पर अमली जामा पहनाया जा रहा है कि निर्णय लेने की प्रक्रिया में कमजोर वर्गों के सदस्यों, खासकर महिलाओं को साझीदार बनाया जाये, तभी लोकतंत्र का चंद्रमा जमीन पर उतर सकता है। पंचायती राज की व्यवस्था में भी इस दृष्टि से महत्वपूर्ण परिवर्तन किये जा रहे हैं। लेकिन किसी भी प्रकार का सशक्तीकरण एक प्रकार का औजार है, जो तभी काम कर सकता है–जब उसका उपयोग किया जाये। कहावत

है कि घोड़े को आप नदी के तट तक ले तो जा सकते हैं, पर उसे पानी पीने के लिए बाध्य नहीं कर सकते। इसकी इच्छा या जरूरत तो उसके भीतर से पैदा होनी चाहिए।

इस सिलसिले में मध्य प्रदेश के होशंगाबाद और कांकेर, इन दो जिलों के दो उदाहरण काफी उपयोगी प्रतीत होते हैं। दोनों किस्सों की शुरुआत और इंटरवल तक की कहानी एक जैसी है, लेकिन उपसंहार एक-दूसरे से बिलकुल भिन्न है। दोनों को अपने निर्वाचित पदों के सम्मान की रक्षा करने के लिए कठिन संघर्ष करना पड़ा। एक को सफलता मिली और दूसरी महिला ने इस्तीफा दे दिया। दोनों ही महिलाएँ आदिवासी हैं।

पहले नाउम्मीदी और पराजय का किस्सा। कांकेर जिले के पिछड़े हुए जनपद कोयलीबेडा जनपद अध्यक्ष के पद पर सरस्वती भूआर्य निर्वाचित हुई थीं। सरस्वती के पति शिक्षक हैं और वे गृहस्थी का काम-काज सँभालते हुए पत्रिकाएँ और किताबें पढ़ती हैं। जनवरी 2000 में मध्य प्रदेश में पंचायत चुनाव की घोषणा हुई, तो पति से विचार-विमर्श करने के बाद सरस्वती भूआर्य ने जनपद पंचायत का चुनाव लड़ने का निर्णय किया। इस निर्णय का इतना व्यापक स्वागत होगा, इसका उन्हें एहसास तक नहीं था। वे अपने चुनाव क्षेत्र से निर्विरोध निर्वाचित हुईं। इससे उत्साहित हो कर उन्होंने जनपद पंचायत अध्यक्ष का चुनाव लड़ने का निश्चय किया। इसके लिए स्थानीय लोगों का दबाव भी था। लेकिन प्रतिद्वंद्विता कड़ी थी, क्योंकि उनके मुकाबले में स्थानीय विधायक की पत्नी सविता पवार ने नामांकन दाखिल किया था। विधायक महोदय ने पत्नी को जिताने की भरपूर कोशिश की, पर वे 10 वोटों से ज्यादा की व्यवस्था नहीं कर सके। सरस्वती भूआर्य को 12 मत मिले।

यहाँ तक तो सभी कुछ ठीक-ठाक ही था, विपत्ति की शुरुआत सरस्वती द्वारा पद की शपथ लेने से हुई। विधायक महोदय ने अपनी पत्नी की पराजय को अपने अपमान के रूप में लिया और यह ठान लिया कि सरस्वती भूआर्य को जनपद पंचायत अध्यक्ष के रूप में काम करने नहीं देना है। भारत में लोकतंत्र का जो चरित्र है, उसमें क्या यह मुश्किल था? हरगिज नहीं। इसका एहसास श्रीमती भूआर्य को उनके पहले ही बड़े निर्णय से हो गया। कोयलीबेडा जनपद का मुख्यालय कोयलीबेडा में है। पखांजूर के निवासियों को जनपद मुख्यालय जाने के लिए 150 कि.मी. से ज्यादा की दूरी तय करनी होती थी। सो सरस्वती भूआर्य ने पखांजूर में पंचायत का एक संपर्क कार्यालय खुलवाया। यह जनपद पंचायत के मुख्य कार्यपालन अधिकारी को नागवार गुजरा। इससे उसका काम भी बढ़ गया था। सो वह श्रीमती भूआर्य को लगातार अपमानित करने लगा। एक बार तो अध्यक्ष और उपाध्यक्ष के कार्यालय कक्ष में ही उसने अलमारियाँ ठूँस दीं। इनकी खरीदारी भी पंचायत की अनुमति के बगैर की गयी थी। अधिकारी जब चाहता पंचायत की बैठक बुला लेता और जब

चाहता बैठक को स्थगित कर देता। प्रस्ताव वही पारित हो सकते थे अथवा उन्हीं कार्यों को अनुमोदन मिल पाता था, वह जिनके पक्ष में होता। अजीब माजरा था—राज पंचायती था और चल अफसर की रही थी। पंचायत अध्यक्ष तथा कुछ अन्य सदस्यों ने कई बार माँग की कि पंचायत के अब तक के कामों की समीक्षा करने के लिए विशेष बैठक बुलायी जाये, लेकिन मुख्य कार्यपालन अधिकारी को यह मंजूर नहीं था।

ऐसा नहीं है कि सरस्वती भूआर्य चुपचाप बैठी रहीं। वे हर अनुचित निर्णय की शिकायत कलक्टर को भेजती रहीं। लेकिन कलक्टर ने कोई कार्यवाही नहीं की। अंततः मुख्य कार्यपालक अधिकारी का तबादला हो गया, पर विधायक महोदय ने सिफारिश लगा कर उसे रुकवा दिया। सिर्फ दो वर्ष में हालत यह हो गयी कि जनपद पंचायत अध्यक्ष अपने निर्वाचित पद से इस्तीफा दे कर घर बैठ गयीं और अफसर राज जारी है। स्पष्ट है कि नौकरशाही पंचायती राज के लोकतांत्रिक प्रयोग के विरुद्ध है और वह इसे विफल सिद्ध करने के लिए तमाम हथकंडे अपना रही है। विधायक और मंत्री भी इस उभरती हुई जनशक्ति से घबरा रहे हैं और जहाँ भी संभव है पंचायती राज संस्थाओं के साथ भितरघात कर रहे हैं।

क्या इस भितरघात का प्रतिरोध किया जा सकता है? पूरी तरह तो नहीं, पर काफी हद तक हाँ, जरूर। जिन पंचायत चुनावों में सरस्वती भूआर्य को कांकेर में जनपद पंचायत का सदस्य चुना गया, उन्हीं चुनावों में होशंगाबाद में उमा आरसे को जिला पंचायत अध्यक्ष निर्वाचित किया गया। उपाध्यक्ष थे अर्जुन पलिया, जिन पर हत्या, हत्या का प्रयास, डकैती आदि के 30 मामले पुलिस में हैं। राजनीति पर भी उनकी मजबूत पकड़ है। सो उन्हें यह कैसे गवारा होता कि जिला परिषद की अध्यक्षता एक गरीब, आदिवासी महिला करे! अध्यक्ष की सरकारी गाड़ी, सरकारी आवास, लेटरहेड—सब कुछ पर कब्जा कर पलिया ने उमा आरसे को ऐसी कठपुतली बना दिया कि उससे जहाँ चाहो हस्ताक्षर करा लो। उमा ने कुछ समय तक अपनी यह बेदखली बर्दाश्त की, फिर वे होशंगाबाद की तत्कालीन पुलिस अधीक्षक के पास गयीं। पुलिस अध्यक्ष, संयोग से, अच्छी थीं। उन्होंने उमा को आवास, गाड़ी, सब वापस दिला दिया और उपाध्यक्ष के खिलाफ आपराधिक मामले दर्ज करने का आदेश दिया। गिरफ्तारी से बचने के लिए वह भूमिगत हो गया। उमा आरसे तभी से जिला परिषद अध्यक्ष के रूप में शान से काम कर रही हैं।

दोनों घटनाएँ एक ही राज्य की हैं। फर्क यह है कि एक जगह कलक्टर अपने कर्तव्य के प्रति सजग नहीं था और दूसरी जगह पुलिस अधीक्षक ने न्याय का साथ दिया। क्या इसलिए कि अधीक्षक स्वयं महिला थी? सरलीकरण से बचना चाहिए। पर इसमें क्या शक है कि पंचायती राज को महिलाओं और दलितों की ताकत का औजार बनाना है, तो सारी उम्मीद व्यवस्था से ही नहीं करनी चाहिए—स्वयं भी संघर्ष करना होगा।

ऊपर से चलाए जा रहे सशक्तीकरण कार्यक्रमों में हमेशा एक अंतर्विरोध रहता है। शीर्ष सत्ता की अभिलाषा यह होती है कि सीमांत पर स्थित लोगों को मुख्य धारा में लाया जाये। पर सत्ता का कोई भी तंत्र इकहरा नहीं होता। इस तंत्र में शामिल विभिन्न वर्गों के अपने-अपने स्वार्थ होते हैं। सीमांत के सशक्तीकरण से इन स्वार्थों का भूगोल क्षत-विक्षत होता है। अतः ये वर्ग सशक्तीकरण के मार्ग में अवरोध पैदा करने की कोशिश करते हैं। पर यह मान कर चलना ठीक नहीं है कि परिवर्तन का साथ कोई नहीं देगा। प्रशासन और राजनीति में भी आधुनिक, संवेदनशील तथा प्रगतिवादी व्यक्ति हैं। सबसे बड़ी बात यह है कि इतिहास हमेशा परिवर्तन का साथ देता है। जो इतिहास के शिला-प्रवाह से टकराता है, वह स्वयं टूट जाता है। पंचायती राज की नयी जमीन से जुड़ी शक्तियों को इस अंतर्विरोध के बीच ही से अपनी राह निकालनी होगी। खासकर महिलाओं और दलितों का मंत्र-वाक्य यही होना चाहिए—न दैन्यं न पलायनम्।

खिलेंगी तो देखोगे

आज वे सूरजमुखियाँ हैं–खिलने के लिए अपने-अपने पतिदेव पर निर्भर। कल उनका अपना स्वतंत्र अस्तित्व होगा। वे अपनी हैसियत से पंचायतों का नेतृत्व करेंगी। हाँ, वे प्रधानपतियों की पत्नियाँ हैं–वोट उन्हें मिला है, पर राज उनके पति करते हैं।

इंस्टीट्यूट ऑफ सोशल साइंसेज की एक वरिष्ठ शोध अधिकारी संतोष सिंह के लिए यह एक विस्मयकारी अनुभव था और उतना ही खुशनुमा। वे गोरखपुर के एक शिविर में गयी थीं, जहाँ महिला पंचों और सरपंचों को प्रशिक्षण दिया जा रहा था। इस शिविर में उनका ध्यान सर्वाधिक आकर्षित किया एक शरमीली और युवा सरपंच विद्या देवी ने। यह प्रशिक्षण शिविर पाँच चरणों में संपन्न हुआ। विद्या पहले चरण में रोज आती रही। मुश्किल यह थी कि उसका श्वसुर रोज जिद करता था कि वह शिविर हॉल के दरवाजे के निकट ही बैठेगा—आखिर बहू को पराये लोगों के बीच कैसे छोड़ा जा सकता था? प्रशिक्षण शिविर के आयोजकों ने उसकी यह शर्त नहीं मानी। सो श्वसुर ने दूसरे चरण के शिविर में भाग लेने से विद्या को रोक दिया। पति को बुरा लगा, पर पत्नी के विकास की तुलना में पारिवारिक शांति उसे ज्यादा कीमती लगी। इसी बीच श्वसुर को लकवा मार गया। अब उसे यह आवश्यक जान पड़ने लगा कि बहू को सरपंच के रूप में उभरने का अवसर दिया जाये। सो तीसरे चरण में विद्या देवी शिविर में आयी। चौथे चरण में भी शीघ्र ही उसकी प्रतिभा के विभिन्न आयाम प्रकट होने लगे। उसे प्रोत्साहित करने के लिए शिविर के संयोजकों ने उसे कई पुरस्कार भी दिये। एक मुरझाया हुआ, धूमिल चेहरा खिल उठा। विद्या के भीतर यह एहसास पैदा होने लगा कि वह दूसरों की आवश्यकता पूर्ति का यंत्र नहीं है, उसका अपना भी एक व्यक्तित्व है और इस व्यक्तित्व की अपनी एक स्वायत्तता होनी चाहिए। यह उसके दूसरे संकट का कारण बना।

विद्या देवी का पति शिक्षित ही नहीं, शिक्षक भी है। जब उसके पिता विद्या के विकास में अवरोध का काम कर रहे थे, तब उसे यह बहुत अखरता था। इस

बात पर उसे शर्म आती थी कि उसका पिता दकियानूस और स्त्री-विरोधी है। लेकिन जब उसकी अपनी परीक्षा की घड़ी आयी, तो वह भी कम फिसड्डी सिद्ध नहीं हुआ। यह तथ्य उसकी बर्दाश्त के बाहर था कि वह तो एक मामूली शिक्षक की तरह जूतियाँ चटखाता फिरे और उसकी पत्नी एक प्रखर और प्रशंसित सरपंच के रूप में उभरती रहे। इस पूर्वग्रह से उबरना उसके लिए संभव नहीं हुआ कि स्त्रियों को उतनी ही आजादी दी जानी चाहिए जिससे पुरुष की प्रतिष्ठा बढ़े और उसका अधिकार क्षेत्र प्रभावित न हो। सो, अब विद्या के पति की जिद यह थी कि वह शिविर के पाँचवें और अंतिम चरण को बीच में छोड़ कर घर चली चले। विद्या को अपने पति का यह नया रूप स्वीकार नहीं हुआ। नतीजा : शिविर में ही पति-पत्नी के बीच झगड़ा, तनातनी और खींचतान। पति ने बहुत कोशिश की, पर पत्नी शिविर के आखिरी दिन के आखिरी कार्यक्रम में हिस्सा लेने के बाद ही पतिगृह वापस लौटी। अपने अब तक के जीवन में विद्या ने यह पहली जिद की होगी।

यह घटना दो साल पहले की है। अब हाल के एक अनुभव पर गौर करें। बीकानेर में महिला सरपंचों को प्रशिक्षित करने के लिए एक शिविर का आयोजन किया गया। इसमें 42 महिलाओं ने भाग लिया। शिविर तीन दिन का था। पहले दिन सभी 42 महिलाओं के चेहरे पर घूँघट था। घूँघट के भीतर यह एहसास मचल रहा था कि आँगन की देहरी और गाँव की सीमा लाँघ कर उन्होंने पता नहीं ठीक किया या नहीं। परिवार के लोग क्या सोच रहे होंगे। गाँव के लोग क्या कहेंगे। ये सभी दुश्चिंताएँ मिल कर उनके लंबे कढ़े हुए घूँघटों पर मनों बोझ डाल रही थीं। लेकिन दिन भर के प्रशिक्षण कार्यक्रम में हिस्सा लेने के बाद उनके व्यक्तित्व वही नहीं रह गये जो बीकानेर आने के पहले तक थे। इसके नतीजे अगले दिन देखने को मिले। उनमें से हर एक की बोली फूटने लगी। घूँघट यथास्थान मौजूद थे, पर वे उनकी मुखरता पर कोई अनुचित अंकुश नहीं लगा पा रहे थे। स्पष्ट था कि घूँघट की शक्ति क्षीण हो रही थी। तीसरे दिन तो गजब ही हो गया। सभी सहभागी सरपंचों के चेहरे साफ-साफ पहचाने जा रहे थे। घूँघटों को विदाई दे दी गयी थी। पंचायती राज के माध्यम से विकेंद्रीकरण का संकल्प अपनी एक प्रारंभिक भूमिका निभा चुका था।

स्पष्ट है कि पंचायती राज का किस्सा रोज नये सिरे से लिखा जा रहा है। कोई भी पटकथा पूरी नहीं हो पाती, क्योंकि किस्सा तेजी से बदलता जाता है। पंचायती राज के पात्र अब ज्यादा तैयारी के साथ मंच पर आ रहे हैं। खासकर महिलाएँ सिर्फ निर्वाचित हो कर संतुष्ट रहने को तैयार नहीं हैं। उन्हें पद के अनुरूप अधिकार भी चाहिए और जिम्मेदारियाँ भी।

यह पंचायती राज के यथार्थ का एक पक्ष है। इसके नशे में हमें यथार्थ के

दूसरे पक्ष को नहीं भुला देना चाहिए। वह पक्ष यह है कि बहुत-से गाँवों-कस्बों में सरपंचपति और प्रधानपति अब भी राज कर रहे हैं। ग्राम पंचायत या जनपद पंचायत के सदस्यों ने उनकी पत्नियों को सरपंच या प्रधान चुना है। पर वे पहले ही की तरह घर में सिमटी रहती हैं और पति जी पंचायत के जो कागजात ले आते हैं, उन पर हस्ताक्षर कर देती हैं या अंगूठे के निशान लगा देती हैं। जिन्होंने उन्हें वोट दिया है, वे भी इस तथ्य को जानते हैं। न केवल जानते हैं, बल्कि इसे स्वाभाविक और उचित भी मानते हैं। उनके संस्कार उन्हें यह मानने को बाध्य करते हैं कि पंचायतों में एक-तिहाई आरक्षण का लाभ मिलने का अर्थ यह नहीं होना चाहिए कि महिलाएँ अपनी वास्तविक हैसियत ही भूल जायें। जहाँ तक पंचायत के काम-काज का सवाल है, यह उनके पति उनसे बेहतर तरीके से कर सकते हैं। सो कोई काम पड़ता है, तो वे भी महिला सरपंच के पास जाने की बजाय (जो अक्सर आसान भी नहीं होता और सरपंच के परिवारवालों द्वारा पसंद भी नहीं किया जाता) सरपंच पति के पास ही जाते हैं।

यह मामला दरअसल उससे कहीं अधिक पेचीदा है जितना आम तौर पर मान लिया जाता है। स्त्री-पुरुष के बीच के रिश्ते इतने बिगड़ चुके हैं कि ज्यादातर पुरुषों के लिए न तो स्त्रियों के बारे में सम्मानजनक ढंग से सोचना संभव है और न ही उनकी स्थिति में आनेवाले बदलावों को गरिमा के साथ स्वीकार कर पाना। पश्चिमी सभ्यता को इस अशिष्टता से मुक्त होने में काफी समय लगा है, फिर भी पूर्व अमर्यादाओं के काफी अवशेष बचे हुए हैं। भारत जैसे देशों में जाति और लिंग के धरातल पर सामाजिक बदलाव की प्रक्रिया शुरू ही हुई है, इसलिए यहाँ स्त्री की स्थिति बहुत ही विचित्र है। एक ओर तो उसकी राजनीतिक और सामाजिक ताकत बढ़ाने की मुहिम जारी है, दूसरी ओर इस मुहिम का मजाक उड़ानेवाले भी अपनी विकृत इच्छाओं को पूरा करने के लिए सामग्री की खोज में लगे रहते हैं। उसी का एक नतीजा 'सरपंचपति' और 'प्रधानपति' जैसे शब्दों के आविष्कार के रूप में सामने आया है।

यह मानना उचित नहीं है कि इसके लिए सिर्फ अंग्रेजी का अभिजनवादी प्रेस जिम्मेदार है। इसमें कोई संदेह नहीं कि भारत का अंग्रेजी प्रेस जब ऐसे अप्रिय विशेषणों का इस्तेमाल करता है तो उसका उद्देश्य पंचायती राज की सामाजिक समस्याओं को प्रकट करना नहीं होता। इसीलिए जो बात दुख की होनी चाहिए थी, वह हँसी-मजाक की हो कर रह जाती है। जीवन में हँसी-मजाक के लिए भी जगह होनी चाहिए, लेकिन जब किसी महिला सरपंच के पति को सरपंचपति या महिला प्रधान के पति को प्रधानपति लिखा जाता है तो इससे अपनी पत्नी की सार्वजनिक हैसियत पर कब्जा कर लेनेवाले पति की बेजा हरकत का उपहास तो होता है, पर पायी हुई सत्ता से

वंचित कर दी गयी—और वह भी अपने सर्वाधिक प्रियजन के द्वारा—स्त्री की वेदना व्यक्त नहीं हो पाती। वह घर और पंचायत की तरह ही मानो मीडिया की दुनिया में भी परदे के पीछे धकेल दी जाती है। सच कहा जाये तो इस प्रक्रिया से सरपंचपतियों को अपने समाज में जो मान्यता मिल चुकी होती है, उसी का विस्तार होता है। स्थिति का सबसे बड़ा व्यंग्य यही होता है कि उस व्यंग्य को समझा न जाये।

सरपंचपतियों का उभरना और बने रहना और भी बहुत कुछ बताता है। वह बताता है कि राजनीतिक बदलाव—शासन का विकेंद्रीकरण—ग्रामीण जीवन पर संसदीय कार्रवाई द्वारा आरोपित कर तो दिया गया है पर जमीनी स्तर पर वे स्थितियाँ तैयार नहीं की गयी हैं जिनमें विकेंद्रीकरण का यह स्वप्न काम भी कर सके। सबसे पहले तो इस क्रांतिकारी कार्यक्रम को सामाजिक स्वीकार्यता की ही जरूरत है। प्रधानपति या सरपंचपति उसी परिवेश में पैदा हो सकते हैं जहाँ स्त्री की भूमिका बहुत पहले से परिभाषित है और यह भूमिका गृहिणी होने तक सीमित है। दूसरी शर्त यह है कि पति को इस बात पर शर्म न आती हो कि वह पत्नी के अधिकारों का सार्वजनिक उपभोग कर रहा है। तीसरी, और कम महत्वपूर्ण नहीं, बात यह है कि सरपंच पत्नी की भूमिका उसके पति द्वारा निभाये जाने को प्रशासन के प्रतिनिधि भी स्वीकार करते हों।

इस संबंध में एक विचारणीय बात यह है कि सरपंचपति हिंदी क्षेत्रों में ही क्यों होते हैं? दक्षिण भारत के राज्यों में उनका एकांत अभाव क्यों दिखाई देता है? जो चीज दक्षिण में स्थानीय लोकतंत्र को मजबूत कर रही है, वही उत्तर भारत में लोकतंत्र के विकास की रफ्तार को तेज करने में बाधक क्यों बनी हुई है? कारण शायद बेहद स्पष्ट है। दक्षिण भारत में सामाजिक क्रांति का एक चरण पूरा हो चुका है, जिसका सुपरिणाम यह है कि वहाँ स्त्री की पारिवारिक और सामाजिक हैसियत काफी बेहतर है। वह न गूँगी गुड़िया है, न हुक्म की गुलाम। उसका अपना व्यक्तित्व, धीरे-धीरे ही सही, उभर रहा है। इसलिए वह जब सरपंच चुनी जाती है, तो सरपंच का काम भी करती है—उसका यह निर्वाचित पद उसका पति उससे हड़प नहीं सकता।

इसके विपरीत, उत्तर भारत की स्त्री के परंपरागत बंधन अभी टूटे नहीं हैं—कमजोर भी नहीं हुए हैं। इसलिए आरक्षण की योजना के तहत सरपंच पद का नामांकन पत्र वह स्वयं नहीं भरती—उससे भराया जाता है। सरकारी कागजों के हिसाब से सरपंच वह चुनी जाती है, पर यह पद वह नहीं, उसका पति सँभालता है। जो पत्नी सरपंच का काम स्वयं करने की महत्वाकांक्षी जिद करती है, उसके परिवार में कलह शुरू हो जाता है। मध्य प्रदेश में तो एक घटना ऐसी भी हुई, जिसमें इस मुद्दे पर पति-पत्नी के बीच तनाव इतना कटु हो गया कि तलाक हो गया।

लेकिन महत्वपूर्ण यह नहीं है कि सरपंचपति अभी तक कायम हैं। महत्वपूर्ण यह है कि निकट भविष्य में उनकी प्रजाति के बने रहने की कोई संभावना दिखाई नहीं देती। सुधार ऊपर से आरोपित नहीं किये जाने चाहिए। उनका उद्‌भव जमीन से ही होना चाहिए। लेकिन गंगा जब हिमालय से उतर ही आती है, तो मैदान प्लावित होने से कब तक बच सकते हैं? ममता जेतली बहुत ही तृप्ति के साथ बताती हैं : डूंगरपुर पंचायत समिति में पड़नेवाली ग्राम पंचायत गड़ा मोरैया की सरपंच रेखा खराड़ी ने प्रशिक्षण शिविर में उपजी अनुभूतियों को कागज पर एक खूबसूरत-सा सूरजमुखी का फूल बना कर उसके नीचे लिखा : 'इस फूल के समान हमारी आँखें खुल गयी हैं।'

स्त्री के लिए जगह

कहते हैं, जिस विचार का समय आ गया है, उसे कोई रोक नहीं सकता। संसद और विधान सभाओं में स्त्रियों के लिए आरक्षण एक ऐसा ही विचार है। फिर अड़चन कहाँ है?

महिला आरक्षण विधेयक के साथ जो हो रहा है, उसके कारण वह न घर का रह गया है न घाट का। महिलाओं को विधायिका में आरक्षण देना है—यह बात इतनी बार कही गयी है कि कभी-कभी यह शक होता है कि कहीं यह एक नया लोकतांत्रिक छलावा तो नहीं है। लेकिन लोकतांत्रिक राजनीति की विशेषता ही यह है कि एक बार जब कोई विचार अपनी जगह बना लेता है, तो देर-सवेर उसमें फल-फूल लगते ही हैं। इस संदर्भ में कृपया मंडल आयोग की सिफारिशों को याद कीजिए। सरकारी नौकरियों में पिछड़ी जातियों को आरक्षण मिलना चाहिए—इस विचार के जन्म लेने और कानून का हिस्सा बनने में कई दशक लग गये। एक यही तर्क है, जिसके आधार पर हम उम्मीद कर सकते हैं कि महिलाओं के लिए विधायिका में जगह जरूर निकाली जायेगी। लेकिन यह कब होगा और कैसे होगा, यह नहीं कहा जा सकता। फिलहाल जो स्थिति बनती हुई दिखाई पड़ रही है, वह महिलाओं को कोई ठोस आश्वासन नहीं देती।

अब तो यह बिलकुल स्पष्ट है कि जो महिला आरक्षण विधेयक लोक सभा में पेश किया जा चुका है और राज्य सभा में पेश नहीं किया जा सका, उसके प्रति राजग सरकार की कोई वास्तविक प्रतिबद्धता नहीं है। इस विधेयक का हश्र तभी दिखाई पड़ गया था जब देवगौड़ा सरकार ने इसे संसद में पेश करना चाहा था। उसके बाद के वर्षों में राजनीतिक दलों के नजरिये में कोई मूलभूत परिवर्तन नहीं आया है—सिवाय इसके कि तब इस विधेयक का उग्र विरोध करनेवाले शरद यादव इस समय राष्ट्रीय जनतांत्रिक गठबंधन की सरकार में हैं और पहले की तरह बिफरी हुई भाषा नहीं बोलते, पर वे अपने पूर्व-विचारों को त्याग नहीं पाये हैं। जब राजग सरकार द्वारा यह विधेयक लोक सभा में पेश किया गया, उस वक्त भी यह स्पष्ट

हो गया था कि वह बहुत दूर तक नहीं जा पायेगा और संसदीय समर्थन के अभाव में बीच में ही दम तोड़ देगा। इस पर प्रधान मंत्री की यह प्रतिक्रिया उचित ही थी कि हम इस पर सर्वसहमति बनाने का प्रयास करेंगे। यह राजनीतिक अगंभीरता ही कही जायेगी या फिर सार्वजनिक गैरजिम्मेदारी कि सत्तारूढ़ गठबंधन के बाहर यानी विपक्षी दलों से इस विषय पर संवाद तो चलाया ही नहीं गया, स्वयं गठबंधन के दलों के बीच भी सर्वानुमति तक पहुँचने का कोई प्रयास नहीं किया गया। आज विधेयक पर मतदान हो, तो इसकी पूरी संभावना है कि वह अपने मौजूदा रूप में राजग और उसका नेतृत्व कर रही भाजपा के सभी सांसदों का समर्थन नहीं पा सकेगा। समाजवादी पार्टी, राष्ट्रीय जनता दल आदि का विरोध तो सामने आ गया है, पर भाजपा और राजग के अंतर्द्वंद्व इस बार पोशीदा रहे, क्योंकि सत्तारूढ़ दल का काम विपक्ष ही कर रहा हो, तो उसे बोलने की क्या जरूरत है?

यह मानना उचित नहीं है कि संसद और विधान सभाओं में महिलाओं को आरक्षण देने का विचार तत्कालीन प्रधानमंत्री एचडी देवगौड़ा के मन में अचानक आ गया था। यह जरूर है कि देवगौड़ा नये-नये प्रधानमंत्री बने थे और अपने समर्थक मंडल का विस्तार करना चाहते थे। उत्तराखंड की माँग का पहला आधिकारिक समर्थन उन्होंने ही किया था। लेकिन यदि कोई चीज अपनी स्वाभाविक प्रक्रिया में ही पकती है, तो यह याद करने योग्य है कि राजीव गांधी ने तिहत्तरवें और चौहत्तरवें संविधान संशोधन के माध्यम से ग्रामीण तथा शहरी निकायों में सभी स्तरों पर स्त्रियों के लिए एक-तिहाई आरक्षण की जो व्यवस्था की थी, देवगौड़ा का प्रस्ताव उसी की तार्किक परिणति थी। लेकिन दोनों की कार्य प्रणाली में एक मूलभूत फर्क था। पंचायती राज को नया रूप देने के पहले राजीव गांधी ने बाकायदा उस पर संसदीय विचार-विमर्श आयोजित कराया था तथा स्त्रियों के लिए आरक्षण का उनका प्रस्ताव एक लंबी राजनीतिक प्रक्रिया से छन कर आया था। इसीलिए इन संविधान संशोधनों को पारित करवाने में उन्हें कोई कठिनाई नहीं हुई और राज्यों की विधान सभाओं ने भी उनके पक्ष में प्रस्ताव पारित कर उनकी पुष्टि कर दी। इसके विपरीत, देवगौड़ा संसद और विधायिका में स्त्रियों को आरक्षण देने का श्रेय खुद लेना चाहते थे, जब कि लोक सभा में उनके पास बहुमत भी नहीं था। इतने क्रांतिकारी प्रभाववाले प्रस्ताव की घोषणा बिना किसी पूर्व-तैयारी के नहीं की जानी चाहिए थी। यही कारण है कि जनता दल के नेताओं को स्वयं संसद में इसका विरोध करना पड़ा। कायदे से उसी समय देवगौड़ा सरकार को इस मामले में व्यापक सर्वानुमति पैदा करने का प्रयास करना चाहिए था, लेकिन कुछ मामूली घुड़कियों ने उसका हौसला पस्त कर दिया।

कहा गया है कि जिस विचार का समय आ गया है, उसे कोई रोक नहीं सकता। उदाहरण के लिए, लोकतंत्र। क्या आज किसी ऐसे सभ्य समाज की कल्पना की जा सकती है जहाँ लोकतंत्र न हो? इस शताब्दी के शुरू में ऐसा लगता था कि समाजवाद

का भी समय आ गया है। वस्तुतः राजनीति के क्षेत्र में जो लोकतंत्र है, अर्थव्यवस्था के क्षेत्र में वही समाजवाद है। इसीलिए समाजवाद के बिना लोकतंत्र हमेशा विकलांग रहेगा। क्या यही बात लोकतंत्रविहीन समाजवाद के बारे में कही जा सकती है? निश्चित रूप से। वस्तुतः समाजवाद लोकतंत्र का ही जरूरी विस्तार है। लेकिन दुनिया की करीब एक-तिहाई आबादी के बीच जिस समाजवादी व्यवस्था की स्थापना की गयी, उसमें लोकतंत्र शासक वर्ग यानी कम्युनिस्ट पार्टी के नेताओं के लिए भी सुलभ नहीं था। असहमति का अर्थ था विरोध और विरोध की सजा थी मृत्युदंड। यह न तो लोकतंत्र है और न समाजवाद। इस तरह समाजवाद का समय आया तो था, पर समाजवाद के तथाकथित हिमायतियों ने ही उसके साथ विश्वासघात किया, जिसके कारण आज समाजवाद को एक डरावना शब्द माना जाता है। क्या भारत में स्त्रियों के लिए आरक्षण के बारे में भी यही बात कही जा सकती है?

संसद और विधान सभाओं में स्त्रियों के लिए आरक्षण नहीं होना चाहिए—यह बात आज कोई नहीं कहता; उन दलों के नेता भी नहीं, जिनका हृदय इस आरक्षण के साथ नहीं है और प्रायः सभी दलों में बहुतायत इन्हीं लोगों की है। अगर ऐसा नहीं होता, तो सभी दलाध्यक्ष अपनी-अपनी पार्टी के स्तर पर यह कोशिश करते कि विधायिका में स्त्रियों का प्रतिशत बढ़ाया जाये। यहाँ तक कि कम्युनिस्ट पार्टियाँ भी नहीं, जिनका दावा है कि हम पुरुष और स्त्री के बीच कोई विभेद नहीं करते। लेकिन सभी के मन में यह ग्लानि जरूर है कि राजनीति में स्त्रियों के साथ न्याय नहीं हो पा रहा है। देवगौड़ा के माध्यम से यही ग्लानि फूट पड़ी थी। यह भारतीय राजनीति की विशेषता है कि वह समय-समय पर अपनी चूकों के लिए ग्लानि तो अनुभव करती है, पर अपनी ग्लानि को दूर करने के लिए कोई ठोस उपाय नहीं करती—क्योंकि इसके लिए उसे कुछ न कुछ त्याग करना पड़ेगा। सिर्फ बातों से शुभकामनाओं के फूल बरस सकते हैं, पर किसी की जिंदगी में वसंत नहीं आ सकता।

प्रस्ताव आने के छह वर्षों के बाद भी न केवल महिला आरक्षण विधेयक ठिठका हुआ है, बल्कि राजनीति में स्त्रियों की उपस्थिति बढ़ाने के लिए अन्य तरीकों की चर्चा होने लगी है—इससे पता चलता है कि हमारे पुरुष कानून-निर्माता विधायिका में पुरुष और स्त्री के मौजूदा अनुपात को बदलना नहीं चाहते। यह विचार तो बिलकुल बेहूदा है कि संसद और विधान सभाओं की सीटें बढ़ा दी जायें और बढ़ी हुई सीटें स्त्रियों के लिए आरक्षित कर दी जायें। स्त्री के लिए जगह निकालने का यह तरीका व्यावहारिक दृष्टि से जितना दर्दरहित लगता है, सैद्धांतिक दृष्टि से उतना ही आपत्तिजनक है। क्या सवाल सिर्फ इतना है कि स्त्रियों को संसद में बैठने के लिए सीट दी जाये? सवाल तो अनुपात का है। भारत की जनसंख्या में पिछले 50 सालों में जैसी वृद्धि हुई है, उसे देखते हुए संसद और विधान सभाओं की सीटें तत्काल बढ़ायी जानी चाहिए, क्योंकि कोई भी संसद पाँच से आठ लाख मतदाताओं का कारगर प्रतिनिधित्व

नहीं कर सकता। लेकिन स्त्रियों या किसी भी अन्य वर्ग की सांसद संख्या बढ़ाने के लिए ऐसा करना यह मानना होगा कि संसद की सीट सिर्फ शोभा बढ़ाने तथा मानदेय और भत्ते लूटने के लिए है।

आरक्षण को संसद से हटा कर राजनीतिक दलों के कार्यालयों की ओर ले जाने का प्रस्ताव इस दृष्टि से 'आकर्षक' है कि इसके माध्यम से स्त्रियों को उम्मीदवार भी बनाया जायेगा और यह भी सुनिश्चित किया जा सकेगा कि वे पर्याप्त संख्या में चुन कर न आ सकें। कई राजनीति-विज्ञानी राजनीतिक दलों को अपने चुनाव उम्मीदवारों में स्त्रियों का एक निश्चित प्रतिशत शामिल करने की कानूनी बाध्यता को आरक्षण के मुकाबले ज्यादा युक्तिसंगत और प्रगतिशील मानते हैं। यह सच है कि सीटें आरक्षित करने की प्रणाली असंगतियों से भरी हुई हैं, जिनका एक मुख्य स्रोत इन सीटों का परावर्तन (रोटेशन) है। लेकिन राजनीतिक दलों का रिकॉर्ड देखते हुए उनसे यह उम्मीद नहीं की जा सकती कि वे उम्मीदवारी में आरक्षण की योजना को ईमानदारी से लागू करेंगे। दरअसल, स्त्रियों के लिए आरक्षण का मामला एक टेढ़ा मामला है—क्योंकि यह एक अप्राकृतिक चीज़ है। राजनीति की स्वाभाविक प्रक्रिया में ही स्त्रियों को संसद और विधान सभाओं में आना चाहिए। लेकिन हमने जिस तरह का राजनीतिक और सामाजिक तंत्र बनाया है, उसमें यह नहीं हो पाया, इसीलिए हम एक मुश्किल स्थिति के रू-ब-रू हैं। लेकिन आज नहीं तो कल, राजनीति में स्त्री के लिए जगह तो निकालनी ही पड़ेगी, क्योंकि यह उन विचारों में है जिनका समय नजदीक आता जा रहा है।

स्त्री के उपयोग

राजनय और सरकारी जासूसी में अगर स्त्रियों का इस्तेमाल जायज है, तो पत्रकारिता में यह अपवित्र कैसे हो जायेगा? 'तहलका' के संपादकों को दोषी करार देनेवालों को यह प्रश्न भी उठाना चाहिए कि गणिकाएँ किसी भी समय इतनी बड़ी संख्या में सुलभ क्यों रहती हैं।

बहुत-से लोगों को यह जान कर धक्का लगा है कि 'तहलका डॉट कॉम' के संपादकों ने हमारे फौजी अफसरों के भ्रष्ट तरीकों का रहस्योद्‌घाटन करने के लिए वेश्याओं का इस्तेमाल किया। उन्हें यह याद दिलाने की जरूरत है कि सूचना प्राप्त करने के लिए वेश्याओं उर्फ गणिकाओं का प्रयोग भारत में पहली बार नहीं हुआ है। यह चाणक्य थे, जिन्होंने इस चतुराई को दर्ज किया कि नगरवधुओं के घर राजकीय गुप्तचरी के सर्वश्रेष्ठ केंद्र हैं। लेकिन, जाहिर है, यह प्रचलित राजकाज का हिस्सा काफी पहले से रहा होगा। पता नहीं यह ऐतिहासिक बात है कि नहीं, चाणक्य ने शत्रुओं की हत्या करवाने के लिए विषकन्याओं के प्रयोग की व्यवस्था की थी। सभी सार्वजनिक स्थान, खासकर वे जहाँ विशिष्ट लोग जाते थे, गुप्त रूप से यह पता लगाने के लिए उचित जगहें थीं कि क्या चल रहा है। इसलिए आश्चर्य नहीं कि अंग्रेजों के भारत आने के पहले तक गुप्तचर सरायों, धर्मशालाओं और वेश्यालयों के चक्कर लगाते रहे हों या वहाँ अपने संपर्क सूत्र रख छोड़ते हों। बुराइयों में एक-दूसरी के साथ चिपट कर रहने की आदत है। संभव है, आज भी पुलिस अपराध या अपराधी संबंधित जानकारी जुटाने के लिए अन्य साधनों के अलावा स्त्रियों का इस्तेमाल करती हो। इस काम के लिए अलग कोष होता है, जिसका उपयोग कैसे होता है—यह न तो संसद को बताया जाता है और न ही लेखा महापरीक्षक को। शायद राजकाज में गोपनीयता का कुछ तत्व हमेशा बना रहेगा। अपराध गुप्त रूप से होता है, इसलिए उसके साथ लोकतांत्रिक रूप से उससे निपट पाना बहुत कठिन है।

क्या यह सब 'तहलका' की स्वच्छंदतावादी पत्रकारिता का औचित्य निरूपित

करने के लिए लिखा जा रहा है? नहीं। इसका उद्देश्य यह बताने की कोशिश करना है कि दुनिया ठीक-ठीक कैसे चल रही है, यह हममें से ज्यादातर को मालूम ही नहीं है। जितना हमारे सामने आता है, उससे ज्यादा नहीं तो कम से कम उतना ही हमसे छिपा रहता है। व्यक्तियों की तरह व्यवस्थाएँ भी पारदर्शी नहीं हैं। यहाँ तक कि जो लोग पारदर्शिता के लिए संघर्ष करते हैं, वे स्वयं भी पारदर्शी नहीं होते। 'तहलका' कांड का ही उदाहरण लें। इंटरनेट पत्रकारिता के इस समूह ने शुरू में सिर्फ दो बातें बतायी थीं। एक यह कि राजनीतिक दलों के नेता रिश्वत लेते हैं और सुरक्षा सौदों में भ्रष्टाचार अभी भी बना हुआ है। दूसरी बात यह कि यह पता लगाने के लिए 'तहलका' के पत्रकारों ने हथियार बेचने का धंधा करनेवाली एक नकली कंपनी बनायी और उस कंपनी के प्रतिनिधियों के रूप में नेताओं और सैनिक अधिकारियों से मुलाकात की। यह सत्य उन पत्रकारों ने अपने तक ही रखा कि इस काम में स्त्रियों की भी मदद ली गयी थी। यदि वे शुरू में ही यह स्पष्ट कर देते, तो व्यापक वाहवाही के बीच यह अशालीन लगनेवाला व्यापार शायद छिप जाता या उतना महत्वपूर्ण नहीं लगता जितना आज बनाया जा रहा है।

कोई कह सकता है कि कोई भी पत्रकार अपनी खबरों का स्रोत बताने के लिए बाध्य नहीं है। यह सिद्धांत उपयुक्त है, क्योंकि इसके बिना स्वतंत्र और निर्भीक पत्रकारिता हो ही नहीं सकती। लेकिन 'तहलका' के संपादकों को क्या यह आभास नहीं रहा होगा कि जब वे सत्तारूढ़ दल के अध्यक्ष और सुरक्षा मंत्री के कार्यालय पर आरोप लगायेंगे, तो उन्हें यह भी साबित करना होगा कि आरोप लगाने की सामग्री उन्होंने कहाँ से प्राप्त की? यह पूरी सामग्री उन्हें अंततः सरकारी अधिकारियों को देनी ही पड़ी। इसी से यह बात सामने आ सकी कि तथ्यों तक पहुँचने के लिए सिर्फ रिश्वत नहीं दी गयी थी, बल्कि स्त्री देह का भी प्रयोग किया गया था। यहाँ यह जिक्र करना जरूरी है कि 'तहलका' की कार्य पद्धति की जाँच करने के लिए आयोग की नियुक्ति सरकारी बेहयाई का एक और नमूना है। आपके घर में चोर बैठे हैं—यह भेद खुला है, तो चोरों को पकड़ने की ओर अपनी पूरी शक्ति लगाइए, जो यह संदेश ले कर आया है, उसकी तलाशी ले कर आप सिर्फ अपनी बदनीयती का परिचय दे रहे हैं।

जो सरकार की पोल खोलने के इस साहसिक उपक्रम की ताईद करते हैं, उनमें से भी अनेक ने इस वेश्या प्रसंग को अनैतिक बताया है। सरकार के कई विभाग यह पता लगाने की कोशिश कर रहे हैं कि क्या इसे गैरकानूनी भी साबित किया जा सकता है। वेश्या प्रसंग की खबर पा कर सरकार शुरू में तो खुश ही हुई थी। बड़ौदा डायनामाइट षड्यंत्र के नायक जॉर्ज फर्नांडिस की बाँछें खिल गयी थीं कि 'तहलका' वाले भी पाक-साफ नहीं हैं। कानून के उल्लंघन की खबर सुन कर जिस सरकार के मंत्री और पूर्वमंत्री प्रसन्न हो जायें, उसकी मानसिकता आपराधिक ही

हो सकती है। दृश्य पट पर वेश्याओं के आगमन से जिनके नैतिक शील को भयावह चोट पहुँच रही है, उन्होंने इस तथ्य पर कभी एक भी आँसू नहीं बहाया है कि पिछले दो-तीन दशकों में देश में वेश्याओं की संख्या कम से कम दुगुनी हो गयी है।

'तहलका' के पक्ष में यह कहने में कोई हर्ज दिखाई नहीं देता कि उसने वेश्याओं की ईजाद नहीं की, न ही किसी स्त्री को वेश्या बनाया। वेश्याएँ थीं और हैं। 'तहलका' ने सिर्फ इस तथ्य का व्यावसायिक इस्तेमाल किया। जो लोग यह कहते हैं कि वेश्याओं का यह इस्तेमाल नहीं होना चाहिए, उनसे पूछा जाना चाहिए कि फिर किस तरह इस्तेमाल होना चाहिए? यह न तो वेश्याओं पर आक्षेप है और न ही स्त्रियों पर। हाँ, पाखंड पर टिप्पणी जरूर है। इन पंक्तियों के लेखक की शुरू से ही यह मान्यता रही है कि जिस देश में वेश्याएँ और भिखारी हों, उसे सभ्य नहीं कहा जा सकता। भारतवासी अपने को किस आधार पर सभ्य कह सकते हैं? राजनीतिक स्वाधीनता हासिल करने के बाद क्या उन्होंने कभी इस समस्या पर विचार किया है कि वेश्यावृत्ति के कारण क्या हैं और इसका निर्मूलन कैसे किया जा सकता है? सिर्फ वेश्यावृत्ति विरोधी कानून बनाने से वेश्या व्यवस्था खत्म नहीं हो जाती, जैसे भिक्षावृत्ति विरोधी कानून बना देने से भीख माँगने की अपमानजनक लाचारी समाप्त नहीं हो जाती। पिछले साल ही दस वर्षीय जनगणना संपन्न हुई है। इस अवसर पर सरकार ने यह पता तक लगाने की कोशिश नहीं की कि देश में वेश्याओं और भिखारियों की संख्या क्या है। जब आप रोग को देखना ही नहीं चाहते, कोई दिखाता है तो आप स्वीकार ही नहीं करना चाहते, तो उसकी दवा खोजने की बेचैनी आपमें कहाँ से पैदा होगी? भाजपा के कई लोग तो इतने संवेदनाशून्य हैं कि वे सार्वजनिक रूप से यह दावा कर सकते हैं कि भारतीय संस्कृति में गणिकाओं के लिए सम्मानजनक स्थान रहा है।

अगर समाज में वेश्याएँ रहेंगी, तो उनका क्या उपयोग होगा, यह न तो वे तय कर सकती हैं, न ही इसकी कोई संहिता बनायी जा सकती है। एक प्रकार की अनैतिकता दूसरी सभी अनैतिकताओं के लिए दरवाजा खोल देती है। क्षमा करें, यहाँ वेश्याओं को किसी अनैतिकता के लिए जिम्मेदार नहीं बताया जा रहा है। सच तो यह है कि कोई स्त्री वेश्या होती नहीं, उसे वेश्या बनाया जाता है। वेश्या बनानेवाले इसी वर्ग के अन्य सदस्य यह तय करते हैं कि उनका क्या उपयोग होगा। जिस बाजार में यह नियम चलता हो कि पैसे से हर चीज खरीदी जा सकती है, वहाँ मनुष्य नहीं, उसका विनिमय मूल्य ही प्रधान हो उठता है।

'तहलका' ने वेश्याओं का उपयोग फौजी अधिकारियों को खुश करने के लिए किया, ताकि उन्हें गलत सुरक्षा सौदों के लिए राजी किया जा सके। इस प्रस्ताव पर फौजी अधिकारियों की तात्कालिक प्रतिक्रिया यह नहीं थी कि उन्हें इससे नैतिक आघात लगा! फौजी छावनियों के आसपास वेश्यालय उसी तरह उग आते हैं, जैसे भुरभुरी मिट्टी में घास—यह सर्वज्ञात है। इसी तरह, फौजी अधिकारियों को खुश करने

के लिए उन्हें यौन सेवाओं का उपहार दिया जाता है, यह भी कोई नयी बात नहीं है। इसीलिए 'तहलका' को रिश्वत के साथ-साथ यह उपाय भी आजमाना पड़ा। यह बताने की जरूरत नहीं कि यह बुराई सैनिक क्षेत्र से ज्यादा नागरिक क्षेत्र में है। बड़े-बड़े ऑर्डर, एजेंसियाँ आदि पाने के लिए तथा अफसरों और व्यवसायियों को पटाने के लिए स्त्री देह का व्यापारिक इस्तेमाल होता है। अब तो कुछ पत्रकार भी इस 'सुख' की फरमाइश करने लगे हैं। यदि स्त्रियों के इन प्रयोगों की भर्त्सना नहीं की जाती, तो 'तहलका' से ही नाराजगी क्यों? हमें तो इस संस्था का कृतज्ञ होना चाहिए कि उसके माध्यम से एक और भयंकर सामाजिक बुराई की ओर राष्ट्र का ध्यान गया है। 'तहलका' के सदस्यों ने खुद वेश्याओं की सेवाएँ ली होतीं, तो वे आलोचना के पात्र जरूर थे। पर उन्होंने वेश्याओं का प्रयोग राष्ट्रीय हित में किया।

इस संदर्भ में उल्लेखनीय यह भी है कि सामान बेचने के लिए स्त्रियों के यौन आकर्षण का इस्तेमाल सभी उद्योगपति कर रहे हैं। विज्ञापन एजेंसियाँ शेविंग ब्लेड का विज्ञापन बनाती हैं, तो उसमें भी कोई युवा स्त्री उपस्थित होती है। दरअसल, मॉडलिंग का पूरा धंधा ही मानव-विरोधी है। जो युवतियाँ इस धंधे में आती हैं और अमीर बनने का ख्वाब ही नहीं देखतीं, अमीर बन भी जाती हैं, वे उसी व्यावसायिक संस्कृति को बढ़ावा देती हैं जिसमें पुरुष एक भव्य दास बन जाता है और स्त्री लगभग वेश्या।

'तहलका' की समस्या यह है कि वह भी इसी व्यावसायिक संस्कृति का अंग है। 'तहलका डॉट कॉम' स्थापित करने के पीछे कोई महान उद्देश्य नहीं है—खबर, टिप्पणी और चित्र बेचना है। यदि यह खबर का पदार्थीकरण यानी उसे माल में बदलना है, तो यह प्रक्रिया तरुण तेजपाल की दाढ़ी के बाल पकने के पहले ही शुरू हो गयी थी। विलाप करना हो, तो इस पर कीजिए कि आज पिछली किसी भी शताब्दी से ज्यादा स्त्रियाँ बिकाऊ बना दी गयी हैं। यह संस्कृति बनी रह गयी, तो भविष्य में स्त्री के उपयोग की और भयावह तस्वीरें हमें देखने को मिलेंगी।

स्वेतलाना बनाम सोनिया

विश्व के किसी भी पीड़ित व्यक्ति को भारत में सम्मान के साथ शरण मिलनी चाहिए। लेकिन विदेशी मूल का कोई व्यक्ति भारत प्रेम का प्रमाण दिये बिना कोई राजनीतिक पद हासिल करना चाहता है, तो यह अलग प्रकार की घटना है। स्वेतलाना और सोनिया गांधी का फर्क यही है।

सोनिया गांधी के संदर्भ में स्वेतलाना की याद दिलानेवालों से कुछ निवेदन आवश्यक लगता है। स्वेतलाना को भारत में आश्रय मिले, इसके लिए समाजवादी नेता राममनोहर लोहिया ने पूरा जोर लगा दिया था। यह उनकी राजनीति का एक मार्मिक प्रसंग था, जिसे भुला दिया गया है तो इसका एक कारण यह है कि आज की राजनीति में मार्मिकता कम दिखाई पड़ती है। लेकिन जब सोनिया गांधी के पक्ष में इस मार्मिकता का उपयोग किया जाता है, तो शक होता है कि स्वेतलाना प्रसंग को ठीक से समझा गया है या नहीं। स्टालिन की यह बेटी भारत में राजनीति करने नहीं आना चाहती थी—वह अपने अंतिम दिन अपने पति के देश में बिताना चाहती थी। भारत से प्रेम स्वेतलाना के लिए अपने पति से लगाव का ही विस्तार था। सोनिया गांधी के लिए यह बात नहीं कही जा सकती। भारत की राजनीति में हिस्सा लेना उनके लिए अपने दिवंगत पति से प्रेम का विस्तार नहीं, बल्कि उसका स्थानापन्न है। यदि सोनिया गांधी को राजीव गांधी की राजनीतिक विरासत की—यह जो भी हो और जैसी भी हो—बहुत चिंता होती, तो वैधव्य का एक साल बिताने के बाद ही वह कांग्रेस को और उसकी मार्फत देश को बचाने में लग जातीं। लेकिन एक चतुर व्याघ्र की तरह उन्होंने उचित अवसर का इंतजार किया और जब यह अवसर आ पहुँचा तो उन्होंने अपने शिकार को उदरस्थ करने में तनिक भी विलंब नहीं किया।

स्वेतलाना भी भारत की बहू थी और सोनिया गांधी भी भारत की बहू हैं—इस तुलना से कोई ऐसा निष्कर्ष नहीं निकाला जा सकता, जिससे सोनिया गांधी की प्रधान मंत्रित्व की दावेदारी का समर्थन किया जा सके। यह तुलना करनेवालों को एक और

बहू की याद दिलायी जानी चाहिए, जो सोनिया गांधी से पहले विधवा हुई थी। स्पष्टतः इशारा मेनका गांधी की ओर है, जिनके साथ उनकी सास इंदिरा गांधी का सलूक एक आम भारतीय सास से भी बदतर था। मेनका इंदिरा गांधी के जीवित और प्रधान मंत्री रहते हुए ही विधवा हुई थीं और उनका पति विमान दुर्घटना में निहत हुआ था। इस तरह नेता मेनका गांधी ज्यादा सहानुभूति की हकदार थीं। यदि इंदिरा गांधी की दृष्टि पितृसत्तात्मकता से ग्रस्त नहीं होती—हालाँकि वे स्त्री थीं, तो वे अपने भावी राजनीतिक उत्तराधिकारी के रूप में संजय गांधी के स्थान पर उनकी पत्नी मेनका गांधी को बड़ी आसानी से प्रतिस्थापित कर सकती थीं। गौरतलब है कि तब तक राजीव गांधी राजनीति के प्रति पहले की तरह ही उदासीन थे। लेकिन इंदिरा ने न केवल मेनका के ओढ़ने-पहनने की शैली पर आक्षेपपूर्ण टिप्पणियाँ कीं, बल्कि ऐसी परिस्थितियाँ पैदा कर दीं कि उन्हें आधी रात को प्रधान मंत्री निवास त्याग देना पड़ा। एक विधवा बहू की कीमत पर दूसरी विधवा बहू को तरजीह दे कर क्या हम इंदिराई दृष्टि का ही परिचय नहीं दे रहे हैं? स्पष्टतः सवाल सिर्फ बहू का नहीं है—मान्यताप्राप्त बहू का है। राजीव गांधी चाहते, तो अपनी माँ की गलती का प्रक्षालन कर मेनका को गांधी परिवार में फिर से शामिल कर सकते थे। सोनिया गांधी इस परिवार की बड़ी बहू थीं, इस नाते भी उन्हें उदारता दिखानी चाहिए थी। जो नेता अपने परिवार की एकता के लिए मामूली कुरबानी भी नहीं कर सकता, उससे देश की एकता की रक्षा करने की उम्मीद कितनी तर्कसंगत है?

इसका मतलब यह नहीं है कि विदेशी मूल की बहू होने के कारण हमें सोनिया गांधी से नफरत करनी चाहिए। जो इस तरह की शिक्षा दे रहे हैं, वे गंदे लोग हैं और राष्ट्रीयता और नाजीवाद के फर्क को समाप्त करना चाहते हैं। सोनिया गांधी ने, यूरोपीय होने के बावजूद, एक एशियाई से और उसमें भी भारतीय से विवाह किया, इसके लिए हम उनके आभारी हैं। इस प्रकार के अंतरराष्ट्रीय परिणयों से ही राष्ट्रों की सीमा रेखाएँ मानवता की सीमा रेखाओं के रूप में काम करने से बच सकती हैं। समाजशास्त्रीय दृष्टि से यह वस्तुतः वैसी ही घटना है, जैसे भारत में कोई सवर्ण युवती किसी दलित युवक से विवाह करे। हालाँकि राजीव गांधी एक प्रधान मंत्री के नाती और दूसरी प्रधान मंत्री के बेटे थे, पर गोरी दुनिया में रंगीन दुनिया के मंत्रियों और प्रधान मंत्रियों की कोई खास कद्र नहीं है। फिर राजीव गांधी और सोनिया गांधी के बीच जब प्रेम प्रसंग चल रहा था, उस वक्त यह बहुत साफ था कि राजीव पेशे के रूप में हवाई जहाज ही चलाते रहेंगे—इंदिरा गांधी का राजनीतिक उत्तराधिकार नहीं सँभालेंगे, जो जिम्मा संजय गांधी ने अपने ऊपर ले रखा था। इसलिए यह कहा जा सकता है कि सोनिया को राजीव के व्यक्तित्व ने ही मोहित किया होगा, जिस तरह स्वेतलाना को ब्रजेश सिंह के राजवंश ने नहीं, उनके व्यक्तित्व ने आकर्षित किया होगा। यह समाजवादियों के चरित्र पर नहीं, कांग्रेस के चरित्र पर टिप्पणी है

कि वह एक विदेशी मूल की बहू को भारत में बसने तक नहीं देती और विदेशी मूल की दूसरी बहू पर अपनी जान छिड़कती है। दूसरे लोगों को बिला शक ऐसा नहीं करना चाहिए। उन्हें ऐसे सभी मामलों में सम दृष्टि अपनानी चाहिए।

लेकिन ऐसा करने के पीछे कुछ सिद्धांत होगा—अवसरवाद नहीं। राममनोहर लोहिया ने जब स्वतेलाना को भारत में बसने देने की पुरजोर वकालत की थी, तो उनके दिमाग में यह बात थी कि हम सबकी दो माताएँ हैं। एक भारत माता, पाकिस्तान माता या अमेरिका माता (हालाँकि पश्चिम में मातृदेश नहीं, पितृदेश की अवधारणा का चलन है) और दूसरी धरती माता। इसी नाते वे यह मानते थे कि मनुष्य को दुनिया भर में कहीं भी जा कर बसने की छूट होनी चाहिए। इसी सिद्धांत के तहत वे यह भी मानते थे कि आदमी जहाँ मरे, वहीं, उसी देश में उसकी अंतिम क्रिया की जानी चाहिए। इसलिए जब कोई भारतीय किसी विदेशी भूमि पर मरता था और उसकी लाश ताम-झाम के साथ भारत लायी जाती थी, तो इससे लोहिया को दुख होता था। आज के समाजवादी को यह सिद्धांत और भी ज्यादा निष्ठा के साथ स्वीकार करना चाहिए—इसके दो कारण हैं। एक तो लोहिया के जमाने की तुलना में आज अंतरराष्ट्रीय संपर्क ज्यादा सुगम हो गया है और लगातार बढ़ रहा है; दूसरे, लोहिया के समय की तुलना में गोरे लोगों के देशों में रंगीन देशों के साधारण आदमियों के जा बसने पर पाबंदी लगातार कड़ी की जा रही है। 1960 के दशक में संचार साधन आज की तरह भूमंडलीकृत नहीं हुए थे, फिर भी उस समय का पश्चिमी आदमी आज की तुलना में ज्यादा उदार था। लेकिन आज पूँजी पहले की बनिस्बत ज्यादा निर्बन्ध है और मनुष्य के अंतरराष्ट्रीय आवागमन पर कठोरतर अंकुश हैं। अगर हम धरती माता के सिद्धांत को मानते हैं—और हमें मानना ही चाहिए, तो मनुष्यता के भी भूमंडलीकरण की माँग की जानी चाहिए।

देखने की बात यह है कि जो कांग्रेस सोनिया गांधी के पाँवों पर बिछी जा रही है, क्या वह भूमंडलीकरण के उस पहलू के प्रति तनिक भी संवेदनशील है? क्या उसके प्रतिनिधियों ने मारकेस में विश्व व्यापार संगठन के गठन पर हस्ताक्षर करने के पहले यह माँग पूरी ताकत के साथ उठायी कि पूँजी की तरह आदमी को हर देश में निर्बन्ध आने-जाने की आजादी होनी चाहिए? क्या कांग्रेस के आर्थिक उदारीकरण के कार्यक्रम में इस नीति की कोई गुंजाइश है? सोनिया गांधी इस बात से बहुत मर्माहत हुई हैं कि उनके अपने ही लोगों ने विदेशी मूल का सवाल उठाया। उनकी यह वेदना जायज है। लेकिन क्या स्वयं सोनिया गांधी ने इस बात को कभी मुद्दा बनाया या वे आगे बनाना चाहेंगी कि इटली के नागरिक को भारतीय नागरिक के रूप में जो संवैधानिक समानताएँ मिली हुई हैं, वे समानताएँ भारतीय नागरिक को भी इटली के नागरिक के रूप में मिलनी चाहिए? ऐसा लगता है कि सोनिया गांधी ने भारत माता को स्वीकार कर लिया है, पर धरती माता को भूल गयी हैं।

भारत माता से लगाव उनका एक निजी भावनात्मक मामला है—इससे कोई व्यापक सिद्धांत पैदा होता दिखाई नहीं देता। और, हम हैं कि सोनिया के समर्थन में धरती माता की याद दिलाने की कोशिश कर रहे हैं।

समाजवादियों को अगर याद दिलाने की जरूरत है, तो इस बात की कि लोहिया ने ग्वालियर की पूर्व महारानी के मुकाबले के लिए एक मेहतरानी को चुनाव मैदान में खड़ा किया था। लोहिया को सभी प्रकार के सामंती संस्कारों से नफरत थी, जबकि सोनिया गांधी के एकचालकानुवर्तित्व में कांग्रेस एक सामंती संगठन ही बन सकती है। सोनिया गांधी को भारत में बसने का पूरा अधिकार है। उन्हें यहाँ की राजनीति में भी भाग लेने का पूरा अधिकार है। देखने की बात यह है कि वे किस तरह की राजनीति को प्रोत्साहित कर रही हैं। अगर उनके मंदिर में जूतों के साथ-साथ दिमाग भी बाहर रख कर प्रवेश करना होगा, तो यह शक करने के वाजिब कारण हैं कि उनके प्रधान मंत्रित्व में भारत का लोकतंत्र कमजोर ही होगा—मजबूत नहीं। लोहिया आज जीवित होते, तो वे सोनिया गांधी के मानव अधिकारों की वकालत करते, पर साथ ही उनके चुनाव क्षेत्र में किसी गरीब विधवा को भी उम्मीदवार बनाते। आज का समाजवादी ऐसा नहीं करता है, तो उसने लोहिया को सिर्फ रटा है—पढ़ा नहीं है।

जहाँ तक सांप्रदायिकता के विजय अभियान को रोकने का सवाल है, तो इस संदर्भ में लोहिया की इस प्रसिद्ध उक्ति को उद्धृत किया जा सकता है कि मैं कांग्रेस को हटाने के लिए शैतान से भी हाथ मिलाने को तैयार हूँ। लेकिन यह वाक्य उन्होंने तब कहा था, जब बीस वर्षों से शासन करती आ रही कांग्रेस अजेय प्रतीत होती थी। भाजपा अजेय नहीं है, यह पिछले विधान सभा चुनावों से स्पष्ट है। कारगिल की घटना के बाद उसका राष्ट्रवाद भी लोगों की नजर में संदिग्ध हुआ है। ऐसी सूरत में सिर्फ सांप्रदायिकता विरोध को समकालीन भारत का प्रमुख मुद्दा मान लेना और उस नाते शैतान से भी हाथ मिलाने की नीति को समय की माँग बताना नुकसानदेह हो सकता है। कृपया 1989 को याद करें, जब भ्रष्टाचार को प्रमुख मुद्दा बना कर भाजपा के समर्थन से सरकार चलायी गयी थी। नतीजा यह हुआ कि भ्रष्टाचार भी बढ़ा और सांप्रदायिकता भी बढ़ी। आज अगर उसी नीति को दूसरे संदर्भ में दुहराया जाता है, तो सांप्रदायिकता भी बढ़ेगी और सामंतवाद भी बढ़ेगा। लोहिया को एक बार फिर उद्धृत कर यह टिप्पणी समाप्त की जाती है। उन्होंने कहा था (और संयुक्त मोर्चा की राजनीति करते समय यह कहना बंद कर दिया था) कि कम्युनिस्ट कीड़ा कांग्रेसी घूरे पर पलता है। आज का समाजवादी अगर यह कहे कि सांप्रदायिकता का कीड़ा कांग्रेसी घूरे पर पलता है या पला है, तो गलत नहीं होगा। सांप्रदायिकता विरोधी संघर्ष में उस पार्टी की क्या भूमिका हो सकती है, जिसने सांप्रदायिकता के लिए उर्वर जमीन तैयार की है? क्या शाह बानो कांड के बाद ही हिंदू सांप्रदायिकता विश्वसनीय नहीं बनी? प्रमुख और गौण अंतर्विरोधवाली भाषा साम्यवादी विचार पद्धति

का एक दोष है, जिसके कारण उसे कई बार पापपूर्ण कामों में लिप्त होना पड़ा है, जैसे 1942 में अंग्रेज़ों का साथ देना और स्वतंत्रता के बाद भारतीय पूँजीवाद को राष्ट्रवादी मानना। जिन्हें रणभेरी प्रिय है, वे शत्रुओं में चुनाव नहीं करेंगे, बल्कि सभी से एक साथ निपटने की तैयारी करेंगे। हिटलर के जर्मनी के साथ ऐसा नहीं किया गया था, इसीलिए उसे काफी दूर तक मैदान खाली मिला था। ताकत कम हो, तो उसे बढ़ाने की सोचिए—भेड़िए के साथ मिल कर बाघ का शिकार करेंगे, तो खूँरेजी की संस्कृति ही मजबूत होगी।

●●●